TA
심리상담

Transactional Analysis: 100 Key Points & Techniques

100가지 핵심기법

Mark Widdowson 지음
가족연구소 마음 옮김

Σ 시그마프레스

TA 심리상담 : 100가지 핵심기법

발행일 | 2016년 7월 20일 1쇄 발행

저자 | Mark Widdowson
역자 | 가족연구소 마음
발행인 | 강학경
발행처 | (주)시그마프레스
디자인 | 이상화
편집 | 이지선

등록번호 | 제10−2642호
주소 | 서울시 영등포구 양평로 22길 21 선유도코오롱디지털타워 A401~403호
전자우편 | sigma@spress.co.kr
홈페이지 | http://www.sigmapress.co.kr
전화 | (02)323−4845, (02)2062−5184~8
팩스 | (02)323−4197

ISBN | 978−89−6866−743−5

Transactional Analysis: 100 Key Points and Techniques

Authorised translation from the English language edition published by Routledge, a member of the Taylor & Francis Group

✱ 책값은 책 뒤표지에 있습니다.

이 도서의 국립중앙도서관 출판예정도서목록(CIP)은 서지정보유통지원시스템 홈페이지(http://seoji.nl.go.kr)와 국가자료공동목록시스템(http://www.nl.go.kr/kolisnet)에서 이용하실 수 있습니다.(CIP제어번호 : CIP2016016527)

차 례

3장 진단

4장 계약하기

5장 상담 계획하기

6장 흔히 일어날 수 있는 어려움 피하기

7장 상담 기술의 정교화

서문

TA는 임상을 통해서 이론을 발달시키고 혁신시키는 역동적인 임상가들로 구성된 거대한 국제적 커뮤니티를 가지고 있다. 현재 TA는 자랑스러울 만큼 정신역동적이면서도 철저히 인본주의적인 상담으로 발전하였다. TA상담가는 자신들이 사용하는 많은 방법이 인지행동 치료와 비슷하다고 생각한다. TA는 또한 실존주의 심리치료이다. 나는 이 책에서 실존주의 심리치료의 몇 가지 개념을 소개하며 독자들에게 우리가 어떻게 TA이론을 사용하는지, 다양한 TA개념을 우리가 어떻게 생각하는지, 가장 중요하게는 내담자와 우리가 어떻게 관계하는지를 탐구해 보도록 안내한다. TA의 역사는 정신분석가로서 TA를 발전시킨 번의 접근을 기원으로 한다. 번(Berne)의 어른 자아상태 이론의 발견과 오염과 같은 개념은 창시 당시에는 존재하지 않았던 인지적 접근의 발달을 가능하게 했다(Schlegel, 1998).

TA심리상담가들 사이에서, 그리고 우리가 TA를 사용하는 방식에서 가장 놀라운 점은 다양성이다. 우리는 이 다양성이 보여 준 훌륭한 융통성을 이론의 공통분모로 공유한다. 나에게 TA상담가는 그들이 무엇을 하는가가 아니라(다른 유형의 심리치료와 구별되기 어려울 수 있는), 무엇을 하고 왜 그렇게 하며 어떻게 생각하는가로 정의된다. 모든 유형의 TA상담가는 자아상태 개념와 각본을 가장 기본적인 사고구조로 사용한다.

튜더와 홉스(Tudor & Hobbes, 2007)의 연구에 따라 나는 통합 TA와 관계적 TA의 현대 TA접근을 포함해서 임상에서 인지행동과 TA의 정신역동을 논한다. 이 책은 TA상담 접근의 효율적인 사용을 통하여 독자의 기술과 지식을 증진시키고자 한다. 한마디로 이 책은 입문서의 수준은 아니며 독자가 TA의 개념과 방법에 익숙하다고 가정한다. TA에 대한 지식을 가지고 있지 않는 독자라면 나는 다음의 책을 먼저 읽어 볼 것을 권한다.

TA 상담과 심리치료 기법(*Skills in Transactional Analysis Counselling and Psychotherapy*). 크리스틴 리스터포드 저/박의순, 이진선 역(2008).
교류분석(TA) 개인상담(*Transactional Analysis Counselling in Action*). 이안 스튜어트 저/우재현 역(2000).
현대의 교류분석(*TA Today*). 이안 스튜어트, 밴 조인스 저/제석봉, 최외선, 김갑숙 역(2010).

다른 책에서 충분히 다루었기 때문에 나는 독자들이 이러한 배경지식을 가지고 있다고 기대하면서 TA의 기초를 다루지 않고 곧바로 중급수준으로 들어가고자 한다. 이 책은 입문서와 상급수준의 중범위 수준을 다루며 TA의 기초를 이미 다진 TA훈련생에게 특히 유용할 것이다. 또한 좀 더 경험이 풍부한 임상가도 이 책에서 흥미와 자극을 발견할 수 있기를 기대한다.

　제1장은 임상실제에서의 철학, 이론, 기법 그리고 주요접근과 TA학파들 간의 비평을 다룬다. 이러한 이론적 배경에 관심이 없다면 바로 제2장으로 넘어가도 된다. 제2장은 상담관계에 대해 설명한다. 많은 심리상담 연구들은 상담관계가 상담결과에 매우 중요하며, 효과적인 상담 작업을 위한 전제조건임을 끊임없이 제시한다(Norcross, 2002). 이러한 연구와 함께 이 장은 공감, 전이와 역전이 그리고 동맹 결렬과 회복을 포함하는 상담관계의 효과적인 '구성요소'를 다룬다. 나는 이러한 복잡한 개념을 초보자들이 좀 더 용이하게 사용하도록 했다. 제3장, 제4장과 제5장은 TA관점의 진단, 계약과 상담계획 과정을 제시한다. 제6장은 TA임상에서 일반적으로 빠지기 쉬운 함정과 그 함정을 피하기 위한 방법을 제시한다. 이 책은 상담기법을 정교화하는 가장 분량이 많은 제7장으로 종결된다. 각 장은 독자들이 즉각적으로 임상에서 사용하기를 바라는 새롭고 독창적인 자료를 포함한다. 이 책의 핵심기법들은 확실한 증거가 있는 임상에 뿌리를 두고 있으며, 심리상담의 '효과적인 구성요소'가 되

는 심리상담 연구에 기초한다. 심리상담의 많은 연구들은 공감의 효과성, 동맹 결렬과 회복에 대한 주의집중, 능숙한 전이 해석, 내담자의 문화적 맥락 고려하기, 폭넓은 관계와 강점, 각 내담자에게 맞춘 맞춤상담 접근, 상담목표의 합의와 협력, 적절한 자기개방 등이 중요하다는 것을 경험적으로 보여 준다. 이러한 연구에 대한 논의는 이 책의 범위를 넘어서며, 이에 관심 있는 독자들에게는 존 노크로스(2002)가 편집한 *Psychotherapy Relationship That Work*를 추천한다.

이 책을 쓰는 목적은 임상의 실제적용에 있으며 사고적이고 철저한 임상가의 발달을 도모하는 데 있다. 나는 기법에 대한 완전한 책을 제시하기보다는 독자들의 사고를 자극하고 고취시키는 책을 쓰는 데 좀 더 관심을 갖고 있다.

> 이론에 매우 정통하다면 개입에 대한 아이디어는 특정한 순간에 특정한 내담자를 위한 이론을 이해하고 적용하는 과정에서 발생하기 때문에 많은 기법을 아는 것이 필요한 것은 아니다. 상담가가 이론에 매우 능숙하면 특정 기법에 내담자를 맞출 필요가 없고, 내담자의 필요에 따라 치료법을 적용하는 것이 가능해진다. (Rothschild, 2000: 96)

여러 가지 면에서 이 책은 그리스의 메제(meze) 또는 스페인의 타파스(tapas)와 유사하다. 독자들은 어떤 특정 '애피타이저'가 '맛있어서' 좀 더 원할지도 모른다. 나는 그런 독자들에게 그들이 특히 관심 있는 부분에 대하여 여유가 있을 때 좀 더 많은 자료를 볼 수 있는 참고문헌을 읽도록 권한다.

이 책의 자료는 나의 경험을 바탕으로 구성되었다. 나의 경험은 주로 내담자와의 상담 작업으로 축적되었다. 또한 내가 훈련자와 슈퍼바이저로서의 작업에서 흔히 볼 수 있는 일반적인 실수나 '부차적인' 오해를 통해서도 축적되었다. 훈련자나 슈퍼바이저의 이점 중 하나는 직접적인 대인관계에 대하여 어느 정도 거리를 둘 수 있다는 점이다. 이러한 거리는 우리가 관찰하고 논할 수 있는 여지를 준다. 여기에 제시한 통찰, 혹은 작업 방식은 내가 힘들게 공부한 것들이다. 인생에서 어렵더라도 배울 수 있는 곳들이 있는데, 심리상담을 배우는 데 있어서 그 어려운 공부가 상담가의 '필요'에 의한 것이기 때문에 내담자가 피해를 볼 수도 있다는 점은 한계이다. 특히 편안하고 여러 면에서 바람직한 여건에서의 배움을 경험해야 하는 경우에는 더욱 그렇다. 나는 이 책이 독자들이 쉽게 배우는 데는 도움이 되지만 심리상담가의 작업이 쉽지만은 않다는 것을 기억하길 바란다. 이것은 깊고 복잡한 사고, 강인함, 유연함과 감정의 개방을 요구한다. 즉 인간성이나 사람의 마음에 대한 신뢰를 잃지 않으면서 엄청난 스트레스와 사람들이 서로에게 가할 수 있는 많은 공포를 마주하고 들으려는 의지와 인내를 경험하려는 호기심과 이해력을 요구한다.

전문용어

쉽게 읽을 수 있도록 나는 '그'와 '그녀'를 번갈아 사용하였고 독자들이 개인의 특정 상황에 맞춰 필요하면 바꿀 수 있다고 믿는다. 나는 때때로 지문에서 '당신'을 언급한다. 내가 그렇게 할 때는 독자로서 당신을 말하는 것이다. 나는 독자인 당신이 생각하고 반응하도록 초대하기 위해 이러한 대화식 문체를 사용할 것이다.

CHAPTER 1

TA임상 접근

상담 활동의 세 가지 양식

나는 TA에 접근하기 위해 TA학파에 대한 간단한 요약을 시작으로 상담행동의 본질과 치료 작업에 초점을 둔 마사 스타크(Martha Stark, 2000)의 상담 모델을 여기에 제시하고자 한다. 스타크의 작업은 정신분석 흐름에 기반을 두고 있다. 그러나 그녀의 모델은 TA학파들 간의 접근 차이에 대해, 그리고 각 접근이 어디에 초점을 두며, 변화과정과 변화를 촉진시키는 중요한 요소들을 어떻게 고려하는지를 생각할 수 있게 하는 유용한 틀을 제공한다. 스타크는 유능한 상담가의 태도는 이 세 가지 접근 모두에 능숙할 필요가 있으며 각 내담자에 맞게 적절하게 조합해서 사용할 수 있는 것이라고 보았다.

1인 심리학

이 모델은 "지식 혹은 통찰의 중요성으로 … 이것은 내담자와 내담자 마음의 내적 작동에 초점을 두기 때문에 1인 심리학(one-person psychology)"(Stark, 2000: 3)임을 강조한다. TA관점으로 자기과정을 통해 더 많은 이해와 통찰을 일으키는 내담자는 어른 자아상태(Adult ego state)를 발달시킨다. 어른 자아상태의 더 큰 실행의 통제 범위는 성격을 다루고 사람들이 느끼는 불안을 감소시키며 개인이 경험과 관계하는 선택의 폭을 확장시킨다. 이 접근에서 상담가의 자세는 중립적이고 객관적인 관찰자이다. "상담가의 초점은 내담자의 내적 역동에 있다. 상담가는 내적 역동에 대한 내담자의 이해를 증진시키기 위한 시각을 가지고 해석한다. 궁극적인 목표는 내담자의 구조적 갈등을 해결하는 것이다"(Stark, 2000: 4).

1과 1/2인 심리학

이 모델은 "내담자뿐 아니라 내담자와 상담가와의 관계에 초점을 두기 때문에 1과 1/2인 심리학(one-and-a-half-person psychology)이라고 묘사한다. ··· 내담자 자신이 문제라기보다는 과거 내담자가 가져온 경험의 수정을 중요"하게 강조한다(Stark, 2000: 3). "상담가는 내담자의 경험을 확인하거나 수정된 경험을 좀 더 일반적으로 제공하기 위해 시각적으로 수정할 수 있는 양식을 제공한다. 궁극적인 목적은 내담자의 구조적 결핍을 채우고 내담자 자신을 통합시키는 것이다"(Stark, 2000: 4). 이 모델에서 상담가의 자세는 내담자의 주관적인 현실과 감정적인 경험에 초점을 둔 공감자이다. TA의 관점에서 내담자의 주관적 경험에 대한 공감적 허가는 다른 자아상태(특히 어린이 자아상태)의 긴장을 감소시킬 수 있다. 긴장이 감소하는 것은 자아상태 간의 더 큰 움직임을 가능하게 한다. 또한 허가 양상은 어른자아의 기능을 강화시킬 수 있다. 이 모델에서 가장 중요한 지지적인 공감적 이해의 경험은 아마도 내담자에게 그들의 역사 안에서 놓쳤던 경험과 줄곧 말하고 싶고 수정하고 싶고 더 좋게 만들고 싶었던 발달적 결핍을 찾는 경험을 제공할 것이다.

2인 심리학

이 모델은 "관계의 중요성과 진정한 관계를 강조하며, 내담자와 상담가 두 사람이 '진정한' 사람으로서 서로 관계를 맺는 데 초점을 두기 때문에 2인 심리학(two-person psychology)이라 한다"(Stark, 2000: 3).

상담가는 전체 상담 작업을 통해서 그들의 감정과 역전이 반응에 민감하게 주의를 기울이며, 내담자와 내담자의 원형을 포함하여 다른 사람과 연결되는 방식을 깊이 이해하는 데 그들의 감정적 반응을 사용한다. TA관점에서 이것은 사회적 진단, 교류분석, 게임분석과 같다. 자아상태는 상담실 안에서 분명해지며 전이는 내담자의 독특한 역사를 따라 기록되고, 내담자의 지금-여기는 상담가의 경험에 어떻게 영향을 미치는가와 연결된다. 상담가는 생동감 있는 지금-여기의 계약을 통해서 내담자의 친밀성의 능력을 증진하고자 한다.

효율적이고 다재다능한 상담가는 필요에 따라 내담자의 이슈를 드러내는 세 가지 모델을 모두 유연하게 쓸 수 있어야 한다.

> 치료적으로 가장 효과적인 자세는 (1) 치료 분야 밖에 자신을 위치시키기(내담자와 내담자의 내적 과정에 대한 해석을 명확히 하고 내담자의 구조적 갈등을 해결하기 위해), (2) 내담자 자신의 경험을 분산시키기(내담자에게 수정된 규정 양식을 제공하고 내담자의 구조적 결핍을 채우기 위해), (3) 내담자의 고유한 경험 안에 중심 두기(실제 관계에서 내담자와 진정으로 함께 하여서 내담자의 관계적 어려움을 해결하기 위해) 사이에서 상담가가 최적의 균형을 이루는 것이다. (Stark, 2000: 147)

고전학파 : 기원

배경

TA 고전학파는 번(Berne)과 샌프란시스코세미나 회원들에 의해 시작된 TA의 본래 버전이다. 클로드 스타이너(Claude Steiner), 스티브 카프만(Steve Karpman), 잭 듀세이(Jack Dusay), 뮤리얼 제임스(Muriel James), 화니타 잉글리쉬(Fanita English), 프랭클린 에르스트(Franklin Ernst)와 같은 학자들이 포함된 이 학파에서 거의 모든 TA 핵심 이론이 시작되었다. 특히 TA의 선구자들은 복잡한 인간의 행동과 내적 과정을 이해하고 설명하는 단순한 개념을 만드는 데 민감하였다. 또 이러한 개념을 도식화하는 것을 강조하였다. "이들의 목적은 내담자가 가지고 온 문제가 무엇이든 간에 어른 자아상태를 촉진시키고, 문제를 해결하는 데 도움을 주기 위해 어린이 자아상태의 직관적인 힘을 자극하는 것"이었다(Stewart, 1992: 132).

철학과 접근

TA 고전학파 접근은 심리치료에서 관찰의 중요성을 강조한다. 번은 이론적·치료적 공식을 위한 기반으로서 내담자의 직접적인 관찰의 중요성을 반복해서 강조하였다. 또한 TA 고전학파 상담가는 진단과 이면교류(ulterior transaction)에서 심리적 수준의 메시지를 규명하기 위해 그들의 직관을 사용한다. 관찰과 직관은 분명한 치료적 근거와 이론으로 결합된다. 번에게 진단과 치료의 대부분은 "직관적인 민감성이 더해진 예리함과 관찰의 문제"였다(Berne, 1972: 69). 또한 번은 상황, 신념 등을 재평가하기 위해 내담자의 어른 자아상태를 초대하는 의미로 치료에 관심을 가졌고 적절한 유머를 사용했다.

치료 접근은 구조분석, 교류분석, 게임분석과 마지막 각본분석까지 일련의 연속적인 과정이다. 오늘날 대부분의 TA는 이러한 분석의 다른 단계 사이를 유동적으로 움직인다. 치료의 초기 목표는 어른 자아상태를 정화하고 내담자의 사고, 감정과 신념의 구조적인 근원을 확인하는 것이다. 게슈탈트 접근과 유사하게 TA 고전학파는 지금-여기에서 내담자의 자아상태, 각본 등을 규명하는 방식을 강조하였다(Berne, 1977). 내담자가 이것을 '고고학' 게임이라고 볼 때 끝없이 반복되는 과거를 단념하게 된다(Berne, 1964).

보호(protection), 허가(permission)(Crossman, 1966) 그리고 능력(potency)(Steiner, 1968)의 '3P'는 TA접근에서 고전학파의 핵심 양상이며 사실 모든 TA상담에서 그렇다(#83, #84 참조). 상담가는 상담 작업에서 각본 치유를 위한 충분한 보호, 허가, 능력을 내담자에게 보장하기 위해 그들의 작업을 관찰해야 한다. 일단 '3P'가 자리 잡으면 상담은 고전 TA에서 치료적 변화의 중심 양상으로 보는 행동적 계약을 수립하는 것으로 진행된다(Stewart, 1992).

TA 고전학파는 구조적 갈등을 해결하고 어른자아의 선택을 증진시키는 데 강조를 두는 1인 접근이다(Stark, 2000). 갈등모델(Lapworth et al., 1993)은 TA 고전학파에서 정신병리의 기본모델이며 이것은 다른 자아상태 간의 갈등, 다른 자아상태 안에서의 갈등, 그리고 자율성(자아성장 원리, physis)과 개인의 각본을 향한 드라이버(driver) 간의 갈등 결과로 본다(Berne, 1972).

핵심 이론적 개념

TA 핵심 이론의 대부분은 번에 의해 발달된 TA 고전학파에서 형성되었다. 여기에는 자아상태(ego states), 구조분석(structural analysis), 오염(contamination), 제외(exclusion), 기능분석(functional analysis), 교류분석(transactional analysis), 게임(game)과 게임분석(game analysis), 각본(script)과 각본분석(script analysis)을 포함한다. 다른 고전적 개념은 다른 TA학자들에 의해 발달되었으며 여기에는 각본 매트릭스(script matrix)(Steiner, 1966), 계약(Berne, 1966; Steiner, 1974), OK목장(OK corrall)(Ernst, 1971), 선

택(Karpman, 1971), 스트로크 경제(stroke economy)(Steiner, 1971), 이고그램(egogram)(Dusay, 1972)이 있다. 어떤 의미에서는 고전적 TA개념을 사용하지 않고 TA를 실행하는 것은 불가능하다.

고전학파 : 방법

방법

여덟 가지 치료적 활동

개입의 여덟 가지 분류(질문, 구체화, 직면, 설명, 묘사, 확인, 해석, 결정화)는 TA상담방법의 핵심이다(Müller & Tudor, 2001 참조)(Berne, 1966).

정화

정화(decontamination)는 어른 자아상태를 강화하기 위해 고안된 과정이며, 왜곡된 사고에 대한 도전과 때때로 현실 검증을 위한 정확한 정보 제공을 포함한다(Berne, 1961, 1966).

계약적 방법

계약은 TA상담의 모든 유형에서 사용되는 핵심방법이며 고전 TA학자들에 의해 처음으로 개발되었다(Berne, 1966; James & Jongeward, 1971; Steiner, 1974).

허가교류

상담가는 내담자가 성장하기 위해 어떤 핵심 허가가 필요한지 확인하고 상담을 통해 내담자에게 핵심 허가(직접적으로 그리고 간접적으로)를 주도록 노력해야 한다(Berne, 1966, 1972).

각본 해독제

각본 해독제(script antithesis)는 초점이 맞춰진 결정적인 개입이다(Berne, 1972). 해독제는 동화의 '마법이 깨지는 것'과 같다. 이것은 개인의 각본과정을 가로막고 핵심 각본 주제에 도전하기 위한 과녁 맞추기 교류(Woollams & Brown, 1978)이다.

집단상담

TA 고전학파는 집단상담 환경 안에서 광범위하게 발달해 왔기 때문에 몇몇 TA상담가는 집단 환경이 최선이라고 믿는다(Berne, 1966).

비평

TA가 일상적인 용어를 사용한다는 감탄스러운 의도의 배경을 안다고 할지라도 이 접근은 개념들의 명칭을 피상적으로 간주하고 완전히 무시하는 사람들에 의해 비평받아 왔다. 또한 일상적인 용어의 사용은 미국인이 아닌 독자들에게는 친숙하지 않다는 의미이기도 했다.

    TA 고전학파에서 상담가의 힘이 강조된 점은 TA철학과 맞지 않는 것으로 여겨질 수도 있다. 상담가는 '허가해 주는 사람'이자 TA이론을 통해 내담자의 인생패턴을 분석함으로써 내담자의 경험을 해석하는 사람으로 볼 수 있다. '허가해 주는 사람'의 입장에 있는 준부모적(quasi-parental) 상담가는 내담자의 자율성을 강조하는 치료적 접근과 일치하지 않는다.

    TA 고전학파는 (TA이론을 사용하여 통찰을 얻음으로써) 자신의 패턴에 대한 인식이나 직접적인 행동적 변화가 치유와 변형에 충분하다고 제언한다. TA 고전학파의 개념은 개인의 과정과 패턴, 다른 사람과 상호작용하는 방식을 이해하는 데 사용될 수 있지만 번이 경고했듯이 통찰 그 자체만으로는 변화를 일으키기에 충분하지 않다(Berne, 1971). 마찬가지로 행동적 변화도 심층 구조 변화가 반드시 필요한 것은 아니다.

재결단학파 : 기원

배경

TA 재결단학파(redecision school)는 밥과 메리 고울딩(Bob & Mary Goulding)에 의해 만들어졌다. 고울딩 부부는 번의 샌프란시스코세미나의 초기 회원으로서 게슈탈트 치료의 창시자인 프리츠 펄스에게서 훈련을 받았다. 고울딩 부부는 내담자의 빠른 변화를 위한 작업 방식에 관심을 가지고 있었다. 그들은 자아상태 갈등을 직접적으로 작업할 수 있는 방법으로 두 의자 기법을 사용했고 이를 TA이론에 접목하였다. 고울딩 부부는 치료 마라톤 방식(therapy marathon format)을 전문적으로 다뤘으며 때로는 집단치료 마라톤을 한 달 동안 확장하기도 했다.

번은 재결단이라는 용어를 원래 어른 자아상태에서 새로운 (인생)결단을 만든다는 의미로 사용했다. 하지만 고울딩 부부는 이와 대조적으로 어린이 자아상태 안에 특정한 각본결단의 변화가 포함되는 것으로서 재결단을 정의하였다. 원래 각본결단은 어린이 자아상태에서 만들어진다는 것이 그들의 관점이었으므로 변화나 재결단은 어린이 자아상태 안에서 일어나야 한다. 그들은 계약상의 퇴행을 작업하고 내담자의 어린이 자아상태(들)에서 재결단을 촉진하기 위해 작업에서 정서적 강도를 증가시키는 방법을 시행했다. 이 과정은 어린이 자아상태를 이끌어 내고 지지하기 위해 내담자의 어른 자아상태를 사용하는 것을 포함한다.

철학과 접근

상담가는 내담자를 치유해야 한다는 번의 의학 모델에서 비롯된 인본주의(humanistic)와 실존주의(existential) 전통에 굳건히 뿌리를 두고 게슈탈트에 영향을 받은 고울딩 부부는 상담가는 내담자 스스로 치유하는 과정을 촉진시키는 사람으로서 내담자를 치유해야 한다며 내담자 개인의 책임을 강조하였다('힘은 내담자에게 있다'가 고울딩 부부의 슬로건이다.)(Goulding & Goulding, 1978). 예를 들면, 고울딩 부부는 개인의 능력을 디스카운트하는 언어 사용에 도전하는 것(할 수 없다 혹은 하지 말아야 한다 등과 같은 용어를 바꾸게 하는 것)처럼 상담 작업 안에서 명쾌하게 직면시키는 스타일을 발전시켰다. 재결단 상담가는 어린이자아를 보호하고 지지하는 양육적이고 공감적인 환경을 만들기 위해 노력하며 필요한 재결단을 만들기 위해 내담자가 어린이 자아상태에 접근할 수 있게 한다.

상담 작업을 하면서 고울딩 부부는 어린이자아가 다른 사람이 변화할 때까지(흔히 그들의 부모 중 하나) 변화하지 않겠다고 자신의 위치를 유지하는 것처럼 내담자가 마법적 혹은 자기파괴적 사고를 가지고 있다는 것을 알았다. 그러한 마법적 사고는 적극적으로 도전받는다. 예를 들어, '네가 후회할 때까지 나는 계속 아플 거야'처럼 앙심을 품은 어린이자아의 신념은 도전을 받게 되고 상담가는 상담의 주요한 장애물로 보이는 이러한 신념을 떨쳐 낼 수 있도록 이끈다.

고울딩 부부는 전이를 적극적으로 피하거나 혹은 '옆으로' 밀쳐 두었다. 만약 내담자가 자신의 과거를 상담가에게 전이한다는 것을 알아차린다면 상담가는 내담자를 두 의자 대화로 초대한다. 이 대화에서 내담자는 전이된 인물을 의자에 투사하고 대화 안에서 투사를 끌어낸다. 고울딩 부부는 이러한 접근이 좀 더 효과적이며, 상담가의 전이와 투사를 이끌어 내는 것이 개인적 책임을 가지고 자신의 느낌과 투사를 갖는 재결단 철학으로 통합한다고 믿었다(Goulding & Goulding, 1979).

구조적 갈등에서 강조하는 것과 촉진자로서의 상담가 역할, 적극적인 직면 접근, 전이 작업의 철회와 함께 재결단학파는 1인 접근이며(Stark, 2000), 정신병리의 갈등 모델을 기반으로 한다(Lapworth et al., 1993). 임패스 이론은 아마도 TA심리치료 안에서 가장 분명한 갈등 모델의 예일 것이다.

핵심 이론적 개념

금지령(Injunction)(Goulding & Goulding, 1979)(#80, #81참조)

결단(Decisions)(Goulding & Goulding, 1979)

재결단(Redecision)(Goulding & Goulding, 1979)

임패스 이론(Impasse theory), 임패스 분류와 임패스 해결(Goulding & Goulding, 1979; Mellor, 1980)(#85 참조)

재결단학파 : 방법

방법

재결단치료는 명쾌하게 초점이 맞춰진 계약적 접근으로 시작되며 여기에서 상담가
는 변화를 위한 분명한 계약을 만드는 촉진자이다. 소극적 언어(passive language)는
내담자의 문제/상황 혹은 계약목표에 대한 내담자의 결단을 직면시키고, 반응-능력
(response-ability, 책임)의 언어를 촉진시킨다('할 수 없다'를 '하지 않을 것이다'로 바
꾸는 것처럼)(Goulding & Goulding, 1979).

　내담자는 흔히 빈의자 기법과 같은 상상과 시각화 기술을 사용하도록 초대받는다.
여기에는 내담자의 어버이자아의 하나 혹은 그 이상, 또는 내담자의 어린이자아가 빈
의자에 있는 것과 같은 시각화가 포함된다. 그러면 상담가는 자신에 대한 2개의 다른
분아의 대화를 촉진하고 자아상태의 갈등을 해결한다. 다른 상상방법은 내담자가 마
음속으로 각본결단을 했던 그때로 돌아가게 하거나 각본결단이나 결단했던 상황의
핵심을 요약하는 식으로 사건의 원형(장면) 기억으로 되돌아게끔 하는 것이다. 내담
자가 특정 장면을 기억할 수 없는 상황에서는 그것을 생각해보고 상상한 장면을 믿을
때 내담자의 마음속에서 만들어진 것은 재결단을 촉진시킬 필요가 있는 모든 양상을
포함할 것이다. 소극적 언어 혹은 마법적 사고는 시각화된 장면에서 내담자가 말을
함으로써 직면된다. 정서적 책임은 감정을 고조시키거나(McNeel, 1976) 다른 게슈탈
트 방법을 사용함으로써 발달된다. 이것은 결단의 제한적 본성을 강조하기 위해 특정
한 장면에서 불안을 증진시키기도 한다. 게다가 내담자의 성장 원리를 가지고 유기체
의 혐오스런 반응을 자극하여 내담자가 낡고 제한된 각본결단을 거부하거나 벗어 버
리게끔 돕는다. 이 시점에서 내담자는 그 장면 안에서 어른 자아상태의 자각과 자원

을 가져오게 되는데 상담가는 새로운 결단을 만들도록 내담자에게 새로운 정보를 줄 수도 있다.

재결단의 일부를 한 후 상담가는 내담자가 일상생활에서 재결단을 유지하도록 일련의 행동적 계약을 만들게끔 한다(McCormick & Pulleyblank, 1985). 하나의 재결단이 유의미한 변화 사건이라고 할지라도 재결단 자체는 지속되는 과정이어야 하며, 내담자가 익숙하고 습관적인 각본으로 빠지기보다 새롭고 건강한 생활 방식을 유지하도록 돕기 위해 강화되어야 한다.

비평

고울딩 부부의 모델은 기본적으로 내담자가 적어도 일주일, 흔히는 한 달 정도 참여하는 거주형 마라톤 치료 세팅(residential therapy marathon setting)에서 발달되었다. 연장된 거주식 마라톤 형식의 집중적인 환경과 참여자에 대한 보호는 빠르고 깊이 있는 변화 작업을 위한 좋은 환경을 제공하였다. 그러나 일반적으로 개인상담소에서 개별적인 내담자와 작업하는 상담가에게 이것은 어려운 조건이다. 마라톤 치료에 참여하는 대부분의 내담자들은 상담 훈련자들이었으며 모든 내담자들은 상담이 진행 중이었고 그래서 표면상으로는 '마음이 피폐해져서' 자신의 변화과정에 집중하는 사람들이었다. 그러므로 고울딩의 방법이 준비 작업 없이 빠른 변화를 제공한다는 가정은 맞지 않다. 이러한 다양한 방법에서 비롯된 엄청난 카타르시스는 상당히 강렬한 반응이나 원치 않는 반응도 야기할 수 있고, 사실 일반적인 상담임상에서는 불가능하며 거주하는 환경에서 다루어질 수 있었다.

재결단 상담 기법은 종종 극적으로 사로잡히는 듯한 깊은 카타르시스를 포함할 수 있다. 이것은 매우 매혹적일 수 있으며 상담가는 카타르시스를 실제 변화로 오해할 수도 있다. 어떤 내담자에게는 사실상 '움직임을 살펴보는 것'일 수 있고 어떠한 변화 없이 상담가에게는 과잉적응으로서 재결단으로 관찰된 것일 수도 있다. 또한 우연히 각본이 강화되어 과잉적응된 내담자의 경우일 수도 있다. 고울딩은 기법 사용(오용)에 대한 잠재적인 문제를 잘 알고 있었기 때문에 감정의 카타르시스적 환기가 그 자체를 위해 사용되는 것은 반대하였다.

재결단 상담가는 실제로 '전이에서 한 발짝 물러서'려고 하며 치료적 관계에서의 전이 역할을 일부러 피하려고 한다(Goulding & Goulding, 1979). 이 접근이 모든 내담자에게 적합한 것은 아니며, 내담자가 강한 전이 감정을 갖거나 그것을 받아들이는 것이 편하지 않은 상담가에게는 오용될 수 있다. 마찬가지로 실수를 받아들이는 개인적 책임을 힘들어하는 상담가에 의해서도 오용될 수 있다. 이것은 재결단 접근에 대한 비평이 아니지만 잘못 사용되거나 혹은 개인상담을 하지 않는 상담가에게는 잠재적인 위험이다.

상담가는 재결단 치료방법에 내재된 이중 메시지에 신경 쓸 필요가 있다. "내담자가 …라고 말할 때 책임을 지라. … 나는 그것을 어떻게, 언제, 왜 하는지에 대해 당신에게 정확하게 말할 것이다"(Yalom, 1980: 250).

카텍시스학파 : 기원

배경

카텍시스 접근은 원래 번의 TA 세미나의 초창기 멤버인 자퀴 쉬프(Jacqui Schiff)에 의해 발전되었다. 조현병 청년이 그녀의 집에 머무르면서 거주상담이 시작되었고 그녀는 정신질환 내담자를 위한 거주치료센터를 설립하였다. 그 센터는 원래 버지니아 주 프레데릭스버그에 있었다가 논란으로 인해 캘리포니아 주 오클랜드로 옮겼으며 그녀는 시설거주센터와 함께 주간치료시설을 개소하였다. 오클랜드 프로젝트가 성공하면서 할리우드에 또 다른 센터가 개소되었다. 카텍시스 접근의 이론과 방법은 자퀴와 카텍시스 연구소의 동료들에 의해 발전되었다. 치료를 위해 상대적으로 보호적인 거주 환경 안에서 쉬프는 내담자의 퇴행을 '허락'하고 초기 발달결핍을 '재시도'하며 새로운 어버이 자아상태의 심리적 에너지 공급을 실험했다. 그러나 카텍시스 연구소 프로그램은 내담자의 체벌을 포함하는 윤리적 위반 문제가 논란이 되면서 엄청난 문제를 겪었다. (자퀴는 국제TA학회에서 퇴출되었다.) 카텍시스 연구소에서 치료받던 청년이 결국 과정 중에 사망하였고 캘리포니아 주 정부는 이 프로그램을 중단시켰다. 이러한 방법적인 측면의 논란에도 불구하고 카텍시스학파가 발달시킨 통찰과 방법은 TA상담가들에게 성공적이면서도 윤리적으로 받아들여졌고 폭넓은 내담자 층에 두루 적용되었다. 이것은 스키마 근거 치료(schema-based therapy)라고 부르는 인지행동 치료의 특정한 형태로 발달되었고 지금도 '제한된 재양육(limited reparenting)'이라고 불리는 절차로 활용되고 있다(Young et al., 2003).

철학과 접근

쉬프는 정신병리를 두 가지로 보았는데 첫 번째 주제는 발달적 결핍, 두 번째 주제는 '결함' 혹은 병리적 어버이 자아상태와 관련된다. 그들은 재양육의 경험을 제공하고 '무모한' 어버이 자아상태를 체계적으로 약화시킴으로써 새롭고 긍정적인 어버이 자아상태를 내사하여 어린이 자아상태의 발달적 결핍을 다루었다. 카텍시스 치료를 받는 동안에는 내담자에게 약물을 제공하지 않으므로 순수한 심리치료라 할 수 있다 (Schiff et al., 1975). 쉬프는 반응해 주는 환경을 만들어 냈는데 그중 하나는 (이론적으로) 내담자가 그들의 문제(비평 참조)를 생각해 보도록 초대하는 것이었다.

　카텍시스 접근은 교정경험을 강조할 때는 1과 1/2인 접근이며, 디스카운트와 재정의에 초점을 둘 때는 1인 접근이다(Stark, 2000). 결함이 있는 양육은 정신병리의 근본적인 원인으로 고려되고, 카텍시스 접근은 심리적인 문제를 이해하고 다루기 위한 결핍 모델로 유용하다(Lapworth et al., 1993).

핵심 이론적 개념

쉬프는 TA접근에 통합시킬 수 있는 이론적인 개념의 범위를 발전시켰으며, 특히 내담자가 어떻게 현실을 '왜곡'하는가 혹은 어떻게 그들의 각본에 세상을 맞추는가와 관련된 부분을 다루었다. 쉬프에 의해 발달된 핵심개념은 다음과 같다.

수동성과 네 가지 소극적 행동(Schiff & Schiff, 1971).

디스카운트와 과장(Mellor & Schiff, 1975; Schiff et al., 1975).

재정의(Schiff et al., 1975).

공생(Schiff et al., 1975).

권력과 발달적 확신의 사이클(Levin-Landheer, 1982). 파멜라 레빈은 아동발달 이론에서 '권력 사이클'을 만들었고 이것은 카텍시스 연구소의 경험에서 얻은 발달적 확신과 관련이 있으며 회복되는 결핍 모델(reparative-deficit model)에 분명한 근거를 두었다.

카텍시스학파 : 방법

방법

TA상담에서 카텍시스 접근의 핵심방법은 디스카운트, 과장, 수동성을 반복적으로 직면시키는 것이다. 이러한 강조는 끊임없이 직면을 권하는 경계선 인격장애 내담자들에게 이 모델이 성공적이었기 때문에 가능하다(#88 참조).

또한 카텍시스 접근은 심리치료의 재양육/회복 모델(reparenting/reparative model)의 사용을 따른다(Clarkson, 2003). 내담자에게 경계와 회복경험이 주어진다면 근본적 욕구와 발달적 결핍이 회복된다는 원리이다. 상담가는 내담자를 위해 의도적으로 '부모'의 역할을 한다. 그러나 실질적으로 이 방법은 상담가를 극도로 기진맥진하게 할 수 있다.

비평

'어른 자아상태에 익숙해지기' 위해 사회적 수준의 메시지와 분명한 사고를 강조함에도 불구하고 카텍시스 환경은 심리적 수준에서 어린이 자아상태에 머무르게 한다. 카텍시스 프로그램의 참여자들은 개인적으로 퇴행에 대한 엄청난 압박을 느꼈다고 진술했다. 이처럼 명백한 모순이 대다수의 내담자를 혼란스럽게 했다는 점에는 의심의 여지가 없다.

회복과 교정에 대한 감정경험을 제공하는 접근(Alexander et al., 1946)은 구원자에 대한 환상을 가지고 있거나 문제가 있었던 자신의 아동기를 완전하고 새롭게 만들려는 환상을 포기하지 못한 상담가에게 특히 유혹적이다(Davies & Frawley, 1994). 내담자의 '욕구'에 만족감을 제공하는 것은 상담가를 '좋은 대상'으로 자리할 수 있게 하고, 부정적 전이 발달을 위한 범위를 제공하지 않으며, 완전한 구조적 변화를 위해 필수적이고 적절한 혼란을 다룰 수 있게 한다. 상담에서 '좋은 경험'을 주는 것은 내담자의 요구가 증가함에 따라 상담가를 소진시킬 수도 있다. 코넬과 본즈-화이트(Cornell & Bonds-White, 2001)는 그러한 회복적 접근이 건강하지 않은 환상의 융합을 강화할 수 있다고 비평했다. 이러한 환상을 강화하는 것은 치료적 관계에서 자신의 욕구에 영향받기 쉬운 상담가에게 적용될 수 있다.

제이콥스(Jacobs, 1994)도 카텍시스 연구소의 심리치료를 '숭배'하는 양상을 가지고 사고 통제에 기반을 두는 재양육 접근은 본질적으로 비윤리적이고 문제적이라며 강력하게 비판했다. 쉬프는 일반적인 합의에 의해 결정된 현실인 합의된 현실의 개념을 매우 신뢰했다. 비록 정상이 아니거나 왜곡된 사고의 직면에 사용될 수 있다 하더라도, 합의된 현실의 개념은 일반적인 합의와 광범위한 사회적 관점에서조차 '틀릴' 수 있고 복잡한 현실이나 다른 현실에 대한 다양한 구조를 고려하지 않은 접근이기 때문에 문제가 있다. 또한 이 개념은 익숙치 않고 문화적으로 기반한 준거들을 가지고 문화를 넘어서 작업하기에는 문제가 될 수도 있다(Hargaden & Sills, 2002).

또한 레빈(Levin)의 권력순환 이론과 발달적 확신을 사용하는 것은 아동발달 이론의 가설이나 연구결과와 일치하지 않으며 연결되지 않으므로 문제적이고(Cornell, 1998; Matze, 1988), 지나치게 규범적이고 단순하며 결정론적이라는 점(Cornell, 1998)에서 비판을 받고 있다. 상담가에 의해 주어지는 발달적 확신을 사용하는 것은 (부분적으로 '허가 제공하기'를 강조하는 구조 안에서) 암묵적으로 내담자를 어린아이 취급하고 치료적 변화를 위해 지나치게 단순화된 접근을 제공한다는 점에서 문제가 있다. 치료가 단순하다면 내담자에겐 아주 적은 핵심 메시지만 제공할 뿐이다!

쉬프는 물론 카텍시스 개념이나 방법을 사용하는 상담가로 인해 많은 사람들이 도움을 받았다는 점에는 의심할 여지가 없다. 그러나 재양육 전략을 사용하는 것은 추천되지 않으며 개념과 방법 또한 비평을 고려하여 명확한 슈퍼비전과 함께 사용될 필요가 있다. 왜곡과 과장과 같은 개념은 모든 문제수준에서 작업할 수 있는 잠재적인 도구가 될 것이며, 오염과 각본신념의 자각과 직면을 확장하기 위해 효과적이고 윤리적으로 사용될 수 있다.

급진적 정신의학 : 기원

배경

"급진적 정신의학은 인간의 정서장애 이론이며 정서장애를 다루기 위해 고안된 방법이다"(Steiner, 2000).

급진적 정신의학은 1960년대 후반에 클로드 스타이너와 캘리포니아 버클리의 호기 와이코프(Hogie Wyckoff)에 의해 발달되었다. 이것은 (심리적 억압의 부정적 영향을 연구한) 칼 마르크스(Karl Marx), 빌헬름 라이히(Wilhelm Reich)와 R. D. 랭(R. D. Laing)의 작업에 많은 영향을 받았다. 이것은 TA이론과 통합하여 발전되었으며 특히 교류, 사람과 사람 사이의 억압과 해방기제를 분석하기 위한 도구이다.

철학과 접근

급진적 정신의학의 핵심 원리에서 심리적 문제는 고립된 개인 안에서 신비화된 억압의 결과이며 정신장애의 징후가 된다고 보았다. 신비화는 억압의 문화적 디스카운트 혹은 합리화를 포함한다. 억압된 사회적 구조와 신비화된 신화는 개인의 감정적 고립을 촉진한다. 정신장애의 공식은 다음과 같다.

$$정신장애 = 억압 + 신비화 + 고립$$

급진적 정신의학의 정신장애를 위한 해독제는 고립에서 벗어나기 위한 접촉, 억압을 분명하게 하기 위한 자각과 투쟁하기 위한 행동이다. 그 결과 공식은 다음과 같다.

$$세상에서의 힘 = 접촉 + 자각 + 행동$$

급진적 정신의학은 심리치료의 의료화, 정신분석적 특수 용어, 진단명 사용을 반대하고 정서적 스트레스 안에서 고립된 개인의 분리, 억압의 예를 사용한다.

급진적 정신의학은 개인의 맥락과 사회적·정치적 요소의 영향, 그리고 다른 사람과 관계하는 방식을 고려하는 '2와 1/2'인 접근으로 불린다(Tudor, 2009).

핵심 이론적 개념

소외

소외의 기본 유형에는 세 가지가 있으며 각각은 각본 유형을 대표한다. 애정결핍(lovelessness) 각본은 사랑하는 능력을 차단당함으로써 발생하고 스트로크 기아에서 기인되는 우울을 초래한다. 기쁨결여(joylessness) 각본은 신체 감각을 차단하는 것으로부터 발생하고 중독으로 향하게 할 수 있다. 사고결여(mindlessness) 각본은 신비화와 거짓으로 인해 마음을 차단한 결과이며 이 경우엔 일을 하지 않으려 한다.

독선적 어버이

이후에 비판적 어버이자아로 불리는 독선적 어버이자아(Pig Parent)는 어린이 자아상태(P_1) 안의 어버이 자아상태를 나타낸다. 비판적 어버이자아는 소외를 계속해서 유지시키는 억압적 메시지의 내면화로 보인다. 급진적 정신의학은 이러한 비판적 어버이자아의 영향을 빠르게 정화하려고 한다.

스트로크 경제

스트로크 경제(Steiner, 1971)는 스트로크를 주고받는 것에 대한 제한적인 내부 규칙 세트이다. 비판적 어버이자아에 의해 강화되는 스트로크 경제 법칙은 사랑을 제외시키는 근원으로 고려된다. 스트로크 경제를 깨뜨리기 위한 방법은 스트로크의 자유로운 교환이다.

거짓과 디스카운트

이것은 마음에서 합리적 사고를 소외시키는 주된 원천이다. 거짓과 디스카운트의 해독은 온전한 진실이다.

권력게임

권력게임은 사람들이 서로 강제하고 억압하기 위해 사용하는 교류이다. 신체적 혹은 심리적으로 나타나거나 살인과 강간처럼 거칠게 행동하거나 거짓과 선전처럼 교묘하게 표현될 수 있다.

급진적 정신의학 : 방법

방법

집단 심리치료는 급진적 정신의학 접근의 주된 치료방법이다. '의식 끌어내기 (consciousness raising, 자각)'를 통해 억압과 신비화를 탐색하는 것이 핵심방법이다. 또한 디스카운팅에 대한 자각과 집단에서 드러나는 권력게임의 발달을 포함하는 인종차별, 성차별, 동성애 혐오, 연령차별, 계급편견의 억압과 다른 억압체계의 탈신비화도 사용된다.

집단원 간의 평등하고 협력적인 관계를 도모하는 것이 급진적 정신의학에서의 중요한 목표이다. 집단은 '규칙'대로 협력적 계약을 유지한다. 협력적 계약은 권력게임을 하지 않기, 특히 사실을 은폐하거나 고의로 거짓말하지 않기, 드라마삼각형의 역할인 구원자, 박해자, 희생자의 역할을 하지 않기에 대한 동의를 포함한다(Karpman, 1968). 억압과 억압에 맞서는 행동에 대한 자각은 집단 안팎에서 증진된다. 만약 사람들이 집단 안에서 힘을 얻게 되면 집단이 개선될 때까지 사회적 행위는 필수적이다. 집단원들은 집단의 상호지지적인 환경에서 비판적 어버이자아와 각본을 직면하고 거기에서 벗어나도록 격려받는다.

집단은 문제해결 집단, 신체자각을 증진시키고 감정 허가를 강화하는 신체작업 집단 등 여러 형태를 띨 수 있으며, 상담가는 갈등을 해결하도록 돕는 촉진자이다.

비평

급진적 정신의학의 많은 개념은 현재 더 많은 사회에서 받아들여지고 있기는 하지만 부분적으로는 평등과 정치적 자각을 증진시키는 페미니즘의 영향, 의료계와 정신과 의사들의 환자 학대에 대한 자각, 환자 집단의 형성, 더 넓은 사회적 주민법안 발의의 결과이기도 하다. 결과적으로 급진적 정신의학의 몇 가지 아이디어는 어느 정도 시대에 뒤떨어져 있지만, 문화적으로나 역사적으로 1960년대 캘리포니아의 준거틀인 급진주의로 볼 수 있다. 비록 급진적 정신의학 접근이 희생적 행동을 좌절시키고 직면시킨다 할지라도 비평은 외적이고 광범위한 사회적 상황에 지나치게 초점을 맞춤으로써 상황에 대한 개인적 책임보다는 '체제를 비난하는' 결과를 초래했다고 제언한다. 전체적으로 보면 급진적 정신의학은 지나치게 이론적이며 심리치료에서 쉽게 접근할 수 있는 기법으로 연결되지 않는다고 비판을 받았다. (www.claudesteiner.com/rpprin.htm에서 더 많은 정보를 찾을 수 있다.)

통합적 TA : 기원

배경

통합적 TA는 원래 리처드 얼스킨(Richard Erskine)에 의해 개발되었으며 그의 동료인 레베카 트라우트만(Rebecca Trautmann), 자넷 마울선드(Janet Moursund)와 공동으로 작업하였다. 얼스킨과 트라우트만, 마울선드는 이론적으로 서로 양립할 수 있는 개념들을 선택하여 다양한 이론적 개념과 방법을 통합하였다.

철학과 접근

통합적 TA는 자기심리학, 게슈탈트, 인간중심 상담을 포함하며 그로부터 이론적인 영향을 받았다. 통합적 TA는 다른 TA이론과 마찬가지로 접촉과 관계의 욕구를 인간의 기본적인 욕구로 여긴다. 접촉관계의 결핍이나 관계적 접촉의 붕괴, 관계적 외상 등은 정신병리의 주요 원인이다. 관계나 관계에서 발생하는 문제들이 고통의 주요 원인으로 여겨지듯이, 치료 관계는 특히 치료와 회복의 중요한 도구로 여겨진다. 상담가는 내담자의 자각을 증진시킬 수 있는 환경을 위한 접촉관계를 제공하려고 노력한다. "이러한 접촉관계 안에서 새롭게 발견된 각각의 부분들은 자기 안에서 통합될 수 있고 분열된 부분들은 다시 회복될 수 있다"(Erskine et al., 1999: 13). 번의 몇몇 저서에서 그는 어린이 자아상태와 어버이 자아상태를 고착된 자아상태로 정의했다. (하지만 다른 데서는 이와 모순된 입장을 보이기도 한다.) 얼스킨은 번의 관점을 받아들여 어린이 자아상태와 어버이 자아상태를 통합되지 않고 고착된 상태로 보았다. 그리고 변화과정에서 고착을 유발시킨 정신적 외상을 다루고 그 경험을 어른 자아상태에 통합시킬 필요가 있다고 보았다(Erskine, 1988).

통합적 TA는 인간을 근본적으로 전생애를 통해 관계를 추구하며 상호의존적인 존재로 받아들인다. 관계와 접촉에 대한 욕구는 정상적인 것이며, 관계욕구 안에 있는 자기대상 전이에 대한 자기심리학 개념의 통합(Kohut, 1984)은 이러한 상호의존성과 지속적인 발전을 확고하게 한다. 내적으로나 외적인 접촉은 모두 건강한 인간 기능의 근본적인 특징으로 여겨진다.

통합적 TA는 발달적·관계적 결여에 초점 맞출 것을 강조하고 상담가의 공감적이고 교정적인 경험 제공을 강조하므로 일반적으로 1과 1/2인 접근이다(Stark, 2000). 하지만 주안점이 고착일 때는 1인 접근이 된다. 정신병리는 내적이고 상호적인 접촉의 결핍에서 병리 증상이 발생한다는 결핍 모델(Lapworth et al., 1993)을 사용하는 것으로 이해된다.

핵심 이론적 개념

통합적 TA에서 기본적으로 사용되는 핵심 TA개념은 자아상태와 (통합 TA문헌과 이 책에서는 각본체계로 언급되는) 각본, 라켓체계이다. 또한 통합적 TA는 다른 이론적 접근으로부터 많은 이론을 받아들인다.

접촉

접촉 개념은 게슈탈트 상담으로부터 비롯되었고 특히 로저스의 인간중심 이론에서 6개의 필요조건과 충분조건을 차용하였다(Rogers, 1957). 통합적 TA는 내적이고 상호적인 접촉의 중요성을 강조한다. 내적 접촉은 자신의 내적 경험에 대해 온전히 자각하고 있는 상태로 볼 수 있다. TA용어에서 내적 접촉은 내적 경험을 최소한으로 디스카운트한 상태로 고려된다. 접촉은 연속적인 흐름의 역동적인 상태로 볼 수 있다. 상호적 접촉은 주로 동기적인 힘으로 여겨지며 친밀감이 특징적이고 방어 없이 만족하는 것이다. 상호적 접촉결핍을 반복적으로 경험한 개인은 접촉결핍 감각을 만들기 위해 각본결단을 형성함으로써 인지적 부조화를 처리한다.

조율

조율(attunement)에 대한 스턴(Stern, 1985)의 작업을 인용해서 통합적 TA는 조율의 결핍을 정신적 외상경험에 의한 것이라고 설명한다. 즉 지속적이고 반복적인 조율의 결핍과 누적된 외상을 각본신념 발달의 결정적인 요인으로 본다. 조율은 내담자의 주관적 경험에 대한 긴밀한 주의를 기울이는 것으로서 공감과 유사하다. 하지만 공감과 달리 조율에서는 상호 간에 적절한 감정을 가지고 반응한다(Erskine et al., 1999).

관계욕구

얼스킨과 트라우트만(1996)은 8개의 관계욕구를 개발했다. 이 욕구는 병리적으로 여겨지는 것은 아니지만 관계 안에서 지속적으로 나타나는 것으로서 전생애를 통해 일어난다. 관계욕구는 하인즈 코헛(Heinz Kohut)의 자기대상 전이(Kohut, 1984)에 대한 정교화로 볼 수 있으며 코헛의 거울 전이, 이상화 전이, 쌍둥이 자기대상 전이 또한 지속적인 욕구로 여겨져 왔다. 물론 인간은 매우 많은 관계욕구를 가지고 있으며 단지 8개의 욕구에 한정되는 것은 아니다. 하지만 얼스킨과 트라우트만(1996)에 의해 확인된 8개의 관계욕구는 심리치료에서 반복되는 주제이다. 그것은 다음과 같다.

- 안전감
- 가치
- 수용
- 상호성
- 자기 정의
- 영향 미치기
- 새로운 관계 맺기
- 사랑을 표현하기

얼스킨은 좌절되고 충족되지 않은 관계욕구가 각본결단을 유발시킬 뿐 아니라 어떤 의미에서는 고통스러우며, 각본에 따른 것이기는 하지만 개인이 욕구를 충족시키기 위한 수단으로 추구하는 게임과는 다른 병리적 과정을 일으킨다고 본다. 이러한 관계 욕구의 직면에 주의를 기울이는 것과 관계욕구에 대한 진단은 결과적으로 게임에 참여하고자 하는 욕구를 감소시킨다(Erskine et al., 1999).

각본체계

각본(라켓)체계는 각본의 역동과 상호지지적인 특성을 이해하기 위해 사용된다 (Erskine & Zalcman, 1979).

병렬

얼스킨과 트라우트만(1996)은 병렬(juxtaposition)에 대해 정의했다. 병렬하면서 깊은 공감과 조율된 접촉의 경험은 내담자의 부조화에 대한 경험과 대비되어 매우 고통스러울 수 있으며, 지금까지 감춰져 왔던 다른 어린이 자아상태의 반응과 행동을 활성화시킬 수도 있다. 만약 내담자가 병렬을 고통스러워한다면 상담가는 이 반응을 가만히 지켜보면서 상담의 속도를 천천히 늦출 필요가 있다.

통합적 TA : 방법

방법

통합적 TA의 주요 방법은 **질문, 조율, 관여**이다(Erskine et al.,1999). 통합적 TA에서 이 조합은 민감하고 공감적인 상담을 만들어 낸다.

질문

질문은 현상학적 질문, 내담자의 개인사와 기대에 대한 질문, 대처 전략, 선택, 각본 결정에 대한 질문, 내담자의 상처받기 쉬운 감각에 대한 질문의 영역으로 세분화된다 (#19 참조)(Erskine et al., 1999). 질문은 내담자와 상담과정을 존중하는 자세와 진정한 관심으로부터 이루어진다. 질문의 목적은 자각을 촉진시키고 내적 접촉과 상호관계 접촉을 향상시키는 데 있다(Erskine et al., 1999).

조율

조율은 핵심적인 상담 기법이며 내담자에 대한 공감적인 반응으로 시작하지만 상담가는 내담자에 따라 열린 반응을 해야 한다. 조율의 초점은 내담자의 관계욕구에 대한 조율(조율된 반응은 상담관계에서 관계욕구를 충족시킨다.), 내담자의 발달적 문제(퇴행이라 할 수 있는 발달적 지연 혹은 결핍), 인지적 과정(내담자의 준거틀에 들어가기 위해 그들이 무엇을 어떻게 사고하는지를 찾는 것), 리듬(상담의 시간과 속도를 주의 깊게 맞추는 것), 정서적 조율(슬픔에 대한 연민의 반응과 같이 일치하는 정서로 반응하는 것)을 포함한다.

관여

관여는 실재적이라기보다는 좀 더 태도와 관련된 상담 활동이다. "탐색은 상담가가 무엇을 하는가에 대한 것이며, 관여는 하는 것에 대한 것이 아니라 존재에 대한 것이다" (Erskine et al., 1999: 83). 관여는 상담가가 기꺼이 내담자에게 영향을 받고 내담자 각각을 돕기 위해 최선을 다하는 상담가의 책임을 요구한다. 지속적인 전문성 개발에 대한 책임은 관여의 또 다른 측면이다. 실질적인 용어에 있어 관여라는 표현은 기본적으로 몇 가지 상담 전략의 사용을 통해 드러난다. 즉 내담자의 경험과 그가 어떤 사람인지에 대한 인식, 그리고 내담자와 그들의 감정적 현실에 대한 인정("그렇게 어려운 상황에서 그것은 아주 정상적이고 이해할 만한 반응으로 들리는군요."), 상담가의 존재를 통해 관여가 드러난다.

상담가의 현존은 아마도 가장 미미한 실재적 특성일 것이며 여기에서 내담자는 누군가를 느낄 수도 있고 느끼지 못할 수도 있다. 얼스킨과 동료들(1999)은 상담가에게 내담자에 대한 호기심, 심리내적 접촉과 상호관계적 접촉을 유지할 것과 인내심과 일관성을 가질 것, 그리고 개방적이며 기꺼이 내담자에게 감정적으로 영향받을 것을 권하였다.

통합적 접근은 얼스킨과 동료들이 묘사한 대로 재결단 치료체계 안에서 같은 방법을 사용하는 TA분석가들에게 익숙한 게슈탈트의 빈의자 기법으로부터 비롯되었다. 몇몇 통합적 TA분석가들이 사용한 다른 방법에는 퇴행 기법이 포함된다.

비평

통합적 TA에서 퇴행 기법의 사용은 이것을 영아화하는 접근처럼 보는 몇몇 사람들에 의해 비판을 받는다. 공감의 '공급'이 내담자를 영아화하는 잠재성을 증가시킬 수 있는 이상화된 전이의 잘못을 저지를 수 있다. 이것은 특히 상담가가 부정적 전이나 내담자의 적대적인 반응으로 어려워하거나 내담자에게 '좋은 대상'으로 남기를 바랄 때 일어나기 쉽다(Cornell & Bonds-White, 2001).

TA이론이 자아상태와 각본(특히 각본체계)에 바탕을 두고 동기이론으로서 번의 인간의 기아를 사용함에도 불구하고 통합적 TA의 몇몇 비평은 퇴행 기법이 TA이론과 실제에서 너무나도 왜곡되어 있다고 생각한다.

인지행동적 TA : 기원

배경

인지치료는 알버트 엘리스(Albert Ellis)와 아론 벡(Aron Beck)에 의해 시작되었다. 이들은 번과 마찬가지로 원래는 정신분석가로 훈련을 받았으나 효과적인 치료적 변화를 위해 다른 방법을 선호하여 정신분석을 포기하였다.

　도움이 되지 않는 사고(오염)에 도전하는 것에서부터 행동변화에 대한 강조까지, 초기 TA에서 강조된 상담가의 적극적인 접근은 TA가 강한 인지행동적 요소를 가진 치료법이라는 것을 확실하게 드러낸다. TA에 대한 인지행동 치료(CBT) 접근은 일반적으로 TA의 전통 학파로 고려된 것은 아니지만 TA분석가들에 의해 실행됨으로써 아주 명확하고 분명한 TA의 적용을 보여 준다.

> 개념적으로 번은 우리에게 대인간 행동분석을 위한 도구를 제공하였는데 이는 사회적 통제 치료와 일치한다. … 번의 저술들을 읽다 보면 무의식적 과정들이 문을 통해 들어왔다가 창문으로 던져지는 것 같은 인상을 받는다. 번의 방법은 정신분석적이지만 개념적 도구들은 인지행동 치료나 의사소통 훈련 모델과 더 많은 관련이 있어 보인다.
>
> (Terlato, 2001: 106)

현재 CBT는 상담에 대한 다른 많은 접근보다 선호되고 있으며 일반적으로 단기치료로 고려되고 있다. 많은 TA분석가는 이제 인지TA분석가로 여겨지며(English, 2007), 어떤 TA상담들은 잠재적 내담자에게 자신들이 CBT치료를 제공할 수 있다고 말할 것이다.

철학과 접근

상담에 대한 인지적 접근은 대다수의 심리적 어려움이 개인의 성장에 도움이 되지 않는 사고패턴에서 비롯된다고 가정한다. 사건 그 자체가 어려움이 아니라 상황에 대한 우리의 반응 또는 우리가 그 어려움을 어떻게 보느냐에 달려 있다고 본다. 인지상담가는 도움이 되지 않는 사고과정을 밝혀내고자 하며(그 사고가 명확하든지, 자각 밖에서 일어나든지, 겨우 자각하든지) 그러한 사고를 체계적으로 변화시키고자 한다. 사고패턴의 의도적인 변화가 정서적 고통을 감소시킨다고 믿으며, 이와 마찬가지로 행동변화 또한 사고 내용에서의 긍정적인 변화와 일치하는 긍정적 행동이 보충된다면 전반적으로 긍정적인 변화를 촉진시킨다고 믿는다. 예를 들어, 우울해서 수개월간 아무것도 하지 않은 사람이라면 상담가와 함께 가장 간단한 것에서부터 가장 어려운 것까지 해야 할 과업의 목록을 만든다. 내담자는 가장 간단한 과업을 완수하고 난 후 내면대화를 통해 완수한 일에 대해 스스로를 칭찬하게 되고 이렇게 하는 것은 상황을 좀 더 향상시킬 것이다.

번은 TA를 인지치료사들로부터 독립적으로 발달시켰다. 하지만 번의 어른 자아상태에 대한 개념과 오염은 TA가 인지적으로 작업할 수 있는 틀을 제공하였다(Schlegel, 1998). 비슷하게 TA에서 계약과 행동적 변화에 대한 강조는 행동치료와 협력할 수 있는 기반을 마련했으며 번의 '머릿속의 목소리'에 대한 개념(Berne, 1972)은 상담가에게 내면대화를 통해 이해하고 작업할 수 있는 수단을 제공하였다. 이 개념을 가지고 TA상담가들은 내담자가 내면대화를 자각하게 하고, 그들이 대화를 의식적으로 알아차릴 수 없거나 명확하게 인식할 수 없다면 의식적으로 대화할 수 있도록 이끈다. 이러한 개념은 부정적인 자동적 사고를 알아내기 위해 인지치료사들이 사용하는 과정과 유사하다(Sanders & Wills, 2005). 번이 변화과정을 위해 택한 접근법은 "지금 변화하라. 나중에 분석하라."였다. 이것은 변화에 대한 인지행동 치료와 동일하다. CBT 접근은 내적 변화와 심리내적 변화 없이 행동변화가 일어날 수 있다고 믿으며, 행동을 변하게 함으로써 내적 변화도 가능하다고 믿는다. 사회적 통제와 증상 완화는 지속 가능하고 충분한 변화를 제공할 것이며 내담자에게 각본을 변화시킬 수 있는 기반을 제공할 것이다. 구조적이고 집중적인 개입에 대한 강조는 확실히 인지행동적 TA를 시간 제한적인 치료에 적합하도록 만들었다.

인지행동적 TA는 내적 갈등에 대한 지식, 해결에 대한 강조와 더불어 객관적인 관찰자로서 상담가의 태도를 강조함으로써 1인 심리학 접근(one-person psychology approach)의 입장을 취한다(Stark, 2000).

핵심 이론적 개념

인지행동적 TA의 핵심 개념은 TA의 고전학파로부터 비롯되었으며 CBT식의 개입을 개발하는 데 사용될 수 있다.

인지행동적 TA : 방법

방법

정화

오염된 신념은 정화과정 안에서 세밀히 조사되고 도전된다(Berne, 1961). 인지상담가는 내담자가 그들이 암묵적인 '의무'와 '당위'로 살고 있다는 것을 자각하게 하고 여기에 체계적으로 도전한다(Harper & Ellis, 1969). 이와 같은 방식으로 TA상담가는 유사한 어버이 자아상태의 오염에 도전한다(James & Jongeward, 1971). 어린이 자아상태의 오염은 오염을 지속시키는 신념이나 경험의 타당성과 현실 검증을 방해한다. "TA상담가가 앨리스와 벡의 설명에서 얻을 수 있는 가장 큰 이점은 정화방법이다" (Schlegel, 1998: 273).

행동적 계약과 과제

TA상담가와 내담자는 전체 치료계약을 성취하기 위한 단계에 동의하는 행동적 계약과 과제를 함께 만든다.

이고그램

듀세이(Dusay, 1972)의 이고그램은 행동변화에 초점을 둔 인지행동 접근이다. 개인은 그들이 축소시키거나 증가시키기 원하는 기능적 자아상태를 확인한다. 이 방법은 성장시키길 바라는 영역과 관련된 행동을 의도적이고 체계적으로 증가시키므로 축소시키고자 하는 자아상태 행동을 자동적으로 줄여 주는 원리로 작동된다.

각본(라켓)체계

우리는 각본신념을 확인함으로써 직접적으로 수정할 수 있다(Erskine & Zalcman, 1979). 마찬가지로 관찰할 수 있는 행동과 라켓/각본과정의 내적 표명에 대한 자각의 발달은 (강화가 아니라) 체계로부터 벗어나게 하는 전략을 만드는 데 사용될 수 있다. 또한 라켓/각본 환상은 인지행동 방법을 통해 탐색되고 수정될 수 있다. 이 접근이 각본체계로부터 벗어나게 할지라도 라켓 감정 안에 깔려 있는 문제가 해결되는 것은 아니다. 각본체계의 완전한 해결을 위해서는 명료화와 재결단이 필요하다. 각본 체계는 인지행동 방식이 사용된다 하더라도 인지행동 개념이 반드시 필수적인 것은 아니다. 흥미롭게도 현대 인지행동 상담가는 각본체계와 매우 유사한 자신, 타인, 세상에 대한 신념을 포함하는 내담자의 신념 공식화 방식을 사용한다(Sanders & Wills, 2005).

자기-재양육

뮤리얼 제임스(Muriel James, 1974, 1981, 2002)는 그들이 받은 양육에서 결핍된 부분을 확인하는 자기-재양육 접근을 만들었다. 그러므로 개인은 자기-양육 행동의 범주 안에 있다. 제임스는 행동이 어버이 자아상태의 변화를 만들어 낸다고 보았다. 그러나 그러한 행동이 어버이 자아상태의 변화를 초래한다는 점은 좀 의문스럽다. 이 방법은 분명한 인지 전략으로 어버이 자아상태 작동과정으로 고려되는 비판적인 내면대화를 수정(자동적·부정적 사고에 도전)하고, 어른 자아상태에 기반을 둔 긍정적 혼잣말로 대체함으로써 작동한다. 일관적인 자기-양육 행동 강화는 내담자를 위한 새로운 자기 위안 행동을 만들고 뿌리 깊은 자기-거부 패턴을 변화시킬 수 있다.

디스카운트의 직면

쉬프(Mellor & Schiff, 1975; Schiff et al., 1975)는 왜곡된 사고과정과 제한된 준거틀을 다루기 위한 도구로 디스카운트와 디스카운트 매트릭스 개념을 발달시켰다.

　디스카운트 매트릭스 작업은 어른 자아상태를 자유롭게 하고 강화시키는 번의 정화 작업과 동등하게 볼 수 있다. 이것은 문제 상황에서 사용될 수 있는 정교한 인지심리치료 방법을 제공한다. (Schlegel, 1998: 274)

비평

TA의 인지행동 접근의 비평 중 하나는 이것이 '표면적' 접근일 수밖에 없으며, 행동 변화를 강조하는 것이 내면의 구조적인 변화나 개인의 무의식적 각본 양상 해결의 결과일 필요는 없다는 점이다. 또한 이 접근은 처음부터 충분한 어른자아 기능의 정도, 협력적인 관계를 위한 내담자의 능력에 달려 있으므로 심각한 장애 혹은 심리적 상처를 가지고 있는 내담자에게는 오히려 어려울 수 있다.

> 심리치료 과정은 심리치료사가 게임이나 라켓에 직면하거나 … 행동하고 생각해야만 하는 것을 주장하는 것처럼 인지적·행동적 변화만을 강조할 때 다른 사람과 지나치게 경직된 구조로 대체된다. (Erskine, 1998: 138)

모든 자극은 합리적인 사고와 관련된 두뇌 영역에서 처리되기 이전에 두뇌의 감정센터에 의해 먼저 다루어지기 때문에 먼저 사고를, 그다음에 사고에서 비롯된 감정을 경험한다는 전제는 신경과학에 의해 지지되지 않는다. 더욱이 사고와 감정을 2개의 뚜렷한 기능으로 나누는 것은 "가치를 거의 발견할 수 없도록 지나치게 단순화한 것이며, 철학적 전통이나 현대 인지과학에서조차도 신뢰성이 없다"(Roth & Fonagy, 1996: 6). 현대 CBT는 신경과학의 발달을 고려하여 심리치료 연구로부터 이론이 변화한다. 그럼에도 불구하고 상담가는 기본적인 변화 방식으로 감정을 넘어 사고를 옹호하는 것에 주의해야 한다. 마찬가지로 행동적 변화와 지식은 영구적인 심리내적 변화를 만들어 내지 않으며, 시간의 경과 없이 발생하거나 '스트레스 하에서의 안정'으로 남아 있는 것을 분명한 변화의 증거로 혼동해서는 안 된다(Woollams & Brown, 1978).

14

정신역동 TA : 기원

배경

'ITAA의 임상 회원들을 위한 최소의 기초 과학 교육과정'에서 번(1969)은 TA심리치료사들은 정신분석 이론의 기본 배경을 가지고 있어야 한다고 분명하게 언급했다. 게다가 대부분 번의 저술은 독자들이 어느 정도는 정신분석 이론에 익숙하다고 가정한다. 번의 초기 저술에서 그는 정신분석 용어의 어린이 자아상태와 각본 치유의 명료화를 인용하여 썼다.

> 번은 개인의 심리내적인 힘에 대한 이해를 정신분석으로부터 이끌어 냈다. 그의 주요 작업은 … 정신분석적 사고를 기반으로 잘 이해하게끔 하는 것이다. … 그런 배경이 부족한 독자들은 이 이론의 깊이를 놓칠 것이다. (Clarkson, 1992: 4)

> 1972년 번은 그가 생을 마감하기 직전까지 TA상담가를 '파라프로이디안(para-freudian)'이라고 주장했다. 그들은 무의식이며 반복적이고 예측 가능한 상호 인간행동 패턴을 따르게 하는 아동기 경험과 각본분석을 통해 작업했다. (Novellino, 2003: 152)

번은 저명한 자아심리학자인 폴 페턴(Paul Federn)과 에두아르도 바이스(Eduardo Weiss)의 이론에 매우 큰 영향을 받았다. TA의 자아심리학은 '적응, 현실검증, 자율성, 자기 책임감'(Sills & Hargaden, 2003: xvi)에 대한 TA의 관심과 함께 자아상태(페던이 사용한 용어) 개념에 초점을 둔다. 또한 TA는 사람은 연결과 관계가 필요하며 태어나면서부터 매우 자연스러운 관계(스트로크)를 추구한다고 보는 대상관계 이론을 존중한다(Berne, 1964, 1972; Novellino, 2003).

철학과 접근

이론의 철학적 접근은 다음과 같은 기본 전제를 한다.

1. 정신병리와 심리적/정서적 갈등은 어린 시절의 경험에서 비롯된다.
2. 사람들은 보통 무의식 속에 있는 갈등을 의식하지 못한다.
3. 상담에서 무의식적 자원은 전이와 상징을 통해 간접적으로 드러난다(McLeod, 1998).

TA상담가에게 맥러드(McLeod)의 전제는 새로운 것이 아니다. 사실 각본과 같은 개념은 기본적으로 어린 시절에 형성되며 대개 무의식적이고 간접적으로 작동한다는 가정을 바탕으로 한다(Berne, 1966; Woollams & Brown, 1978; Stewart & Joines, 1987).

정신역동 TA는 임상가를 신뢰하는 범위에서 1과 1/2인 혹은 2인 접근의 요소가 있을지라도 일반적으로 1인 접근(Stark, 2000)이다. 마찬가지로 정신역동 TA는 개인 임상가가 그들의 작업에서 결핍 혹은 혼란 모델을 사용하더라도 정신병리와 치료를 이해하는 갈등 모델로 사용된다(Lapworth et al., 1993).

핵심 이론적 개념

대부분의 TA 핵심 이론은 관찰 가능한 직접적인 행동에서 무의식적 과정(#26~28)을 이해하는 데 유용하다. 정신역동 이론의 핵심 개념은 억압과 함께 TA에 통합된다. 이것은 정신역동 TA에 근거를 둔 특별한 이론적 개념이 아니며, 새로운 개념 자체를 만들어 내기보다 TA이론과 방법의 사용 및 적용을 강조한다. 특히 혼란, 혼란제거와 같은 개념이나 '동전 쌓기'(Berne, 1961)와 같은 번의 은유에서 과거를 강조하는 것은 성격형성 과정에 있어서 과거의 중요성에 대한 정신역동의 개념을 담고 있다.

15

정신역동 TA : 방법

방법

통찰의 삼각형 : 여기-저기-그때

정신역동 접근은 치료적 관계 안의 '여기', 상담실 밖에서 다른 일상의 관계인 '저기', 역사적 관계와 경험의 '그때'와 관련된 내담자의 감정과 경험을 탐색한다. 상담가는 매 회기 통찰의 삼각형 위의 서로 다른 세 기점에서 만들어지는 경험과 세 양상의 연결에 초점을 맞출 것이다(Jacobs, 1988; Luborsky, 1984). 미해결된 감정의 해결을 촉진하고 통찰하기 위해 전체 상담을 통해서 반복적으로 2개 혹은 3개의 지점과 연결함으로써 해석이 만들어진다. 이러한 연결은 TA의 용어로 고무밴드(Kupfer & Haimowitz, 1971)의 탐색을 촉진하고 명료화를 증진시킨다(Jacobs, 1988).

해석

> 해석적 개입은 완전히 표현되지 못한 느낌과 생각을 강조하는 반응, 즉 공감적 반응의 확장이다. 그러나 공감적 반응에는 내담자 자신이나 상담가에게 언어로 표현될 수 없더라도 내담자가 자각하는 의식 혹은 반의식(semi-conscious)의 느낌이나 생각을 나타내는 차이가 있다. 해석적 반응의 목적은 내담자가 자각하지 못한 무의식적 느낌이나 생각을 좀 더 설명하는 것이다. 기술적 해석은 거의 표면 가까이에 있는 느낌을 관찰하여 의식할 수 있게끔 한다. (Jacobs, 1988: 35)

또한 해석은 '이중논리 교류'(Novellino, 2003)와 그것이 담겨 있는 무의식적 내용이 될 수 있다. 특히 내담자가 상담관계에서 드러난 감정에 무의식적으로 방어한다고 전제하며, 그렇기 때문에 상담에서 다른 사람들과의 관계의 문제를 논의함으로써 간접적으로 다루어질 수 있다. 예를 들어, 상담가가 휴가 때문에 상담을 취소했는데 그 이후 첫 상담회기에서 내담자가 자신을 부르지 않고 식사하러 간 친구들에게 어떻게 소외당했으며 얼마나 화가 나고 상처받았는지를 이야기한 경우를 보자. 아마 상담가는 내담자가 이것을 상담가와의 관계에서도 동일하게 느끼는지 굉장히 궁금할 것이다 (Gill, 1979).

정신역동 TA는 관계적 TA와 많은 공통점을 가지고 있지만 다르다. 정신역동 TA에서 전이는 내담자의 구조와 병리를 고려하며, 상담가는 이러한 과정의 관찰자와 해석자로서 위치한다(1인 접근). 반면 관계적 TA에서 전이는 내담자의 구조나 병리와 관련된 요소를 담고 있다 하더라도 함께 만들어 낸 것으로 고려하며, 현실에 의해 활성화되고 내담자와 상담가의 지금-여기 상호작용으로 간주된다(2인 접근).

비평

몇몇의 TA임상가들은 TA가 정신분석으로부터 입장을 바꾼 번에 의해 발달했다고 간주하기 때문에 정신역동 TA의 발달을 크게 비판하며, 정신역동 관점으로 되돌아가려는 움직임을 퇴행의 경향성이라고 본다. 이러한 비평에 대해 정신역동 TA임상가들은 정신역동 개념이 TA에 엄청난 풍요로움과 깊이를 더할 수 있다고 보고, 대다수의 초기 TA상담가에 의한 정신분석 통찰의 엄청난 거부를 반동적 움직임으로 고려하는 동시에 TA의 정체성을 구분하는 것이 중요하지만 현대의 포스트모던, 다원론적 세계에서 이것은 무의미하고 부적절하다고 생각한다.

16

관계적 TA : 기원

배경

관계적 TA접근은 새로운 전통으로 지난 20여 년 동안 발달해 왔다(Cornell & Hargaden, 2005). 허가든과 실즈(Hargaden & Sills, 2002)는 내담자에게 나타나는 전형적인 프로필 안에서의 변화와 경계선 인격장애, 자기애성 인격장애, 정신분열적 구조와 같이 문제가 있는 내담자의 증가를 지적하면서 관계적 치료에 대한 그들의 여정을 묘사하였다(Masterson & Lieberman, 2004).

> 번이 처음에 책을 쓸 때 그는 일반적인 내담자를 억제되었고 각본에 얽매인 것을 풀기 위해 상담 '용매'를 필요로 하는 규칙에 매인 사람으로 가정하였다. 21세기가 되면서 '전형적인' 내담자는 용매가 아니라 '접착제'를 필요로 하는 사람이 되었다. (Hargaden & Sills, 2002: 2)

이러한 요구에 부응하여 정신분석 개념이 다시 논의되었고, 관계적이고 현상학적인 움직임과 대니얼 스턴(Daniel Stern)의 아동발달 이론으로부터 현대 정신분석의 발달을 통합하여 내담자 경험에 맞춘 TA 모델의 발달과정이 시작되었다(Stern, 1985).

철학과 접근

관계적 TA접근은 상담에서 무의식 과정의 출현과 분석을 강조했다. 행동주의 TA가 좀 더 목표 지향적인 데 반해서 관계적 TA상담가는 상담가와 내담자 사이의 역동 안에서 매 순간에 근거한 무의식적 과정에 집중할 때 좀 더 깊은 변화과정이 일어난다고 간주한다. 심리치료의 치유요소에 관한 최근 연구의 증가와 함께 관계적 TA상담가는 변화를 위한 주된 매개체로서 치료적 관계를 강조한다.

또한 관계적 TA접근은 치료적 만남, 상담가의 각본 주제, 무의식적 과정을 다룬다. 관계적 TA상담가는 자기과정에 유념하고 이것이 내담자와의 관계에 어떤 영향을 미치는지를 고려하며, 앞으로 펼쳐질 방향에서 현재 진행 중인 무의식적 과정을 좀 더 학습하는 데 수용적일 것이다. 관계적 TA의 핵심 원리는 상담가 또한 치료적 만남에 의해 변화된다고 생각한다. 이는 각본은 우리가 관계하는 방식을 제한하며, 정직하고 친밀한 의사소통 과정은 우리가 각본에서 벗어나서 관계의 새로운 패턴으로 움직이도록 반복적으로 독려하는 상호성으로 특징지어진다. 스타크(2000)는 변화기제에서의 관계적 관점과 심리치료의 관계적 접근을 다음과 같이 요약했다.

> 관계 모델에서 이것은 관계와 치료적 행동의 지정을 구성하는 변화(내담자와 상담가의 작용/반작용/상호작용에 따라 끊임없이 발전하는 관계)의 협상이다. 이것은 변형됨에도 불구하고 상담가와 내담자 간의 지금-여기의 약속에서 발생하는 것이다. … (관계적 모델에서) 초점은 내담자에게 완전히 연결되어 있고 연결된 (자신의 역전이를 사용하는) 자신을 사용하는 진정한 주체로서의 상담가에게 있다. (Stark, 2000: xxi-ii)

스타크의 모델을 사용하는 관계적 TA는 2인 접근이다.

관계적 TA접근의 또 다른 양상은 "의미를 함께 구성하고 다양화하는 것"에 대한 감사이며(Hargaden, 2007: 10), "중요한 것은 가능성을 활용하는 법과 단지 하나의 의미로만 고정시키지 않는 것을 배우는 것"이다(Hargaden, 2007: 10). 치료적 관계에서 관계적 입장의 현상을 이야기하고 탐색하며, 내담자가 다른 외부 관계에서 어떻게 관계적 입장의 핵심 갈등을 다루는가는 종종 관계적 접근에서의 치료적 주제가 된다. 본래 관계적 입장 모델에서 관계 안에 존재하는 핵심 긴장은 비밀 대 공개, 새로움 대 예측 가능함, 자율성 대 연결성과 같은 모순적인 욕구 안에 존재한다(Griffin, 2003). 이것은 이러한 관점의 하나 혹은 그 이상의 양극을 서로 동시에 끌어당기는 것을 가능하게 하며 이로 인한 갈등과 긴장은 혼란스럽게 느껴질 수 있다. 양극과 관련된 긴장의 영향을 받는 두 사람의 관계에서 그들의 상호작용은 핵심 긴장을 다루기 위한 균형을 찾고자 할 것이다. 대부분의 각본결정은 두 사람의 핵심 긴장의 상호작용 역사에서 비롯되는데, 좀 더 상처받기 쉬운 사람(자녀)이 좀 더 지배적인 사람(부모)의 욕구에 지배되며 이 과정에 따른 암묵적인 신념과 기대를 발달시킨다.

관계적 TA는 상담실 안팎에서 내담자가 그들의 각본을 어떻게 재연하는지에 중점을 둘 뿐만 아니라 내담자와 상담가의 상호작용의 고유한 결과나 치료적 관계의 독특한 양상을 검토하는 데도 관심을 둔다. 삶의 모든 영역에서 내담자의 관계를 향상시키는 것이 관계적 상담의 주요 관심사이다.

핵심 이론적 개념

허가든과 실즈(2002)는 어린이 자아상태의 3차 구조 변형 모델을 제시했다. 핵심적인 차이는 A_0 자아상태 안에 포함되어 상호작용하는 C_0과 P_0의 자아상태 도식에 있다. 이러한 수정에 대한 생각은 아동발달 이론가인 대니얼 스턴(Stern, 1985)의 연구결과이다. 스턴의 연구에서 '자기'는 영아와 주양육자(들) 간의 상호작용에서 드러난다[스턴은 이것을 발현된 자기(emergent self)라고 했다]. 이러한 자기는 독립적으로 또는 저절로 발달하는 것이 아니라 전적으로 상호작용 과정에 의해 형성된다. 원에서 겹쳐진 부분은 이러한 과정을 설명하는 자아상태 모델의 시각적 은유로 작동한다. 주양육자(들)는 영아에게 필수적인 정서조절 기능(Stern, 1985)을 제공한다. 영아에게 정서조절 자원은 자기의 외부에 존재하는 것으로 규명되는 것이 아니라 (안와전두피질과 같은 주요 두뇌구조가 성장함으로써) 시간이 지남에 따라 타인의 조절 기능이 자신의 일부가 되는 것이다. 상호적으로 영향을 주는 발달과정은 자신과 타인 사이의 분화의 상대적인 결핍을 포함하므로 초기 단계는 자신-타인의 경계가 분명하지 않으며, 상호작용의 질적이고 정서적인 본질은 초기 어버이 자아상태 안에 기록된 것을 내재화함으로써 자기감각 발달의 일부가 된다. 영아와 주양육자(들) 모두 서로에게 영향을 주며 이것은 개인의 원형 안에 내면화되고 기록된 관계의 질이 된다. 이러한 원형은 우리의 각본의 기반을 형성하며, 상담에서는 전이와 역전이를 규명하고 무의식적 과정과 원형을 재작업하기 위한 상호작용에 주의를 기울인다.

17

관계적 TA : 방법

방법

관계적 TA에서 쓰이는 주된 상담개입은 공감적 교류이다(Clark, 1991; Hargaden & Sills, 2002). 번의 여덟 가지 치료적 작동의 개정판에는 작업에 기본적인 공감 배경을 제공하는 것이 추가되었다. 해석도 사용되지만 공감과 해석적인 개입은 상담에서 일어나는 지금-여기 과정에서 작동하고 분석하고 설명하고 강조하기 위해 주로 사용된다. 관계를 지향하는 상담가는 일반적으로 그들이 내담자에게 주는 영향과 그들 사이의 지금-여기에 초점을 맞춘다(Stark, 2000).

관계적 TA상담가는 내담자가 다른 관계 속에서 언급한 경험과 유사한 상담관계의 의미를 탐색할 수도 있다(#15 '이중논리 교류' 참조). 내담자는 자신이 숨기거나 억압한 감정을 직접적으로 표현할 수는 없지만, 상담실 밖에서 일어난 다른 사람들과의 어떤 사건에 대해 이야기함으로써 암호화된 방식을 통해 간접적으로 드러낼 것이다. 상담가는 내담자로 하여금 상담가를 향해 동일한 느낌을 갖고 있는지를 탐색하게 한다(Hargaden & Sills, 2003; Novellino, 2003; Gill, 1979).

모든 TA상담가는 내담자의 유해한 내사의 해독을 추구한다. 상담가는 TA 재결단과 같은 접근으로 내담자에게 이러한 내사에 대항하여 싸우게 하고, 내사 및 집중을 방해하는 내사의 중요한 양상에 도전하기 위해 어린이자아와 어른자아의 에너지를 동원하게 한다. 관계적 TA는 다양한 접근을 취한다. 관계적 TA 안에서 상담가는 상당한 변화가 일어난다 해도 단순히 좋은 경험 및 교정된 경험을 주거나, 분석에 참여하거나, 내사에 대항하는 힘을 동원하기에 충분하지 않으며, 내사는 여전히 남아 있음을 고려한다. 이러한 내사와 작업하는 관계적 접근은 전이/역전이 매트릭스를 통해 상담에서 드러나도록 은유적으로 공간을 만든다. 예를 들면, 상담가는 내담자의 부정적이고 나쁜 대상 내사의 전이적 투사를 다루고 그것을 재작업한다. 이런 과정 안에서 관계적 상담가는 존재하는 내사가 해독되고 재작업되며, 내사와 연결되어 있는 관계적 갈등은 관계적 과정 안에서 해결된다는 것을 고려한다.

비평

관계적 TA이론의 일부는 TA상담을 공부하기 시작한 학생들이 이해하기에는 쉽지 않으며, 관계적 접근에 기반을 두고 논문을 쓰는 사람들에게는 진보된 개념이나 정신분석 개념을 사용하는 것이 복잡하고 어려울 수 있고, 손쉽게 사용할 수 있는 방식으로 작업을 발달시키는 데 관심을 갖고 있는 사람들에게는 임상적 참고자료가 충분하지 않을 수 있다. 그러나 허가든과 실즈(2002)의 책은 논의된 이론을 설명하고 분명히 보여 주기 위한 임상적 조언과 묘사로 가득하다. 모든 관계적 상담이 정신역동에서 기원한 것은 아니다. 서머와 튜더(Summers & Tudor, 2000)는 정신역동이 아니라 게슈탈트와 같은 현재 중심적 접근에 기반을 둔 관계적 상담의 상호창조적인 TA를 발달시켰다. 종종 관계적 TA의 언어를 복잡하다고 생각하는 관계적 접근의 비평가들은 TA의 정신과 대조되기도 한다. 그러나 관계적 TA상담가들은 몇몇의 과정이 이해하거나 묘사하기가 쉽지 않으며, 언어는 그러한 현상의 복잡성을 반영하고 우리의 이해를 더욱 정교화하는 데 사용된다는 반응에 대해 논한다.

CHAPTER 2

상담관계

초기 상담회기

초기상담은 상담이라는 특정한 상황에 내담자가 맞추고 익숙해지도록 상담 환경을 설정하는 것이다. 끈끈한 작업동맹은 상담의 성공에 가장 신뢰할 만한 예측요인으로 입증되고 있다(Orlinsky et al., 1994). 상담과정에서 초기 상담회기 동안 상담동맹이 형성되며 이 회기는 상담결과에 결정적이다.

코넬은 내담자와 함께 어떻게 작업(상담에 무엇이 포함되는지)하고 평가하는지를 분명하게 계약하고 협력하는 것으로 초기상담 과업을 설명하였다(Cornell, 1986). 초기상담의 핵심 양상은 내담자가 그들의 이야기를 하게 하는 것이다. 상담가의 역할은 내담자의 상황과 상담과정에 대한 필요한 정보를 얻고자 질문을 민감하고 분명하게 하며 주의 깊게 경청하는 것이다. 일반적으로 내담자는 이해받고 싶고 정서적으로 안전하다고 느끼고 싶어 한다. 이를 위해 상담가는 내담자에게 공감적 반응을 제공할 필요가 있다. '계약 전 접촉'(Lee, 1998)이 핵심이며 이때 상담가의 개입은 단순하고 최소한도가 될 것이다. 이러한 단계를 통해 상담가는 내담자의 삶과 상담실에서 보여 주는 태도에서 드러나는 패턴을 알아차리고 내담자의 과정에 대한 자세한 그림을 그린다.

내가 선호하는 상담의 시작은 "무엇이 오늘 이곳에 오게 했는지 이야기해 주세요." 이며, 이것은 내담자가 그들의 어려움, 상담에 오게 된 이유, 그들의 역사를 이야기하도록 분명한 여지를 주는 열린 질문이다. 어떤 상담가는 "왜 상담에 왔나요?"와 같이 직접적으로 질문하는 것을 선호한다. 이것은 특히 지나치게 길고 복잡하게 사연을 토로하는 내담자들을 중단시켜서 분명하게 질문할 필요가 있을 때이다. 처음은 초기 상담계약의 성립을 위해 상담목표를 논의하도록 내담자를 이끄는 질문으로 시작될 수 있다. 이러한 질문의 예로는 "상담을 통해 얻고 싶은 것이 무엇인지 말씀해 주세요."와 같다. 이에 대한 대답은 종종 내담자가 그만두고 싶거나 없애 버리고 싶은 것(우울증 없애기, 불안하지 않기)으로 표현된다. 이 단계에서는 내담자가 무엇을 원하는가에 대한 감각만으로도 충분하다. 계약은 이후 상담에서 긍정적이고 구체적인 언어로 확립될 수 있다. 또한 이것은 상담가나 상담, 그리고 상담에서 무슨 일이 일어날지에 대한 내담자의 기대를 질문하는 데 도움이 된다. 내담자와 상담가가 상담 과업에 대해 매우 다른 견해를 가지고 있다면 상담은 불안정하게 시작될 수 있다.

코넬은 내담자에게 "저에 대해 궁금한 점이 있나요?"(Cornell, 1986)라고 질문함으로써 상담가는 (좋은 의도로) 내담자가 알고 싶어 하지 않고 알 필요도 없는 정보로 압도하는 상황을 피할 수 있다고 주장한다. 내담자는 자신이 상담가에 대해 더 많이 안다고 느끼기보다는 상담가가 자신에 대해 알고 싶어 하고 자신의 어려움에 대해 이해하기 위해 진정한 노력을 하고 있다고 느끼며 상담실을 떠날 필요가 있다!

내담자는 이 시작 단계에서 상담이 무엇이고 어떻게 작업되는지에 대한 경험이 필요하다. 이를 위해 상담가는 도전과 지지 간의 적절한 균형을 잡고 개입할 필요가 있다. 내담자가 지나치게 도전적으로 느낀다면 그들은 두려워하거나 방어하며 상담을 떠날 수도 있다. 그러나 도전이 충분하지 않다면 내담자는 자신이 변화하도록 돕기에 상담가가 충분한 잠재력을 가지고 있지 않다고 느낀다. 첫 회기의 끝에 내담자는 상담가가 어떻게 작업하며 상담에 무엇이 포함되는지에 대한 감각을 가지고 떠날 필요가 있다. 이것은 설명보다는 경험을 통해 이해하는 것이 가장 좋다. 또한 코넬은 초기 상담에서 '통찰의 삼각형'(#15 참조)에 집중할 것을 제안한다. 나는 내담자에게 심리상담 작업 본연의 매력을 느끼게 하고 서로 간의 합의를 만들어 가는 계약이라는 용어로 협력적 과정에 내담자를 초대하는 입장을 지지한다(Cornell, 1986; Steiner, 1974). 처음부터 상담관계에 대한 그림을 그려 보는 것도 현명한 방법이다. 얄롬(Yalom, 2001)은 첫 번째 회기의 맨 처음에 내담자와 함께 다음과 같이 계약하기를 주장한다.

다른 사람과의 관계는 우리가 언급할 필요가 있는 한 영역임이 분명하다. 관계 문제에 대한 정확한 본질은 당신의 눈을 통해서 다른 사람을 알아야 하기 때문에 내가 알기란 어렵다. 때로 당신의 설명은 의도치 않게 편향될 수 있고 그래서 가장 정확한 정보를 가지고 있는 우리의 관계, 즉 당신과 나의 관계에 초점을 둘 때 더욱 많은 도움이 될 수 있음을 깨닫게 되었다. 이것이 우리 둘 사이에 무슨 일이 일어나는지를 살펴보라고 질문하는 바로 그 이유이다. (Yalom, 2001; 85-6)

나의 경험에서 볼 때 대부분의 내담자들은 이러한 접근 방식을 받아들인다.

문제와 내담자의 병리에 전적으로 초점을 두는 것보다는 평가에 대한 전체적인 견해를 보는 것을 권장한다(Cornell, 1986). 이것은 문제 영역에 초점 맞추는 것을 매우 쉽게 하며 내담자의 강점에 대한 감각을 얻어서 건강과 힘을 증진시키는 상담으로 향하게 하는 데 유용하다.

19

상담적 질문

질문 사용은 모든 상담가들에게 있어 경청 다음으로 중요한 도구이다. 상담가로서 수행한 일이 질문뿐이라고 하더라도 어느 정도의 성공은 거둘 수 있다(Erskine et al., 1999). 치료적 질문의 배경은 내담자와 내담자의 과정에 대한 진정한 관심이며 정중하고 민감하게 이루어져야 한다(Hargaden & Sills 2002). 질문과정 이면의 의도는 내담자와 상담가 모두의 자각을 깊게 하는 데 있다. 상담가의 개입은 최소화하면서 질문이 민감하고 조심스럽게 이루어질 때 내담자는 자신의 의미를 보게 되고 문제를 해결하게 할 수 있게 된다. 잘 다듬어진 치료적 질문은 내담자의 자각을 향상시키고 더 넓은 통합으로 이끈다. 숙련된 질문은 상담가가 내담자의 정보에 근거해서 이해하도록 돕고 상담의 전반적인 과정의 용어로 내담자 자신과 그들의 가장 깊은 과정을 촉진시켜서 책임 소재를 강화하며, 문제해결에 대한 가능성을 내포한다.

얼스킨과 동료들(Erskine et al.,1999)은 신체적 감각과 반응, 감정, 기억, 사고, 판단과 '만약 ~라면' 각본결정, 경험에 대한 내담자의 의미, 희망과 환상이 포함된 질문 영역의 '메뉴'를 제공했다. 이 목록이 완전한 것은 아니지만 상담가가 고려해 볼 만한 즉각적인 제안으로 사용될 수 있다. 얼스킨과 동료들(1999)은 내적이고 상호적인 접촉을 촉진하는 질문의 중요성을 강조한다.

최근 상담계는 정신화(mentalization)(Fonagy et al., 2002)와 같은 개념에 주목하고 있다. 정신화는 내적 상태와 행동을 알려 주는 다른 사람의 (목표, 느낌, 목적, 이유와 같은) 의도에 대해 추론할 수 있는 능력이다. 이것은 '상상적 공감'을 포함한다(Bateman & Fonagy, 2006). 정신화는 삶의 주요 기술로 고려되며 정서조절의 한 측면이다. 내담자의 정신화 능력을 발달시키려는 개입으로서 정신화의 의도적인 사용은 상담에서 광범위하게 드러나는 문제의 중요한 부분이다. 정신화는 치료적 질문의 사용을 통해 유의미하게 강화된다. 질문은 상담가가 내담자를 정신화하도록 돕고 내담자가 자신의 내적 경험을 정신화하도록 이끈다(#92 참조).

질문은 개입에서 중심 역할을 하는데, 예를 들어 정화는 인지치료에서 '하향화살(downward arrow)'(Burns, 2000) 기법을 사용함으로써 효과적으로 이루어진다. 구체화(specification)는 질문을 지지하고 쫓아가는 번의 여덟 가지 상담 활동(Berne, 1966) 중 하나이며 "그 목적은 내담자의 마음에 있는 어떤 정보를 상담가와 내담자의 마음에 고정시킴으로써 나중에 참고하기 위함이다"(Berne, 1966: 234-5). 구체화는 질문으로부터 드러나는 핵심을 요약하고 강조하는 데 매우 효과적이다. 이것은 해석을 포함하지 않으며 단지 내담자가 표현한 것에만 초점을 두는 공감적 질문의 형태이다(Hargaden & Sills, 2002).

20

공감의 중요성

공감은 명료화에서의 공감과 공감의 역할에 대한 바바라 클락(Barbara Clark)의 논문 발표 이후로 TA학계에 확고히 자리 잡았다(Clark, 1991). 공감은 얼스킨(1993), 얼스킨과 트라우트만(1996), 허가든과 실즈(2002), 튜더(2009)와 같은 TA의 여러 학자들을 통해 지속적으로 발전해 왔다.

번은 자신의 책에서 감정이나 감정을 어떻게 다루는지에 대한 언급을 거의 하지 않았지만 자신, 타인, 세상에 대한 의미 구성과 내적 경험인 내담자의 현상을 작업하는 데 깊은 관심을 두었다. 현상학적인 질문에 접근하려면 상담가는 내담자의 감정세계를 확인하는 질문을 할 필요가 있다. 자기응집감(cohesive sense of self) 발달에서 공감 경험은 핵심적이다(Hargaden & Sills, 2002). 스턴(1985)도 아동의 자기 발달에서 정서적 조율의 중요성과 중심적 역할에 대해 폭넓게 저술하고 있다.

그렇다면 공감이란 무엇인가? 공감적이라는 것은 무엇이 옳고 그른가에 대한 판단 혹은 어떤 일이 이렇게 되어야만 한다는 가치 판단의 틀에서 벗어나는 것을 의미한다. 공감은 내담자가 하는 그대로 세상을 경험하고 보며 그들의 준거틀로 들어가는 것이다. 공감할 때 우리는 내담자의 경험과 그들의 현실에 대해 배운다. 공감은 동의하거나 반대하는 것이 아니며 그들을 안심시키는 것도 아니고 그들을 편안하게 하거나 지지해 주는 것도 아니다. 공감이 만족을 줄지는 몰라도 공감적 반응의 의도는 꼭 만족되어야 하는 것은 아니다. 공감은 내담자의 경험에 단순히 공명하는 것이다. 예를 들어, 내담자가 상담가로부터 직접적인 확신을 원할 때 공감적인 상담가는 안도감을 주기보다는 안도감에 필요한 내담자의 욕구와 감정의 경험에 공감할 것이다.

공감은 공감적 이해(경청)와 공감적 반응의 두 가지로 구성된다. 내담자와 효과적으로 소통되지 않는다면 공감적 이해는 여러 면에서 소용이 없다(Rogers, 1957; Clark, 1991). 스턴(2004: 241)은 정서 조율(affect attunement)을 "어떻게 행동으로 표현되는지가 아니라 경험이 내면으로부터 어떻게 느껴지는지를 모방하는 방식"이라고 언급했고 강도, 형태, 리듬이라는 용어로 정서의 일시적인 역동에 집중해야 한다고 강조했다.

> (공감하는 것은) 타인의 개인적인 지각세계에 들어가 그 안에 완전히 터를 잡는 것을 의미한다. 이것은 두려움, 격노, 연약함, 혼란 혹은 내담자가 경험하는 무엇이든 간에 타인의 내면에서 일어나는 의미의 변화에 매 순간 민감해지는 것을 포함한다. 그리고 이것은 판단 없이 섬세하게 타인의 삶에 일시적으로 들어가 사는 것을 의미한다. (Rogers, 1980: 142)

공감은 내담자가 '느낀' 경험에 주의집중하고 공명할 것을 요구한다. 우리는 공감할 때 내담자가 정서적으로 머무는 곳에 초점을 맞춘다. 우리가 공명하는 이러한 정서는 내담자의 자각 영역 혹은 부분적으로 자각 안에 존재하는 그들의 경험의 일부이다. 이것이 바로 공감과 해석의 주된 차이점이다. 공감은 내담자의 정서적 경험을 말하며 이것을 근접 경험(experience-near)이라고 한다. 해석은 내담자가 현재 자각하지 못하는 부분으로 내담자를 집중시키고 현재 내담자의 경험의 일부가 아닌 감정을 이끈다. 이것을 원거리 경험(experience-distant)이라고 한다(Jacobs, 1988; Stark, 2000).

정확한 공감은 우리가 기대하는 것처럼 언제나 따뜻하거나 즐거운 경험만은 아니다. 진정한 공감은 인내해야 하며 강렬하고 혼란스럽고 불쾌할 수도 있는 감정도 포함할 준비가 되어 있어야 함을 요구한다. 만약 우리가 내담자가 무엇을 느끼든지 간에 그것을 진정으로 받아들인다면 공감적인 상담가는 높은 수준의 두려움, 증오, 우울, 절망, 의심, 슬픔, 수치심 등을 규칙적으로 경험할 것이다. 이러한 조율이 연민이나 동정으로부터 공감을 구분한다.

상담계획의 측면에서 공감을 강조하는 것은 상담관계의 형성과 유지에 핵심 양상이며, 관계의 '치료적 유대'를 견고하게 하는 데 분명히 도움을 준다(Bordin, 1979). 일반적으로 내담자는 상담 초반에 누군가가 그들의 경험을 알아 줌으로써 이해받고, 짐을 덜어 놓고 안전감을 느끼고자 하는 강한 욕구를 드러낸다. 질문을 제외한 다른 개입은 내담자가 상담가와의 공감을 경험할 때까지 여러 측면에서 그 효과가 제한된다.

> 상담 시작점에서 내담자는 그들의 경험을 인정받고 이해받는다고 느낄 수 있는 공감적 개입에 특히 잘 반응할 것이다. 실제로 내담자는 상담이 좀 더 편안해질 때까지 자신의 삶에서 되풀이되는 주제, 패턴, 반복이 강조되는 해석을 받아들이지 못할 수 있다. (Stark, 2000: 162)

상담 후기 단계에서는 다음과 같다.

> 상담가는 매 순간 내담자가 있는 곳에 함께 있을지 혹은 내담자의 주의를 다른 곳으로 돌릴지를 결정해야만 한다. … 상담가는 내담자가 통찰력을 얻을 가능성이 열려 있다고 느낄 때가 있다. 하지만 상담가는 내담자가 단순히 그들이 누구이며 무엇을 느끼는지에 대한 공감적 인정을 원한다고 느낄 때도 있다. (Stark, 2000: 16)

공감이 상담 초기 단계에서 강조된다 하더라도 공감은 상담과정 전반에서 결정적인 요소이다.

> 공감적 유대는 어린이 자아상태의 명료화를 위해 작업할 때 필수적이다. 이 단계에서 내담자는 상담가가 자신의 가장 깊은 감정상태와 욕구를 이해해 줄 수 있다고 믿어야 한다. 공감적 분위기에서 내담자와 상담가는 명료화가 일어날 필요가 있는 어린이 자아상태의 초기 발달 단계에 접근할 수 있을 것이다. (Clark, 1991: 93)

상담관계에서 다양성의 영향 고려하기

우리가 누구인지에 대한 정체성은 문화적으로 내재된 개념이며 무의식적 과정의 부분으로 역할한다.

> 전이와 역전이 반응은 인종적·문화적·개인적으로 우리가 누구인지를 포함하는 준거틀에서 기인한다. 모든 상담가에게 중요한 것은 자신의 자아상태 반응에 대한 이해와 자각이며, 이를 통해 우리는 '타인'을 대표할 수 있는 내담자의 영향을 자각하게 된다. 이것은 우리의 인종 정체성, 선입견, 편견에 대한 자각을 포함한다. (Shivanath & Hiremath, 2003: 171)

위의 저자는 "심리치료사로서 인종과 인종차별에 대응하는 모든 자아상태를 탐색하는 것이 우리의 책임이다."라며 개인적인 탐색에 대한 상담가의 자기 자각과 책임을 계속 강조한다(Shivanath & Hiremath, 2003: 177). 나는 이것이 성별, 성적 지향, 계층의 다양한 형태를 포함하여 확대되어야 한다는 데 동의한다.

　내담자의 준거틀을 이해하는 과정을 시작하면서 상담가와 내담자 간의 차이를 알아차리고 고려하는 것은 공감적 민감성을 발달시키는 데 필수적이며, 이것은 어떻게 상담가의 준거틀이 내담자의 준거틀에 일치하고 불일치하는가에 따른다. 억압은 미묘하지만 강력하게 각 사람의 준거틀을 형성한다. 문화적으로 지배적인 배경을 가진 사람은 혜택을 쉽게 받아들이고 문화적으로 덜 강한 곳에서 성장하고 생활하는 영향력이 디스카운트될 수 있지만, 억압된 집단은 일상생활에서의 경험을 근거로 끊임없이 개인의 준거틀과 각본을 형성할 수 있다.

　문화와 사회적 차이에 대한 자각이 차이를 가지고 작업하는 데 있어서 핵심 양상이다. 문화적 (그리고 하위문화적) 차이를 이해하고 수용하는 것은 상담가에게 일반적인 문화적 준거틀의 일부가 되지 않는 행동과 삶의 방식을 병리화하지 않게끔 하고, 억압적이지 않은 방식으로 상담하도록 돕는다.

> 적어도 치료적 관계 발달의 초기 단계에서는 내담자의 연령, 인종, 민족성, 계층 배경, 신체적 장애, 정치적 성향, 성적 지향의 정서적 영향을 고려하는 것이 내담자의 적절한 진단 범주를 아는 것보다 더 중요하다. (McWilliams, 1994: 18)

문화적으로 강력한 배경(백인, 이성애자, 교육받은, 중산층)을 가지고 있고, 상대적으로 억압의 주제에 대해 어느 정도 문화적으로 인식하는 민감한 상담가에게는 차이를 가지고 작업하는 것이 방해가 될 수 있다. 이러한 방해와 여기에 관련된 죄책감, 수치심, 부인은 치료적 관계에서 미묘하게 드러날 수 있으며 상담가의 잠재적인 역량을 심각하게 손상시킬 수 있다(Hargaden & Sills, 2002; Shivanath & Hiremath, 2003). 마찬가지로 상담의 잠재적 영향력에 상담가와 내담자 간의 차이 혹은 유사성의 역할을 인식하지 않는 것은 내담자가 경험한 폭넓은 영역만큼이나 의미, 무의식적 과정, 관련된 경험, 각본결정의 전체 영역에 대한 탐색을 디스카운트하는 것이다. 섀드볼트(Shadbolt, 2004)는 남성 동성애 내담자와의 상담에서 내담자에 대한 역전이 반응을 고려하는 것이 중요하다고 설명한다. 그러나 이것은 모든 내담자와 작업할 때도 매우 관련된 것이며, 상담가와 다르거나 소수 문화의 내담자와 작업할 때 특별히 집중하는 것이 현명하다. 우리의 역전이 감정, 특히 좀 더 '부정적인' 역전이 감정은 내담자의 경험에 대한 필수적인 정보를 포함하며 투사 혹은 변형된 전이를 작업하는 과정을 통해 억압된 내사를 '해독'할 수 있다. "상담가는 그러한 역전이 감정을 소유하고 구별함으로써 아직은 심리내적으로 그렇게 할 수 없는 내담자를 위해 역전이 감정을 갖고 이해하며 관리하고 변형한다"(Shadbolt, 2004: 121).

상담관계에서 상호작용과 영향력이 상담가와 내담자 간에 얼마나 다른지를 살펴보면서 상담가가 고려해야 하는 또 다른 부분은 공감의 경험이다. 스타크(2000)는 '쉬운' 공감과 '어려운' 공감을 구분했다. 쉬운 공감에서 내담자 경험의 양상은 상담가 자신의 경험과 가깝거나 유사하거나 혹은 동일한 상황을 상담가가 어떻게 경험하는가이다. 어려운 공감은 "상담가의 경험에 모순되는 양상과 상담가의 세계관에 상충되는 내담자의 경험을 이해하는 것을 포함한다"(Stark, 2000:179). 상담가와 매우 다른 사회적·정치적·문화적 경험을 갖는 내담자에게 공감하고 예절, 전문성, 성격을 문화적으로 존중하며 의미를 고려하는 것은 매우 어려울 수 있다(Drego, 1983).

22

상담관계 개념화하기

상담관계는 다른 관계와는 다르다. 연구결과들은 심리상담에서 최상의 치유요인이 상담가의 기술이나 이론적 지향이 아니라 상담관계에 있다고 반복해서 제시하고 있다(Horvath & Greenberg, 1994). 상담관계는 여러 측면에서 잠재적인 관계이다. 이것은 내담자와 상담가가 관계를 맺는 서로 다른 방법과 관계적 실험에 대한 반영을 가지고 참여하는 관계 실험실에 비유될 수 있다. 이러한 잠재력은 자아상태 범위, 각본 태도, 그리고 자율적인 태도와 관련이 있는 잠재성을 포함한다. 견고한 상담동맹을 형성하는 기간은 상당히 다를 수 있으며 내담자의 조직과 통합의 수준에 의해 상당히 영향을 받는다. 인격장애처럼 좀 더 심각하게 불안한 내담자는 동맹이 적절하게 자리 잡기까지 거의 1년 이상의 기간이 필요할 수도 있다. 자아를 관찰하고 경험할 수 있는 신경증적 수준의 문제를 가진 내담자는 충분히 강력한 상담동맹이 형성되었다고 고려되기 전 단지 몇 회기 안에 좀 더 쉽게 상담가와 동맹을 형성할 수 있지만, 자아를 관찰하지 못하거나 전혀 관찰할 수 없는 신경증적 수준의 문제를 가진 내담자는 상담가와 관찰적 자아 간의 동맹이 가능한 단계에 이르기까지 상당한 상담의 노력이 필요할 것이다(McWilliams, 1994).

상담관계의 특징은 내담자의 (전이된) 드라마에 참여자로서 내담자에 의해 '영입'(Barr, 1987)되고자 하는 상담가의 기꺼움에 있다. TA용어에서 이것은 상담가가 내담자 게임에 기꺼이 들어가고자 하는 것을 의미하며 그럼으로써 이 게임은 이해되고 분석될 수 있고 기저에 깔린 각본 주제는 관계적 맥락 안에서 치유될 수 있다. 상담가는 상담의 참만남에 자신의 관계적 경험(과 관련된 각본)을 가져오고, 이것은 처음부터 즉각적인 관계적 잠재력을 만들어 내기 위해 내담자와 상호작용한다. 상담이 진전되면서 이러한 잠재력은 증가한다. 번(1961)은 두 사람 사이에서 가능한 아홉 가지 교류에서부터 관계 안에서 활성화된 교류 벡터와 자아상태인 교류 가능성으로 관계를 분석하였다. TA심리상담에서 TA상담가는 그들과 내담자 간의 상담관계와 교류의 유형 및 본질을 고려하는 데 시간을 쓰고, 교류와 상담의 상호작용에서 나타나는 일련의 교류를 실제적으로 분석할 것이다. 이러한 분석은 상담관계의 질을 강화하고 또한 내담자의 내적 역동과 표명을 조명하게 도우며, 다른 사람과의 상호작용을 향상시킨다(#100 참조). 또 관계는 폐쇄, 의식, 소일, 활동, 게임, 친밀로 구분되는 번의 여섯 가지 시간의 구조화 범주에 따라 분석된다.

많은 상담가들은 상담변화에 필요한 조건을 만들어 내는 상담관계의 강렬함이 있다고 믿는다. 아마도 관계의 강렬함은 새로운 신경패턴과 관계 맺는 방법의 성장을 북돋을 것이다. 결핍 모델을 작업하는 상담가(Lapworth et al., 1993)는 이러한 강렬함이 이전의 관계적 트라우마의 '해독제'로 작용하는 데 필요하다고 본다.

> … 상담가를 매우 효과적으로 만들 수 있는 부분으로 부모의 중요성을 가정하게끔 고려한다(내담자의 퇴행 방식에 의해). 상담가에게 이러한 힘이 주어질 때 상담관계는 비로소 내담자의 성장기 시절 동안 받았던 상처를 치유하는 역할을 할 수 있다. (Stark, 2000: 11)

각 상담가는 시간을 두고 상담관계의 본질과 역할 그리고 상담가의 핵심 과업에 대한 자신만의 개념화를 형성한다. 이것이 심리상담의 개별화된 접근 및 이론과 모델의 개별적인 의미를 만들어 내는 부분이다. 얼스킨(1998)은 상담가의 과업과 상담관계의 본질에 대한 번의 이론을 다음과 같이 아름답게 재서술하였다.

> 심리상담가의 과업은 내담자의 과거 경험의 전이된 표현을 해석하고 내사를 해독하며 고착화된 각본신념과 방어 구조를 바로잡고, 내적 접촉과 외적 접촉에 대한 내담자의 능력을 향상시켜 내담자의 관계적 욕구와 욕구 충족을 위한 기회를 내담자가 확인하도록 촉진시킴으로써 접촉적 상담관계를 만드는 것이다. (Erskine, 1998: 139-40)

23

과업, 목표, 유대에 집중하여 작업동맹 강화하기

볼딘(Bordin, 1979)은 과업, 목표, 유대라는 세 가지 기본 구성요소를 포함하는 심리상담 작업동맹 차원의 공식을 발전시켰다(Bordin 1994). 이 공식에 대한 상당한 연구가 있어 왔는데 과업, 목표, 유대에 대한 상담가-내담자의 합의가 긍정적인 결과 및 성공적인 상담과 강한 작업동맹의 믿을 만한 예측인자로 볼 수 있다고 폭넓게 받아들여지고 있다(Horvath & Greenberg, 1994). 볼딘의 공식은 작업동맹을 만들고 강화하고 발달시키는 데 사용할 수 있다.

과업

"여기에서 무엇을 하고 있는가?" 상담 과업의 본질에 따라 합의될 필요가 있다. 시작점에서 상담에 처음 온 내담자는 상담가가 구조를 제공해 주고 상담의 과업이 무엇이며, 상담이 어떻게 이루어지고, 무엇을 기대할 수 있을지 등을 알려 주기를 기대한다. 이것은 이전에 이미 약간의 상담을 경험한 내담자가 새로운 상담가와 작업할 때도 마찬가지이다. 과업에 관한 합의는 구조가 전혀 없어 완전히 혼란스러울 때 정서적 견제의 수준을 제공한다. 과업에 대한 합의는 정서적 수준에서 상담경계에 대한 감각을 제공할 수 있다. 상담에 대한 내담자의 기대나 상담가가 하는 것에 참여하겠다는 기대에 대한 탐색은 종종 상담 과업의 합의를 만드는 데 대단히 도움이 된다. 내담자가 상담가의 상담에 대한 기대와 다르거나 상담에 사용되는 다른 방식에 대해 무언의 기대를 하는 경우 동맹은 엄청난 긴장하에 놓일 것이며 과업을 충분히 명료하게 하지 않는다면 빠르게 진전될 수 없을 것이다. 이러한 양상과 내담자의 기대를 분명하게 논의하는 것은 특히 유용하다. 이것은 내담자가 상담의 원리와 스타이너의 상호

합의 요구에 부합한 어른자아를 선택할 수 있는 위치에서 어떻게 작업되는가에 대한 '기본'적인 정보를 가지고 있을 때 윤리적이고 계약적이다(Steiner, 1974).

목표

"우리는 왜 여기에 있는가?" 여러 측면에서 TA상담가들은 계약에 집중하는 작업동맹과 작업의 초점에 명백한 합의를 이끌어 내는 데 놀랍도록 철저하다. 이것은 조심스럽게 균형 맞춰질 필요가 있다. 다시 말해 목표에 과도하게 초점을 맞추는 것은 작업을 불균형하게 할 수 있고 내담자가 오해받았다고 느끼게 할 수 있다. 공감질문 과정에서 상담가는 내담자가 바꾸기를 원하는 영역을 기록하고 흔히는 정교화하며, 내담자와 함께 초기 상담목표를 확인할 것이다. 초기 단계의 계약은 상담가와 내담자 모두 내담자의 문제를 탐색할 수 있는 공간을 사용할 수 있도록 일반적인 '탐색적 계약'을 항상 포함해야만 한다. 상담가의 (흔히는 그들의 이론적 관점에 뿌리를 둔) 전체적이며 좀 더 일반적인 상담목표의 개념화도 이것과 관련이 있다.

유대

"우리는 서로 어떠할까?" 이것은 상담가의 인식된 잠재력과 신뢰성의 정도에 따른 내담자의 어른자아 평가의 관점으로부터 비롯된다. 또한 유대는 어린이자아의 요소, 즉 "상담가는 내가 필요로 하는 작업을 할 수 있도록 충분한 안전을 제공할 것인가?"와 같은 것을 포함한다. 이는 내담자가 상담가로부터 충분한 공감을 경험하고 또한 상담가가 따뜻하며 진정으로 내담자에게 흥미가 있다고 느끼는 데 필수적이다. 내담자는 이해받고 존중받으며 가치 있다고 느껴야 한다. 내담자가 어떻게 상담가와 연결되고 연결되지 않는지도 중요하다. 상담가는 내담자의 애착 유형, 관계 각본과 자신, 타인, 세상에 대한 각본신념을 나타내는 (종종 이 단계에서 추론적이고 잠정적인) 유용하고 분명한 정보를 얻을 수 있다. 내담자는 자신이 어떻게 다른 사람과 연결되는지를 상담가에게 보여 줄 것이다. 때때로 내담자에게는 상담가를 향한 불신의 요소가 있을 것이다. 이것은 내담자에게 적합하며 보호적인 기능을 갖는 것으로서 수용되고 이해되어야 한다. 여러 측면에서 시간이 흐름에 따라 유대가 형성되고 목표와 과업에 주의집중하게 한다. 즉 지지적이고 공감적인 자세와 적절한 도전은 이러한 유대를 구축하는 데 도움이 될 것이다.

24

동맹 결렬의 지표로서 순응하는 어린이자아 반응 고려하기

TA상담에서의 관계적 접근은 상담동맹 결렬의 경우에 특히 주목한다. 결렬은 상담동맹에 일종의 긴장하에서 오는 순간적인 것이다. 병리의 기원은 일차적으로 반복적인 관계적 결렬의 결과로 고려되며 상담 안에서의 관계적 결렬의 실연은 불가피한 것으로 보인다(Guistolise, 1996). 다음의 일관적이고 반복적인 상담동맹 결렬의 회복은 심리상담의 기본적인 치유과정으로 고려된다(#77 참조).

샤프란과 뮤란(Safran & Muran, 2003)은 동맹 결렬을 나타내는 내담자의 다양한 행동을 탐색했다. 그들의 관찰은 TA상담가에게 동맹 결렬의 가능성과 즉각적인 상담계획을 위한 분명한 지표가 되는 확실한 단서를 주는 것으로서 TA용어로 쉽게 번역될 수 있다. 그들의 틀은 결렬을 만드는 2개의 중요한 분류인 철회와 직면을 제시한다. 이 틀에서 고분고분함/순응은 철회와 관련이 있다. 이러한 반응의 분류는 TA틀에서 순응한 어린이자아의 (기능적) 반응과 일치하며, 또 순응한 어린이자아 반응의 부차적인 유형으로서 철회를 포함한다(Oller Vallejo, 1986). 결렬의 표식은 개인의 원형과 정형화된 자신의 반응, 기대된 다른 사람의 반응에 의해 결정된다. 다음은 상담가가 잠재적인 동맹 결렬을 확인하기 위해 사용할 수 있는 관찰 가능한 행동 혹은 상호작용 방식의 목록이다. 이 목록이 완전한 것은 아니지만 각자에게 맞게 결렬표식을 설정할 수 있다. 상담가는 그들의 역전이와 내담자에 대한 주관적인 반응을 바탕으로 관찰할 수 있는 결렬표식의 민감성을 발달시켜야 한다.

순응/고분고분함

내담자는 상담가가 듣기 원한다고 생각하는 것을 묘사하면서 시작한다. 내담자는 지나치게 수용하거나 배려하며 상담가의 해석이나 설명을 너무 쉽게 받아들이면서 상담가에게 많은 스트로크를 제공한다. 또 내담자는 "와, 정말 대단하군요."와 같이 순종적인 태도를 취하며, 상담가에 대한 부정적인 느낌을 제거하거나 최소화(디스카운트)함으로써 '충격을 완화'시키는 내담자는 길고 자세하게 이야기를 시작한다.

철회하기

내담자는 열린 질문이나 닫힌 질문에 최소한으로 대답하며 머리만 쓰고 감정을 드러내지 않거나 열정적이지 않은 태도로 문제나 고통스러운 경험을 이야기하며 침묵하고 시선을 회피한다. 내담자는 다른 사람에 '대해 이야기하기'를 시작한다.

반항적/직면적

내담자는 인간으로서 상담가를 공격한다. 내담자는 상담가의 기술을 비판하며 상담에 대한 의혹을 제기한다. 내담자는 회기를 재조정하려고 한다. 내담자는 상담가의 질문 혹은 제안된 과업에 대해 짜증을 낸다(Sanfran & Muran, 2003).

또한 편향은 동맹 결렬의 핵심지표이다. TA용어에서 이것은 우회교류의 사용을 포함한다(Schiff et al., 1975). 카텍시스 접근은 내담자가 각본-경계 참조틀의 핵심 양상을 보존하기 위해 재정의를 사용한다고 제안한다. 이 예에서 관계적 맥락은 자신과 타인에 대한 신념의 측면에서 그들의 관계적 각본신념을 재정의하거나 강화하는 것으로 볼 수 있다. 위의 참조틀에서 편향/재정의는 철회 혹은 반항의 지표가 될 수 있으며 잠재적인 결렬표식이 된다.

25

상담동맹 : 결렬과 회복

동맹 결렬은 어떤 식으로든 상담관계가 압박하에 있는 순간이다. 어떤 이론적 배경에 있든 간에 그러한 결렬은 불가피하므로(Guistolise, 1996), 동맹 결렬을 어떻게 구분하고 반응하는지를 배우는 것은 모든 상담가의 핵심 기술이라는 생각에 대한 동의가 점차 증가하고 있다(Safran & Muran, 2003). TA상담가는 각각의 교류 및 내담자와 상담관계를 기반으로 하는 교류적 자극과 교류의 영향에 대한 자신의 반응에 주목한다. 예를 들면, 기대하지 않고 부조화가 있는 교차교류는 결렬로 볼 수 있는 것처럼(상담가가 고의로 교류를 교차할 때 많은 상담에서 일어난다는 것을 유념하더라도) 교류에 대한 분석은 동맹 결렬을 제시할 수 있다. 만약 상담가가 결렬을 의심하거나 관계에서 어떤 압박을 경험했다면 긴장을 확인하고 개방적으로 탐색하는 것이 결렬 회복과정의 시작이다. 내담자가 특정한 개입을 어떻게 경험했는지를 탐색함으로써 그들이 세상과 타인을 경험하는 방식과 그 과정에 대한 풍부한 정보가 드러날 수 있다. 여기에서 상담가는 자신의 경험에 호기심 어린 태도를 취해야 하며 또한 내담자의 경험과 반복되는 패턴에 대한 역사적 혹은 현상학적 진단을 조사해야 한다. 동맹 결렬을 회복하기 위해 확인하고 의도적으로 조사함으로써 상담가는 내담자의 관계적 원형에서 기대된 재실연과는 다르게 행동해야 한다. 어떤 점에서 이것은 관계에 치료적으로 필요한 것을 제공하는 것과 상응하며 내담자가 가지고 있는 관련된 각본 주제와 더 해로운 내사의 부분에 대한 해독제로서 작용할 수도 있다. 결렬이 존재하는 경우 상담가의 방어적 반응(비난, 해명, 방어 등) 없이 내담자의 감정에 공감하는 상담가의 세심하면서도 솔직한 태도는 내담자의 경험을 깊이 있게 잘 치유할 것이다. 결렬을 다루고 회복하는 방법은 다양하다. 결렬 회복과정의 몇 가지 예는 다음과 같다.

결렬의 관계적 정서적 의미 탐색하기

결렬이 촉발된 현재의 교류를 확인하고 탐색할 필요가 있다. 결렬에 대한 내담자의 정서적 경험과 함께 결렬의 본질과 과정이 확인되고 탐색되어야 한다. 어떤 방식으로는 관계적이고 정서적인 결렬의 경험이 내담자에게 익숙한지 아닌지를 질문하는 것은 가치가 있다. 예를 들어, '과제'를 마치지 않은 내담자는 지배적인 느낌에 민감하거나 비판을 두려워할 수 있으며 (자각 없이 비판을 초래하고) 혹은 주저하는 내담자는 상담가로부터 철회와 저항을 유발하는 강요적이고 '캐묻는' 반응을 일으킬 수도 있다. 제대로 조율되지 않은 상담가의 반응에서 비롯된 결렬은 반복적으로 오해의 경험을 하게 하며, 상담가가 내담자의 분노에 대해 조심스럽게 느끼고 그러한 조심스러운 감각을 기꺼이 공유하고 논의하는 것은 다른 사람들이 어떻게 그들에게 분노하며 그들과 접촉하는 것을 피하는지를 탐색하게 한다. 결렬의 관계적 의미를 탐색하는 것은 내담자가 그들의 관계적 패턴과 그들이 상담 안에서 어떻게 실연하는지를 통찰할 수 있게 돕는다.

더 이상의 결렬을 막기 위해 방향 변경하기

때때로 상담가로서 우리는 특정한 접근 혹은 대화의 흐름이 '제한'된다는 것을 깨닫는다. 아마 내담자는 상담가에게 방어하거나 짜증 내기 시작할 것이다. 이러한 상황에서 가장 좋은 방법은 특정한 주제에서 벗어나 대화의 방향을 바꾸는 것이다. 대화의 방향은 상담가의 방향의 변화를 언급하고 다른 논의 주제를 위해 내담자와 협상하며 재구성함으로써 분명히 바꿀 수 있거나 또는 문제를 일으키지 않고 사려 깊게 이뤄질 수 있다. 상담가는 회기 후에 '제한'을 차후에 다시 논의할지 아닐지를 생각해야 한다. 상담가는 대화의 특정한 흐름에 대한 내담자의 수용성에 민감해짐으로써 내담자에 대한 존중을 보여 준다.

실수 받아들이기 그리고 잘못된 의사소통 책임지기

때때로 내담자는 특정한 교류 이면의 의도나 이유를 오해한다. 이러한 순간의 반응은 상담가나 내담자 모두 아주 격렬할 수 있다. 이때는 상담가가 가급적 방어적이지 않은 태도를 유지하고 실수를 겸손하게 받아들이는 것이 절대적으로 중요하다. 이것의 한 부분으로써 상담가는 자신의 의사소통이 분명하지 않았거나 효과적이지 않았음을 인식하고 오해에 대한 자신의 부분을 받아들이고 인정한다. 오해에 대해 내담자가 비난받았다고 느끼거나 어리석다고 느끼지 않는 것이 중요하다. 내담자가 어떻게 결론에 다다르는가에 대한 탐색 또한 내담자의 해석체계를 파악하는 데 도움이 될 수 있다. 상담가가 내담자의 의미를 잘못 해석했거나 오해한 경우 이에 대해 사과하는 것이 상담가에게도 현명하다. 특히 오해가 중요하고 내담자의 마음을 상하게 한 경우라면 오해의 감정과 관련하여 내담자가 경험하는 느낌을 공감적으로 이해하라고 상담가에게 권하고 싶다. 사람들은 종종 관계에서 오해에 대해 서로를 비난하려고 한다. 그러나 상담가는 방어적이지 않은 태도를 취함으로써 내담자에게 관계에 대한 새롭고 치유적이며 건강한 모델을 제공한다.

전이 및 역전이와 관련된 TA의 중요한 개념

전이는 심리상담에서 일상의 삶만큼이나 중요한 개념이다. 이것은 우리의 모든 상호작용에서 드러난다. 마치 우리의 모습이 과거에서 비롯된 것처럼 이것은 현재의 삶에서 타인과 연결되는 방식이다. 이와 관련해서 우리는 타인과의 관계적 경험과 상호작용의 어마어마한 내적 저장고를 이용한다. 이러한 상호작용의 질은 타인의 기대된 반응, 간절히 기다리는 반응, 그리고 우리가 스스로를 어떻게 느끼고 경험하는지에 대한 특정한 결과와 함께 내면에 기록된다. 상담관계에서 전이는 상담가와 함께 현재에서 과거를 재현하고 치유를 가능하게 하므로 특별히 강조된다. TA에는 전이와 전이의 징후를 이해하는 데 사용할 수 있는 다양한 개념이 있다. 특히 TA는 복잡한 개념을 이해하기 쉬운 방식으로 표현한다. 다음은 TA의 기본적인 몇몇 개념이 어떻게 전이와 관련이 되며 전이를 새롭게 이해하고 작업하는 데 어떻게 도움이 되는지를 설명한다.

사회적 진단

사회적 진단에 대한 TA의 개념(Berne, 1961)은 상담가에게 전이와 역전이에 대해 생각할 수 있는 가장 기본적인 틀을 제공한다. 상담가는 자신의 내적 흐름에 집중하고 내담자와 함께 상담실 안에서 순간순간의 자아상태 이동에 주의를 기울여야 한다. 이것은 복잡한 과업으로서 계속되는 개인의 발전과 자아상태의 심오한 분석에 대한 주의집중을 통해 끊임없이 정교화되는 것이다. 상담실 안에서 현상학적 흐름에 주목하는 것은 상담가에게 내담자의 내적 과정에 대한 유용한 지표를 제공한다. 정확한 진단방법으로서 사회적 진단을 사용하는 것은 내담자를 반영하고 "이 내담자는 나의 삶에서 누구를 떠올리게 하는가?" 또는 "이 내담자의 어떤 측면이 나에게 공명을 일으키고 나의 삶에서 누가 이와 비슷한 양상을 보였는가?"와 같은 질문으로 상담가 자신의 역사에 대한 관점으로부터 변화의 중요성을 점검하는 시간을 보내야 한다. 실제로 우리에게 의미 있는 과거의 특정한 누군가와 외모나 말투, 심지어는 자세나 제스처 같은 모습이 비슷할 수 있다. 여기에는 성격 특성, 정서적 표상도 포함된다. 또한 우리의 암묵적 기억체계를 통해서만 공명을 알아차릴 수 있기 때문에 이러한 정보를 완전히 의식하지 못할 수도 있다. 상담가는 각 내담자와의 관계에서 이러한 점을 생각하고 슈퍼비전이나 개인상담에서 탐색하는 데 시간을 보낼 필요가 있다.

교류

번(1972)은 전이 반응을 이해하기 위해서 교류에 대한 분석을 사용했다. 번은 한 사람이 어른자아 대 어른자아로 교류했을 때 그에 대한 반응이 어린이자아에서 어버이자아로 교류하거나 아니면 어버이자아에서 어린이자아로의 반응이 있다면 전자의 반응이 가장 일반적인 전이 반응 형태라고 구분했다. 교류자극에 대한 반응으로 어떤 내적 사건이 일어나고 자극의 어떤 특징이 무의식적으로 공명하며 자아상태의 이동이 일어난다. 과거와의 공명과정과 그에 따른 자아상태의 이동이 전이 형태이다. 전이는 기본적인 교류에 대한 분석에서 아주 분명하거나 혹은 명시적이지 않을 수 있다. 그리고 흔히 교류적으로 이면교류 분석을 통해 더 잘 이해된다. 이면교류에는 사회적 수준과 심리적 수준의 두 가지 의사소통 수준이 있다. 실제에서 전이는 심리적 수준에서 작동되는 경향이 있다. 상담회기와 발생된 이면교류의 유형에 대한 반영은 상담관계에서 전이와 전이의 징후에 대한 풍부한 감각을 상담가에게 제공한다.

고무밴드

고무밴드(Kupfer & Haimowitz, 1971)는 어떤 상황이 "어린 시절 장면으로 돌아간 것처럼 그 순간에 대한 반응"을 하게끔 이끄는 방식을 묘사하는 환기 문구이다(Stewart & Joines, 1987: 111). 이러한 고무밴드는 전이 반응이다. 자아상태 이동에 대해 학습하는 것은 우리의 고무밴드 유형에 대한 정보를 주고 시간이 지남에 따라 촉발점과 특징을 확인할 수 있게 할 것이다. TA상담은 고무밴드의 인식, 촉발요인 확인, 그리고 우리가 고무밴드로 되돌아가는 원래의 장면에 대한 점진적 치유를 포함한다.

스웨트 셔츠

번(1972)은 그만의 창의적인 방식으로 상담가에게 셔츠 앞면에는 내담자의 무의식적 표상과 관련된 슬로건, 뒷면에는 내담자의 각본결말 혹은 요구되는 결과가 있는 슬로건이 적힌 가상의 스웨트 셔츠를 내담자가 입고 있다고 상상하게끔 북돋았다. 번은 이러한 상상이 자각 밖, 아마도 무의식적 수준에서 작동하며 우리의 무의식은 우리가 만나는 사람이 '입고' 있는 스웨트 셔츠 앞뒤의 슬로건을 직관적으로 확인하고 반응할 것이라고 믿었다. 우리가 여기에 어떻게 반응하는가는 자신의 각본과정에 따라 좌우된다.

게임

게임은 전이현상이다. 개인은 어떤 식으로든 과거를 되풀이하기 위해 게임 초대장을 발부한다. 게임 초대에 대한 반응을 촉발하는 '약점을 가진 상대' 혹은 취약성(Berne, 1972)은 개인의 각본에 기반을 둔다. 이러한 두 가지 교류의 상호작용과 다양한 게임의 이동은 모두 전이와 연결되어 있고 과거를 되풀이하려는 어떤 무의식적 욕구를 나타낸다. 또한 투사자는 반응을 일으키는 방식으로 행동하고 투사를 받아들이는 것과 연관되며 혹은 반응에 따라 행동하도록 초대하기 때문에 게임은 투사적 동일시(전이현상의 한 형태)의 요소를 포함한다(Woods, 1996). 이것은 본래의 문제를 '치유'하지 않아 계속해서 되돌아가게 하며 이로 인해 또다시 각본은 강화된다. 게임을 이해하는 것은 TA분석가에게 전이 상호작용과 실연을 이해하는 유용한 방법을 제공한다.

뜨거운 감자

'뜨거운 감자'는 세대를 통한 각본기제이다(English, 1969). 부모가 어떤 무의식적 갈등이나 각본결과를 '끄집어내고' 자녀는 내면화하며 부모를 대신해서 살아남기 위해 수용하는 투사적 동일시의 한 형태에 의존한다. 대부분의 정신분석가는 자녀는 어떤 무의식적 수준에서 부모의 열망과 무의식적 염원에 집중하고 부모의 무의식적 갈등에 대한 심리적 저장고가 된다고 믿는다.

27

역전이 탐색을 위한 도구로서의 드라마삼각형

드라마삼각형(Karpman, 1968)은 널리 사용되는 TA이론의 한 부분으로 게임을 이해하고 분석하는 데 쉽게 파악하고 적용할 수 있게 돕는다. 드라마삼각형은 사람들이 자신의 게임과정에서 취하는 세 가지 심리적 역할을 묘사한다. 그 역할은 박해자(Persecutor), 구원자(Rescuer), 희생자(Victim)이다. '현실'의 구원자, 박해자, 희생자 용어와 구분하기 위해 여기에서는 대문자로 표기하는데, 예를 들면 물에 빠졌다가 구출된 사람과 물에서 그를 끌어올린 사람의 경우 구출된 사람은 '현실에서의 희생자'이고 끌어올린 사람은 '현실에서의 구원자'가 될 것이다. 이와 마찬가지로 강도는 현실에서의 박해자일 것이다(아마 그들은 심리적으로도 박해자일 것이다!).

번은 전이현상으로 게임을 이해하고 설명했다(Berne, 1964). 드라마삼각형은 게임분석 방법이기 때문에 상담관계의 전이와 역전이 역동을 확인하고 분석하는 데 사용될 수 있다. 전이/역전이를 분석하기 위해 드라마삼각형을 사용하는 것은 상담가에게 상담에서 드러나는 미묘한 관계적 역동을 탐색하는 단순하면서도 빠른 방법을 제공한다. 가장 단순한 수준에서 상담가는 그들의 욕구 혹은 어떤 지점에서 내담자와 계속하길 원하는 드라마삼각형의 위치와 연관된 충동에 집중한다. 내담자와의 관계에서 어떤 입장을 계속하길 원하는지를 알아차리는 것은 상담가 역전이 탐색을 시작하는 데 유용하다.

역전이는 절대 별개로 존재하지 않으며 흔히 내담자의 전이와 엮여 있다. 상담가의 드라마삼각형 역전이에 대한 분석은 내담자가 취하는 위치를 아마도 어느 정도 설명할 수 있을 것이다. 이것이 내담자의 관계 맺는 방식의 특징일 수도 있겠지만 특정한 시점에서 상담가와 내담자에 의해 함께 만들어지는 고유한 특성도 가질 것이다. 또한 그들은 자신의 각본에 대한 어떤 양상을 관계 속에 주도적으로 투사하는 것으로 상담가와 연결될 수도 있다.

상담가의 반응을 분석하는 한 가지 방법은 희생자 위치를 취하는 내담자에 대한 반응으로 구원자가 되기를 바라는 것처럼 우리가 내담자에게 **상보적 역할**을 담당하는지 혹은 내담자가 어린이로서 했던 방식과 동일하게 희생자처럼 느낌으로써 내담자의 심리 양상을 확인하고 어느 수준에서 공명하는 것으로 **일치**되고 드러나는지를 탐색해 보는 것이다(Racker, 1968; Clarkson, 1992). 일반적으로 드라마삼각형에 대한 위치는 고정적이지 않다. 그리고 게임과정의 어떤 시점에서 역할 전환이 일어난다. 상담가는 드라마삼각형 위치와 연관된 내적 이동을 알아차리는 것이 중요하다.

물론 여기에서의 전제는 상담가가 각 드라마삼각형 위치와 관련된 경험, 감정, 충동, 행동에 대한 자신의 특정 형태에 엄청난 자각을 갖는다는 것이다. 대부분의 상담가들은 자신의 구원자 성향으로 직업을 선택했다. 그러므로 대부분의 상담가에게 있어서 구원자의 위치를 동일시하는 것은 어렵지 않지만 다른 표시들 간의 조직적인 차이에 조심스럽게 주의를 기울이는 것이 여전히 필요하다. 또한 많은 상담가는 희생자 위치에 익숙하며 그러한 위치에 있는 다른 사람들의 어려움을 크게 이해할 수 있다. 편안하지 않은 것은 박해에 대한 경향성과 다른 박해 행동 간의 많은 모습, 변화, 미묘한 차이를 탐색하는 것이다. 상담가는 각각의 위치에서 자신의 특정한 드라마삼각형 유형에 대한 더 많은 정보를 체계적으로 얻는 데 많은 시간을 보내는 것이 현명하다. 집단상담은 우리의 경향성을 탐색할 수 있는 상황을 만드는 데 특히 강력하다. 세련된 말로 우리는 게임을 하고 게임의 징후를 드러냄으로써 성장하고 변화하기 때문에 상담가는 자신의 드라마삼각형 표명에 대한 이해를 주기적으로 검토하고 갱신하며 개인상담을 받는 것이 좋다. 이러한 자기 자각은 상담가에게 그들의 역전이 반응에 대한 미묘한 사항을 더욱 이해하게 하고 내담자의 전이와 무의식적 과정 및 타인과 관계를 맺는 내담자의 패턴을 밝힐 수 있다.

28

전이와 역전이 : TA 모델의 비망록

전이에는 필요관계와 반복관계의 핵심적인 두 가지 양상이 있다. 전이의 모든 분류체계는 결국 이러한 두 가지 영역을 개념화하는 다른 방식들이다. 필요관계는 역사적 필요를 충족시키려는 내담자의 (무의식) 욕구와 관련이 있고, 건강해지기 위한 내담자의 분투 그리고 자신의 각본을 '치유'하는 데 필요한 관계경험을 얻으려는 인본주의적 관점으로 볼 수 있다. 반복관계는 일반적으로 자신의 양육자/부모와 함께한 내담자의 초기 경험이 반영된 본래의 시나리오를 반복하려는 내담자의 (무의식) 욕구를 의미한다. 이에 대한 한 가지 관점은 반복이 결국 '옳게 하라'를 추구하고 원래의 외상적 시나리오를 지배한다는 것이다.

래커(Racker, 1968)의 자료를 발전시킨 클락슨(Clarkson, 1992)은 상보적 역전이와 일치적 역전이의 두 가지 유형을 설명했다. 상보적 역전이는 보통 내담자의 어버이자아에 투사된 경험을 맡음으로써 내담자의 각본에서 상보적 역할을 맡도록 '영입'된 상담가를 포함한다. 상보적 역전이를 경험하는 상담가는 내담자에 대해 미묘하게 비판적인 느낌을 느끼거나 산만하고 내담자에게 주의를 기울이지 않으며 내담자를 진지하게 받아들이지 않음을 알게 될 것이다.

일치적 역전이로 내담자는 상담가가 어떤 식으로든 공명할 수 있는 어린이자아 경험의 양상으로 의사소통한다. 상담가는 우선 내담자가 어린 시절에 느꼈던 감정을 직접 경험한다. 이것은 심하게 불안하고 방해받는 경험이 될 수 있다. 예를 들어, 어린 시절에 학대를 받은 내담자와의 상담에서 상담가는 무력감과 절망감을 느끼게 되고 내담자를 위해 모든 것을 OK 하고 싶은 욕구로 가득 차는 것을 느낄 수 있다. 상담가는 의문점을 갖게 되고 부적절한 느낌을 느낄지도 모른다. 만약 일치적 역전이로 이해했다면 상담가는 이러한 상황에서 내담자의 내적 경험에 대한 어떤 중요한 측면들을 깊은 수준에서 이해하고 폭넓게 받아들였다고 볼 수 있다.

클락슨은 또한 추가로 반응적 역전이와 주도적 역전이의 두 가지 유형을 설명했다. 반응적 역전이는 상담가가 내담자의 전이요소에 반응하는 경우이다. 주도적 역전이는 상담가로부터 비롯되며 상담가의 전이가 내담자를 향한 것으로 보인다. 상담에 대한 관계적 접근은 전이에 대한 이해가 (상담가 자신의 상처받기 쉬움과 각본과 관련된) 주도적 역전이, (내담자의 요소와 관련이 있는) 반응적 역전이로 어떻게 상호작용하는지를 검토하는 것이다. 역전이는 주도적 요소와 반응적 요소를 필연적으로 모두 포함하며 상호적이고 함께 구성한 이야기로 고려된다.

모이소(Moiso, 1985)도 자아상태의 구조적 모델에 전이 유형을 연결시킴으로써 전이를 중심으로 하는 TA적 사고를 발전시켰다. 모이소는 상대적으로 어버이자아를 곧바로 타인에게 투사시키는 P_2전이, 좀 더 초기에 좀 더 원시적으로 타인에게 어버이자아상태를 이분법적(모두 좋거나 모두 나쁘거나)으로 투사시키는 P_1전이로 분류했다. 허가든과 실즈(2002)는 모이소의 생각을 발전시켜 내사적 전이, 투사적 전이, 변형적 전이의 세 가지 전이 유형을 구분했다. 내사적 전이는 심오하고 관계적인 열망이며 C_0자아상태 안에 있고 거기에서부터 비롯된다. 내사적 전이는 다양한 내사적 전이의 욕구에 따라 반영하고 이상화하며 동일시하는 코헛(1984)의 자기대상 전이로 통합된다. 이것은 치료적으로 필요한 다양한 관계이다. 그러므로 투사에 의해 혹은 변형적 전이에 의해 감추어져 있다 하더라도 전체 상담을 통해 내담자가 가져야 하는 정서적 양분과 관련이 있는 만큼 내사적 전이는 항상 현재로 고려된다(C. Sills, 2 May 2008, relational TA forum).

투사적 전이는 P_1자아상태에서 비롯된다. 이것은 방어적이고 분열된 전이이다. 투사적 전이는 내담자가 상담과정에서 자신의 무의식 과정을 지배하기 위해 초기의 관계적 경험을 되풀이하는 반복적인 관계 양상이다. 예를 들어, 상담가를 미워하고 증오하는 대상으로 경험하거나 반대로 이상적인 대상으로 경험한다. 투사는 내담자의 내적 긴장을 감소시키고 초기 내사를 재작업하려는 시도로 볼 수 있다.

변형적 전이는 C_1 또는 P_0자아상태에서 유래된다. 변형적 전이는 상담가가 경험을 신진대사, 처리, 해독하여 내담자가 동화할 수 있는 형태로 재현시키기 위해 상담가에게 원시적인 정서를 투사하는 것이 포함된다. 이것은 흔히 투사적 동일시로 일컬어진다.

전이로 작업하는 접근은 다양하며 내담자의 내적 조직수준의 신중한 진단에 좌우된다(McWilliams, 1994). 불안한 내담자에겐 그들의 투사와는 대조적으로 상담가가 더 많이 드러내고 투명해지는 것이 필요하다. 좀 더 심각한 문제를 가진 내담자는 보통 전체적인 측면에서 투사를 경험하기 때문에 투사와 왜곡을 바로잡는 것이 중요하다. 더 높은 기능수준을 가진 내담자에게는 상담가가 좀 더 모호한 태도를 보임으로써 투사적 왜곡이 드러나고 분명해지며 그럼으로써 상담에서 작업될 수 있다.

29

TA상담 종결하기

상담의 여정에 핵심이며 상담과정의 중요한 부분으로 효과적이고 치료적인 종결이 인식될 필요가 있다. 심리상담 관계는 시작에서부터 종결이 거의 암묵적이라는 점에서 오묘하다. 내담자는 상담이 효과적이기를 기대하며 상담에 왔고 그것을 향해 움직이고 결국에는 더 이상 상담이나 상담가가 필요하지 않을 것이다. 시작할 때 계약과 목표 설정과정에는 관계를 종결하는 기준이 포함된다. 일반적으로 사람들은 끝날 것이라는 기대를 갖기 때문에 심리상담 관계를 삶에서 강렬하거나 중요한 것으로 맺지 않지만 매번 새롭게 만나는 내담자에게 상담가인 우리가 하는 것도 동일하다. 번 (1966)은 상담 종결의 세 가지 유형을 설명했다.

1. **우발적 종결**　때때로 내담자의 근무 형태나 환경의 변화는 상담에 더 이상 참석할 수 없음을 의미한다. 이런 변화가 있다 할지라도 변화가 그들이 보는 것만큼 압력을 주지 않을 가능성은 언제나 존재하며 어떤 수준에서 간접적으로 상담을 회피하거나 그만두려고 하는 무의식적 과정의 종류로 나타날 수 있다는 점에서 이것은 흥미로운 범주이다. 때때로 이러한 종결의 이유가 타당하고 합리적일 땐 무의식적 행동을 탐색하는 것이 매우 어렵다. 말할 필요도 없이 종결은 우발적(accidental) 종결과 관계없이 돌발적으로 발생할 수 있으며 상담가는 상황에 따라 가급적 만족스럽게 종결을 하도록 주의를 기울일 필요가 있다.

2. **저항적 종결**　저항적(resistant) 종결은 갑자기 예상치 못하게 상담을 철회하는 내담자에게서 볼 수 있다. 때때로 핑계 혹은 '변명'(위에서 묘사한 행동화 과정처럼)을 대는데, 이것은 공식적인 종결과정이 이뤄질 수 없음을 의미한다.

3. **치료적 종결**　분명하게 가장 바람직한 종결의 유형은 '상담가와 내담자가 계획

한 상담목표에 도달했다는 것에 동의하고 마치거나 끝을 낼 때 일어나는' 치료적 (therapeutic) 종결이다(Berne, 1966: 13).

튜더(1995)는 강제적(enforced) 종결이라는 네 번째 종결 유형을 추가하였다. 강제적 종결의 예는 상담가가 다른 도시로 이사를 가서 상담을 중단하게 되는 경우와 같다. 강제적 종결은 다루기가 굉장히 어렵고 내담자의 문제(예 : 유기로 인한 상처)를 고려해서 조심스럽게 이루어져야 한다. 강제적 종결은 어느 면에서 상담가가 가장 효과적인 상담방법으로 다루기에는 다소 힘들다. 윤리적인 상담가는 가급적 내담자의 각본 강화를 최소화하는 방식으로 종결하기 위해 상담가가 할 수 있는 모든 것을 하는 것이 현명하지만, 최선을 다한다 하더라도 각본이 강화되는 종결은 발생할 수 있다.

또한 종결과정은 상담에서 이전엔 드러나지 않았던 주제들이 표면화되는 것을 촉진시킬 수 있다. 이러한 주제는 전체 상담에서의 중요한 부분으로 종결을 향상하기 위해 탐색되고 다루어져야만 한다. 클락슨(2003)은 상담 종결에 대한 일반적인 내담자의 반응에 대해 제시한다. 요약하자면 상담을 통해 만족과 성취, 죄책감과 후회, 분노와 실망, 슬픔과 향수, 공포와 두려움, 질투와 고마움, 안도와 해방감, 기대, 과거 상실, 재순환, 실존적인, 전형적인(Clarkson, 2003)과 같은 주제들이 요구될 수 있다. 이러한 주제 혹은 상담의 종결 단계에서 그들이 갖는 유사한 주제를 작업하는 것은 상담에 가치를 더할 것이고 종결과정 안에서 각본 주제를 무심코 강화시키지 않는 좀 더 완전한 상담과정을 제공할 것이다.

상담 종결은 내담자에게 종결과정의 부분으로서 과거의 상실과 관련된 감정을 반영하고 떠올리게 할 것이며, 상담가와 내담자는 이전의 것들과 현재의 종결을 비교하고 대조하기를 바랄 수 있다. 그러한 회고가 어디에서 발생하든 시간이 허락하는 한 내담자에게 그들의 감정을 충분히 탐색해 볼 기회를 주는 것이 중요하다. 또한 실존적 주제들, 특히 네 가지 실존적 관심사(Yalom, 1980)(#99 참조)와 관련된 것이 종결 단계에서 발생할 수도 있다. 종결하기와 애도하기는 일회적인 사건이 아니며 상담 종결은 종결 단계의 과정에서 여러 번 찾아올 것이다. 특히 장기상담이라면 애도기간이 필요할 것이며 그럼으로써 내담자와 상담가 모두가 상호적으로 만족스럽고 성장하는 방향으로 관계를 마무리할 수 있다(Maroda, 1994).

CHAPTER 3

진단

관찰의 중요성

관찰은 모든 훌륭한 임상 작업의 근본이며 기법보다 우선한다. (Berne, 1966: 65-6)

모든 진단은 관찰로 시작된다. 상담가는 관찰 없이 어떠한 진단도 내릴 수 없다. 실제로 관찰은 모든 개입 및 상담계획의 배경을 구성한다. 관찰은 단순히 내담자의 행동양상을 아는 것보다 더 복잡하다. 여기에는 상담가 자신과 내담자 모두의 세세한 관찰과 우리가 관찰하는 것과 관련된 탐구적인 자세인 호기심을 유지하는 것이 포함된다.

"상담가는 상담 매 순간에 각 내담자의 생리적인 상태를 알아야만 한다"(Berne, 1966: 66). 이 말이 상담가에게 비현실적인 기대라고 하더라도 번이 여기에서 표현하고자 하는 본질은 상담가가 순수한 관찰을 넘어서 관찰적 기술을 발달시킬 필요가 있으며 이것을 상담과정에서 유지해야 한다는 것이다. 관찰은 내담자의 얼굴 표정과 안면 근육의 동요, 안색, 제스처(심지어는 제스처가 없는 것도 포함)에 민감해지는 것이며 이러한 것들의 의미에 대해 궁금해하는 것을 포함한다. 상담가는 매 순간을 기반으로 일어나는 아주 작은 변화도 관찰할 필요가 있고, 각 내담자의 내적 상태에서 나타날 수 있는 변화가 무엇인지에 대한 호기심의 태도를 유지해야 한다. 경청은 심리상담에서 관찰 과정의 핵심 부분이다. 상담가는 내담자가 말하는 내용을 단순히 듣는 것이 아니라 사용하는 단어, 어휘, 은유, 문장 구조, 숨소리, 강약, 톤과 리듬을 듣는다(Berne, 1966, 1972). 또한 상담가는 내담자가 말하는 단어와 대화방식 이면의 내담자 과정을 경청하는데, 예를 들면 묘사적인지, 환기시키는지, 요약하는지, 단조로운지, 정확한지, 분산되는지 혹은 지나치게 세세한지를 들어야 한다. 내담자의 단어와 신체 언어가 일치되지 않거나 일관되지 않는 것, 혹은 그들이 어떻게 말하고 무엇을 말하는가를 관찰하고 확인하는 것은 TA상담가에게 중요한 기술이며(Stewart, 2007),

논의에서 민감하게 다뤄질 수 있는 갈등 영역을 보여 줄 수 있다. 그러나 번은 관찰을 '편협한 시선'으로 접근하지 말라고 경고했고, "상담가는 언어적 의사소통의 미묘함을 숙달하기 위해서 수년간 공부해야 한다는 사실을 잊은 채 비언어적 의사소통과 관련하여 요즘 유행하는 이야기에 현혹되어서는 안 된다."고 말하면서 상담가에게 의사소통의 복잡한 본질에 대해 안주하면 안 된다는 분명한 지침을 전했다(Berne, 1966: 71).

관찰과 관찰에 대한 '의문'을 민감하게 나누는 것은 상담가에게 매우 유익할 수 있다. 이것은 그들의 심리상태에 대해 배우는 과정으로 내담자를 이끎으로써 협력적이고 호기심 어린 대화의 분위기에서 이루어진다. 적극적으로 호기심 어린 질문 접근은 상담가와 내담자의 정신화 능력을 향상시킨다(Bateman & Fonagy, 2006). TA상담가에게 이러한 것은 중요하다. 겉으로 보기에는 의미 없는 세부사항이나 내담자가 자신을 나타내거나 표현하는 방식도 중요하다(Erskine et al., 1999). 또한 위의 저자들은 상담가가 내담자의 경험에 대해 가정하려는 유혹을 피하는 것이 중요하다고 강조했으며 그들의 추론에 잠정적인 자세를 취하라고 제안한다.

번은 TA분석가들에게 민감하면서도 드러나지 않게 자연스러운 사회적 상호작용에서 모든 세대의 사람들을 관찰할 기회를 가져 보라고 했다. 번은 이러한 관찰을 근거로 추론을 만들라고 한 것은 아니지만 거기에 참여하는 개인이 어떤 행동을 하며 다음에 무슨 일이 일어나는지를 그저 기록하라고 권했다. 그러한 관찰은 연령에 적합한 행동에 대한 정보를 밝혀 주고 이것은 개인의 자아상태에 대한 행동적 진단을 내리는 데 도움이 될 수 있다.

관찰은 단지 내담자의 것이어서는 안 되며 상담가는 상담회기 밖에서 내담자에 대해 생각할 때 내담자로 인해 떠오른 자기 자신, 내적 상태, 감정, 기억, 사고를 관찰하는 데 긴밀한 주의를 기울여야만 한다. 자신의 내적 상태에 대한 관찰은 내담자의 사회적 진단을 발달시키고 상담가의 역전이를 모니터해서 그 의미를 분석할 때 특히 유용하다(Novellino, 1984; Lammers, 1992; Hargaden & Sills, 2002; Widdowson, 2008).

TA분석가로서 인증을 받고 영국심리상담협회(UKCP)에 등록하려는 영국의 TA분석가들에게는 정신건강 지역센터에서 일하는 것이 요구된다. 이러한 센터에서 일하는 것의 중요한 부분은 여러 정신건강 문제가 있는 사람들을 민감하게 관찰하는 기회를 갖게 되는 점이다. 상담가는 센터에서 정신건강 전문가들이 무엇을 보고 내담자 문제의 심각성을 결정하는지를 알아볼 수 있는 기술을 발달시킬 수 있다. 또한 다양한 장애의 인지적·정서적 증상을 포함하는 정신질환 범주에 대한 통찰력을 얻는 데도 도움이 된다. 정신건강 서비스에서 서비스 이용자가 되는 것이 어떤 것인지를 알아보는 데 시간을 쓰는 것은 경이로울 수도 있고 때로는 고통스러운 경험이 될 수도 있다. 그럼에도 불구하고 이런 서비스를 받은 내담자와의 공감을 증진시키기 위해서 이후에 이 학습을 사용하는 상담가에게는 중요한 부분이다. 센터에서 얻은 통찰력은 이전에 정신건강 배경이 없는 사람들에게 특히 중요할 수 있다.

　상담가는 관찰로부터 내담자에 관한 잠정적인 추론을 만들기 시작한다. 그리고 나서 상담가는 진단의 다음 단계를 알아내기 위해 이러한 잠정적 추론을 사용한다.

31

초기 평가와 사례개념화

내담자의 상황을 분명히 하고 면밀하게 밝히는 것은 모든 심리상담의 초기 단계에서 핵심적인 부분이다. 상담가는 초기 몇 회기 동안 내담자에 대한 심상을 구축할 필요가 있다. 내담자에게 그들의 이야기를 말하게 하는 것과 어느 정도는 '내려놓는' (많은 내담자에게 자신의 문제에 많은 부분을 논의하는 첫 순간일 것이다.) 이것 사이의 적절한 균형을 맞추고, 내담자에 대한 진단과 상담계획을 포함한 사례개념화를 발달시키는 데 도움이 되는 정보를 모으는 것이 중요하다. 여기에서는 분명하고 철저한 사례개념화를 발달시키는 데 도움이 되도록 집중하는 일에 유용할 수 있는 몇 가지 고려점을 제시하고자 한다. 명확한 사례개념화를 축적하는 것은 슈퍼비전에서 내담자를 소개하는 효과적인 틀을 제공할 수 있고, 다른 전문가에게 내담자를 의뢰해야 할 필요가 있는 사례 결정에도 도움이 될 수 있다. 반영을 위한 이러한 영역들은 자기 자신, 타인, 세상에 대한 구조적이고 역동적인 (상호)관계를 암시하며 내담자의 독특한 맥락과 표현을 설명하는 데도 유용할 것이다.

1. 인적사항 내담자의 연령, 성별, 현재 생활 환경/관계, 직업 유형(관련이 있는 경우). 내담자의 현재의 계층과 성장한 계층에 대한 정보도 포함할 수 있다. 내담자의 인종, 성적 지향, 장애에 대한 고려는 중요하다.
   주의 : 슈퍼비전에서 제시할 때 내담자의 익명성을 강조하기 위해 일부 세부사항은 모호하게 할 필요가 있다.

2. 증상과 문제 진술 내담자는 상담에 오게 한 문제를 어떻게 정의하는가? 내담자가 경험한 증상은 무엇인가? 정신장애의 진단 및 통계 편람(DSM-IV-TR) 진단기준과 같은 기술적 진단체계를 이용해서 이러한 증상을 어떻게 이해하고 구분할 수

있는가?(American Psychiatric Association, 2000)

3. **첫인상** 내담자는 상담실에 어떻게 들어왔는가? 내담자는 자신의 이야기를 어떻게 이야기하는가? 지나치게 상세한가? 인상적인가? 모호한가? 내담자의 제스처는 어떤가? 옷차림은 단정한가? 외모를 신경 쓰지 않는 것처럼 보이는가?

4. **문제의 심각성** 문제가 가벼운가, 보통인가, 심각한가? 내담자의 전반적인 기능이 어느 정도 손상되었는가? 손상이 내담자 삶의 특정 부분으로 제한되는가?

5. **촉발 요인** 무엇이 내담자를 지금 상담받게 했는가? 내담자의 현재 문제를 유발한 어떤 특정한 사건이나 상황이 있었는가 아니면 시간이 지나면서 문제가 점점 커졌는가?

6. **정신병력/상담경험** 내담자는 현재 정신건강 문제로 약을 복용하고 있는가? 정신과 주치의가 있거나 혹은 정신과 의사를 만난 적이 있는가? 이전에 상담을 받은 경험이 있는가? 이전 상담경험은 어떠했는가? 무엇이 도움이 되었고 무엇이 도움이 되지 않았는가?

7. **아동기** 내담자는 자신의 아동기를 어떻게 묘사하는가? 어떤 중대한 트라우마 혹은 학대가 있었는가? 반복적으로 잘못 조율되어 누적된 트라우마가 있는가?(Erskine et al., 1999) 부모에 대한 역사적 관점, 부모와 부모로부터 받은 보살핌에 대한 현재의 관점은 어떠한가?

8. **청소년기** 내담자의 청소년기는 어떠했는가? 사회적 관계는 어떠했는가? 내담자에게 학교는 어떠했는가? 초기 성적은 어떠했는가? 십대 반항이 있었는가?

9. **성인기 과거 스트레스 요인** 이것은 최근과 내담자의 성인기 전반적으로 중요한 사건을 포함한다. 성인기의 스트레스 영향이 잘 기록되었고 설명이 필요한 내담자의 외적 스트레스 정도를 나타낼 수 있으며 조정에 초점을 맞춘 작업을 필요로 할 수도 있다. 스트레스 요인이나 유사한 특징을 공유하는 스트레스 요인(예 : 격렬한 관계단절)의 반복적인 패턴은 내담자의 게임과 각본 및 각본신념과 관련된 중요한 정보를 줄 수 있다.

10. **대처 유형, 방어기제, 행동** 스트레스 상황에서 내담자는 어떻게 반응하는가? 주

요 대처 전략은 무엇인가? 이것은 효과적인가 혹은 적절한가? 내담자는 어떤 방어기제(예 : 부인, 분열, 투사, 분리 등)(McWilliams, 1994)를 나타내는가? 이러한 기제는 어떤 전형적인 특정 질환이나 구조인가?

11. **심리상태** 내담자가 집중하는가 아니면 쉽게 산만해지고 혼란스러워하는가? 동요하는가? 사고의 둔화나 비약이 있는가? 기분저하나 심한 정서불안이 있는가? 내담자는 '심리적으로 마음을 두는 것'으로 보이는가?(이것은 내담자의 자기 자각, 반영능력, 통찰력, 심리적으로나 무의식에서 비롯된 문제를 이해하는 능력, 현재 문제에 대한 과거 영향을 고려하는 능력을 포함한다.)

12. **애착 유형** 내담자의 애착 유형에 대한 인상은 어떠한가? 안정애착, 회피애착, 저항애착, 아니면 혼란애착인가? 이에 대한 증거로 무엇을 사용하는가? 이것이 작업동맹의 발달에 어떤 영향을 미칠 것이라고 상상하는가? 이러한 내담자는 당신의 상담계획이나 상담 접근에 어떤 영향을 미치는가?

13. **상담의 방해요인** 상담에 어떤 문제가 있을 것이라고 예상하는가? 내담자의 표현이나 관점에는 상담과정에서 문제가 제기될지도 모르는 어떤 특징이 있는가? 내담자가 상담과 상담가의 역할에 대해 기대하는 것은 무엇인가? 상담기간 그리고 상담과정의 참여와 관련하여 내담자가 기대하는 것은 무엇인가? 상담을 방해할 수 있는 외부요인이 있는가?

14. **강점과 자원** 내담자는 어떤 장점을 가졌는가? 변화과정에서 도움이 될 자원은 어떤 것을 가졌는가? 이것은 친구 및 가족관계, 개인적 특성, 통찰수준을 포함할 수 있으며 (내담자가 잠재적으로 이용할 수 있고 더 많은 변화 기회를 의미할 수 있는) 내담자의 경제적 상황과 같은 추가적인 요인 또한 포함할 수 있다. 상담에 유용하거나 또는 삶을 변화하는 데 영향을 주는 내담자의 어떤 개인적 특성이나 관점은 무엇인가?

15. **상담 동기** 내담자에게 상담에 대한 동기부여가 잘된 것으로 보이는가? 다른 누군가에 의해 억지로 혹은 떠밀려서 상담받고 있는가?

16. **전이와 역전이** 전이와 역전이에 대한 당신의 인상은 어떠한가? 당신에 대해 내

담자는 어떻게 느꼈는가? 내담자는 당신을 어떻게 경험했는가? 내담자는 당신에게 어떤 역할을 바랐는가? 내담자가 시도하는 것에 대한 당신의 인상은 무엇인가? 내담자를 향한 당신의 감정은 무엇이었으며, 상담 안에서 당신의 감정 흐름에 따라 어떤 경험을 했는가? 무엇이 당신을 참여시켰고 무엇이 당신을 참여하지 않게 했는가? 내담자의 어떤 점이 당신을 당황스럽게 했는가 혹은 당신의 마음을 끄는가?

17. **예후** 예상한 상담기간 및 빈도와 관련한 당신의 결론은 무엇인가? 내담자의 기대와 맞는가? 내담자 문제의 심각성이 상담 종결을 하는 데 어떨 것이라고 생각하는가?

32

TA상담에 대한 적합성 평가하기

임상가의 한계

특정 내담자를 맡는 데 자신의 훈련 및 경험의 한계를 인식하는 것은 중요하다. 우리가 효과적으로 상담할 수 있는 기술이나 지식을 갖지 않은 채 내담자와 상담하지 말아야 하는 것은 당연하다. 문제는 우리의 기준을 어디에 두어야 하는가이다. 우리는 어떤 시점에 경험을 쌓게 되는데, 때로는 상담하기 위해 필요한 기술이나 지식을 갖추지 않았다는 것이 처음에는 분명하지 않을 수도 있다. 이러한 경우 우선적인 결정 요인은 '이 시점에서 내담자와 상담하는 것이 충분히 안전한가?'라는 보호 원칙에 있다. 충분한 안전을 제공할 수 없다면 내담자를 적절히 의뢰해야만 한다. 누군가와 상담하는 과정에서 상담가가 익숙하지 않은 주제나 문제를 발견한다면 상담가는 슈퍼바이저의 조언을 구하고, 책을 읽거나 관련된 워크숍에 참여함으로써 특정 영역에 대한 지식을 확장하려고 진지하게 노력하는 것이 중요하다. 드러나는 여러 주제에 대해 광범위하게 정기적으로 책을 읽는 상담가들은 그렇지 않은 사람보다 판단하기에 더 나은 입장이 될 것이다.

자원

이 시점에서 이러한 내담자를 상담할 자원을 가지고 있는가? 장기 휴가가 임박했거나 일정상 일주일에 1번도 볼 여유가 없다면 심각한 고통을 겪는 새로운 내담자를 맡는 것이 바람직하지 않다. 내담자를 맡을지를 결정할 때 나는 매주 2번의 상담이 가능할지를 보기 위해 일정표에 2개의 공간이 비어 있는지 스스로에게 질문해 본다. 전문적인 훈련이나 필요한 의료지원에 대한 즉각적인 접근을 갖추지 않았다면 일반적으로 상담가는 내담자가 병원에서 약물 중지 및 해독 프로그램을 마칠 때까지 약물이나 알코올 중독을 나타내는 내담자와 상담할 자원이 없을 것이다.

가능한 서비스의 한계

내담자가 이용할 수 있는 서비스에 제한이 있는가? 기관에서 일하는 상담가는 최대의 회기 수가 때때로 6~20번 정도로 제한된 상담을 해야 한다. 이러한 경우 상담가는 제한된 환경에서 내담자와 어떤 변화가 가능한지에 대해 현실적이어야 하는 것이 중요하다. 개인상담을 받는 내담자는 때때로 경제적인 이유로 인해 매주 상담을 받으러 오기 어려울 수도 있다. 보통 내담자가 3개월 동안 매주 올 형편이 되지 않는다면 비용이 적게 들거나 무료상담 서비스에 의뢰하는 것이 더 나을 것이다.

심리적 마음상태

심리적 마음상태는 자기관찰과 자기반영에 대한 개인의 능력에 속하며, 무의식적 심리적 힘이 우리의 동기에 영향을 미치는 가능성뿐 아니라 자신의 문제와 현재 상황에서 중요한 심리적 요인을 고려하는 능력이다. 심리적 마음상태는 자신이 현재 어떤지와 관련하여 중요한 자신의 과거를 고려하는 능력을 포함한다. 처음부터 상담에서 관여하기 위해서는 심리적 마음상태가 어느 정도는 있을 필요가 있다.

가능한 어른 자아상태

첫 회기에서 상담가는 내담자의 가능한 어른 자아상태를 평가해야만 한다. 이 평가는 원래 주관적인데, 내담자의 표출된 문제와 요구된 수준에서 상담에 참여하는 데 필요한 어른자아의 자원을 가지고 있다고 보이는지 여부를 고려해야만 한다. 기능이 심각하게 손상되어서 어른자아가 거의 없어 보이는 내담자는 상담이 안전하게 진행되기 전에 정신질환 평가나 약물에 대한 의뢰가 아마도 필요할 수 있다. 어른 자아상태를 거의 이용할 수 없는 내담자를 상담하는 상담가는 슈퍼바이저와 상의하여 내담자의 어른 자아상태를 발달시키고 강화하도록 돕는 기술과 자원을 가지고 있는지 확인해야 한다.

계약 체결능력

내담자는 상담에 합리적으로 동의할 수 있는가? 억지로 참여했는가 혹은 상담에 참여하라고 설득당했는가? 내담자는 상담을 할지 말지를 합리적으로 선택할 수 있는 입장에 있는가? 제시된 계약목표가 현실적인가? 이것은 변화에 대한 내담자의 동기수준에 주목하는 것을 포함한다(Woollams & Brown, 1978).

33

번의 네 가지 진단방법 사용하기

번은 자아상태의 정확한 진단을 위해 네 가지 진단방법이 필요하다고 했다(Berne, 1961). 임상에서는 초기 진단 목적을 위해 행동적 진단이 가장 흔히 사용된다 하더라도 정확하게 진단하고 확인하기 위해서는 네 가지 방법이 모두 사용되어야 한다. 이러한 방법은 본래 자아상태 진단을 위해 발전되었지만 진단 목적을 위한 범위에 적용될 수 있다.

행동적 진단

첫 번째 행동적 진단은 내담자에 대한 첫 인상에 기초하는데 이것은 상담가에게 걸려온 내담자의 첫 전화로 시작될 수도 있고, 첫 회기에서의 내담자 행동으로 시작될 수도 있다. 행동적 진단을 할 때 상담가는 열린 태도와 잠정적인 진단 가설을 유지할 필요가 있다. 원래 행동적 진단은 자녀나 부모가 어떻게 행동하는지에 대한 일반화된 가정에 기초를 '둔' 자아상태 추론을 바탕으로 일반화된다. 자녀와 부모는 모두 비교적 보편적인 방식으로 행동하며, 대개 서로 함께 경험하기 때문에 행동적 진단은 어느 정도 신뢰할 수 있다. 또한 행동적 진단은 행동이 특정 연령대에서 적절한 행동지표인가에 대한 측면에서 어린이 자아상태의 발달적 단계를 고려하는 아동발달 이론을 참조할 수도 있다. 그러나 중요한 것은 행동적 진단이 단순히 하나의 행동적 단서에서 비롯되는 것이 아니라 상세한 관찰과 일관된 패턴으로 드러나는 행동에 의해 만들어진다는 점이다. 첫 행동적 진단을 하고 나면 "그 결론에 대한 증거는 무엇인가? 이러한 진단 혹은 가설이 다른 사람에게도 타당한가?"를 스스로에게 질문해 보아야 한다.

사회적 진단

사회적 진단은 사람에 대한 자신의 반응을 통해 드러나며 자아상태를 진단하기 위해 개인에 대한 자신의 자아상태 반응에 주목하는 것이다. 상담에서 사회적 진단은 상담가의 역전이 사용이 포함된다. 상담가의 역전이를 사용하는 것은 사회적 진단에 어느 정도의 잠재성을 추가할 수 있지만, 진단을 내리는 데 있어서 상담가의 자기 지각은 매우 결정적인 요소이다. 상담가는 자신의 반응을 효과적으로 사용하기 위해 순간순간의 내적 경험에 집중하는 능력만큼이나 자신의 자아상태 반응과 이동의 의미를 잘 이해해야 한다. 이러한 반응은 즉각적으로 일어난다기보다 인정되고 반영되어야만 하는 것이다. 임상가가 반영할 수 있는 질문은 "이 사람에 대한 나의 내적 반응은 무엇인가? 내가 들어가려는 자아상태는 무엇인가? 나는 그들에게 어떻게 반응하기를 원하는가? 다른 사람도 동일한 자극에 비슷한 반응을 하는가?"와 같다.

역사적 진단

역사적 진단에서 우리는 행동, 사고패턴, 감정(들)의 역사적 중요성을 발견한다. 상담가는 대개 심리치료에서 대화의 흐름을 통해 역사적 진단의 양상을 그리지만 "당신 혹은 누군가가 과거에 이것을 했나요? 이것이 당신에게 어떤 사람이나 뭔가를 떠오르게 하나요?"와 같이 질문함으로써 역사적 진단을 하거나 확인할 수도 있다. 이러한 질문을 통해 놀라운 정보들이 드러나기도 한다. 예를 들면, 종종 내담자가 어린이 자아상태에서 동일한 행동을 했던 부모 중 한 사람을 어떻게 묘사하는지에 따라 어린이 자아상태로 고려했던 행동이 사실 어버이 자아상태임을 알기도 한다. 마찬가지로 매우 책임감이 있거나 '부모화'된 사람들의 경우에는 어버이 자아상태로 생각했던 행동이 실제로는 어린이 자아상태일 수도 있다. 또한 역사적 진단은 내담자가 정보를 가지고 있지 않거나 역사적 진단을 확인하기 위한 어떤 것들을 기억하지 못할 가능성이 있기 때문에 잠정적일 필요가 있다.

현상학적 진단

현상학적 진단은 마치 지금 일어난 것처럼 특정 자아상태 안에 있는 개인의 주관적인 경험이다. 우리는 어릴 때 어땠으며 어떻게 느꼈는지를 어느 정도는 기억하기 때문에 이것은 가장 쉽게 어린이 자아상태로 인식되곤 한다. 우리가 어떻게 느끼는가는 특정 상황에서 특정 부모가 어떻게 느꼈는가이며 이것을 직관적인 감각으로 느낄 수 있다 하더라도 개인이 어떤 순간에 어떻게 느꼈는가를 정확히 알기는 어렵기 때문에 부모 중 한 사람과 같이 느끼는 주관적인 감각을 불러오는 것은 쉽지 않다. 또 현상학적 진단은 전이된 영역을 포함한다(Hargaden & Sills, 2002). 전이에서 내담자는 상담가를 실제 전이 대상처럼 경험하며, 전이는 무의식적으로 일어나는 특성이 있기 때문에 이를 알아차리지 못할 수도 있다. 전이의 분석은 내담자가 어린이로서 했던 것(상보적 전이—상보적 어버이자아 반응을 추구함)처럼 전이적으로 반응하거나 그들의 부모가 했던 것(일치된 전이—부모를 모사하거나 어린이 반응을 이끌어 내는 것을 추구함)처럼 반응할지도 모른다는 점에서 특정 경험에 대한 현상학적 진단을 시사할 수 있다(Clarkson, 1992). 진단이 이러한 식으로 된다면 상담가의 역전이에 대한 사회적 진단은 분명하게 설명될 필요가 있다.

어른 자아상태의 주관적이고 현상학적 진단은 대부분의 사람들이 대부분의 시간을 어른 자아상태에 있다고 가정한다는 점에서 어렵다. 이것은 우리가 오염된 어른 자아상태에서 어른 자아상태에 대한 내용을 어버이 혹은 어린이 자아상태로 잘못 정의함으로서 복잡해진다. 불행하게도 TA이론의 약점은 어른 자아상태의 진단이 배제의 과정에 의해 만들어진다는 점이다.

또한 진단은 모호하고 형태가 없는 느낌의 분석과 해석을 필요로 하는데, 초기 어린이 자아상태를 진단할 때 특히 그렇다(C_1 혹은 초기 구조). 내담자가 그러한 초기 어린이 자아상태의 역사적 진단을 확인하기 위한 특정한 기억을 가지고 있는 것도 아니다. 이 수준에서 진단은 아동발달 이론에 관한 상담가의 지식(행동적 진단), 상담가의 역전이(내담자의 근본적인 방어기제 사용에 대한 반응), 아마도 압도적이고 광대하고 설명할 수 없는 혹은 '비이성적'인 내담자의 정서적 · 현상학적 경험을 사용해야 할 것이다. 이것은 특정 사건이나 생활주기와 연결된다기보다는 현상학적 진단이 제공하는 경험의 본성이다.

34

네 가지 진단방법 적용하기

네 가지 진단방법은 TA개념의 범위에서 적용될 수 있으며 자아상태 진단에만 국한되는 것은 아니다. 네 가지 방법이 진단을 강화시키는 데 어떻게 사용될 수 있는가를 설명하기 위해서 나는 금지령의 진단에 적용할 수 있는 네 가지 방법의 예를 사용한다.

내담자의 말에 경청하면서 그들이 자신의 상황과 환경에 관련된 무엇을 이야기하는가로부터 몇 가지 금지령을 추측할 수 있다. TA상담가는 내담자가 경험한 부분과 감추려고 하는 주제에 대해 주의 깊게 귀 기울여야 한다. 내담자의 행동은 우리에게 각본에 대한 행동적 진단의 단서를 제공한다. 예를 들어, 내담자가 정서적 표현을 제한할 때 우리는 행동적으로 '느끼지 마라' 금지령을 진단할 수 있다(Goulding & Goulding, 1979). 마찬가지로 마지막 순간에 계획을 포기해 버렸던 경험을 이야기하는 내담자는 행동적으로 '성공하지 마라' 금지령이라고 진단될 수 있다.

우리는 역전이 반응에 집중함으로써 내담자의 금지령 패턴에 대한 사회적 진단을 할 수도 있다. 이것은 엄청난 양의 유용한 정보를 줄 수 있기 때문에 내담자의 반응에 집중하고 여유를 갖는 것이 중요하다. 예를 들어, '중요한 사람이 되지 마라' 금지령을 가지고 있는 내담자는 상담가가 슈퍼비전받는 것을 반복적으로 잊어버린 내담자이거나, 혹은 상담가가 상담 일정을 변경해야 할 때 연락해야 한다고 처음으로 생각한 내담자일 수도 있다. 상담가는 '느끼지 마라'와 '친밀해지지 마라'의 금지령을 가진 내담자와 작업할 때 내담자와 연결되지 않고 생동감이 없다고 느낄 것이다. 우리는 금지령을 강화시키는 것을 찾아서 그것과 맞서 싸워 내담자를 구하기를 권고한다. 상담가가 아무 생각 없이 겉만 훑는 것이 아니라 내담자의 반응을 조심스럽게 검토하는 데 시간을 사용하는 것은 엄청난 가치가 있다. 또한 이와 관련해서 다른 사람들이 내담자에게 어떻게 반응하는가는 집단상담 맥락에서 관찰되거나 혹은 그에 대한 내담자의 이야기에 조심스럽게 집중함으로써 알 수 있다.

금지령에 대한 역사적 진단은 내담자의 삶의 역사, 특히 초기 경험에 대해 언급한 것으로부터 추론적인 진단에 의해 이해될 수 있다. 이것은 TA에서 폭넓게 나타나는데, 예를 들어 아동의 신체적 학대는 '존재하지 마라' 금지령의 발달에 의한 결과일 수 있다(Stewart & Joines, 1987; Stewart, 2007). 다른 아동이나 가족원과 비교해서 이야기하거나 가족 안에서 관심받지 못했다고 말하는 내담자는 '너여서는 안 돼' 금지령을 가지고 있는 것으로 역사적 진단을 할 수 있다.

TA상담가는 종종 내담자와 함께 내담자의 금지령 패턴과 관련된 생각을 나눈다. 대개 내담자는 여기에 충격을 받거나 그들이 한 것을 확인하기보다는 사실상 내적으로 금지령을 경험한다. 이때 우리는 어떤 범위에서 부분적인 현상학적 진단을 고려할 수 있다. 그러나 현상학적 진단은 단지 내담자의 금지령에 대한 가설을 점검하거나 확인하기 위해 질문하는 것이 아니라 상담실 안에서 그 순간에 내담자가 금지령을 어떻게 경험하고 있는가를 확인하는 것이다. 일반적으로 금지령은 비언어적이고 암묵적인 메시지로 주어지기 때문에 내담자는 금지령을 언어화하기 위해 엄청나게 고군분투하므로, 상담가의 임무는 현재의 어려움을 설명해 주고 내담자에 대한 그들의 진단을 민감하고 조심스럽고 철저하게 점검하는 것이다. 만약 내담자가 특정 금지령에 일관된 태도로 내적 경험을 한다면 현상학적 진단이 점검되어야 한다.

네 가지 진단방법은 폭넓게 적용된다. 자아상태의 예를 들기 위해 내담자에게 "오, 당신은 어버이 자아상태에 있네요."라고 애매하게 말하기보다 "저는 당신의 변화를 알아차렸어요(행동적 진단). 당신은 긴장하고 있고 저에게 약간 짜증 난 것 같아요(사회적 진단). 이것이 만약 익숙하다면 당신 혹은 누군가가 과거에 그런 적이 있는지 궁금하네요(역사적 진단). 또한 이것이 당신의 내면에서 느껴지는지도 궁금합니다(현상학적 진단)."와 같이 말할 수 있다.

35

언어적 면접 기술 발달시키기

대다수의 TA학자는 상담가가 구조적인 방식으로 내담자에게 사용할 수 있는 상세한 각본분석 질문지를 제시한다. 그러나 사실 대부분의 TA상담가는 그렇게 구조적인 형태의 각본분석을 사용하지 않는다. 나는 상담가에게 각본분석의 형식적이고 구조적인 도구를 사용하기보다는 좀 더 일상적인 대화와 편안한 태도로 정보를 이끌어 내도록 격려한다(Cornell, 1986). 이것은 각본 질문지를 쓰지 말라는 것이 아니라 각본분석에 필요한 정보를 얻기 위해 상담가가 다르게 접근하라는 것이다. 비록 몇몇의 내담자가 공식적인 각본 질문지 면접의 형식과 구조를 높이 평가하지만, 대부분의 내담자는 상담을 좀 더 편안하게 느끼기 시작할 때 이를 함으로써 작업의 차단, 상담 흐름의 중단, 치료적 관계에서 힘의 균형이 변하는 불편을 느끼는 것처럼 보인다.

각본 질문지와 같은 구조적인 모델을 사용하는 위험은 내담자가 이야기를 할 때 일관적이거나 불일치하여 하나의 주제에서 다른 주제로 건너뛰고, 축소하거나 디스카운트하거나 끊어지거나 모순적인 이야기에 초점을 두는 식(Holmes, 2001; Allen & Allen, 1995)으로 말하기 때문에 이해하기 힘들 수 있다는 점이다. 이것은 내담자의 애착 유형(Holmes, 2001)과 발달수준(McWilliams, 1994), 내적 과정과 세상을 경험하는 방식을 포함하는데, 만약 상담가가 규범적이고 형식적인 각본 질문지 방식을 사용한다면 이를 알아내기 어려울 것이다. 유용하게 반응할 수 있는 각본 질문지 사용은 불가피한 정체성 통합이 결여된 인격장애/자기장애 내담자와의 작업에서 심각한 위협이 될 수 있고 조율되지 못할 수도 있다. 그런 접근은 위의 특정자들에게는 적대적인 방어 반응을 일으킬 만큼 위협적인 경험이 될 수도 있다(McWilliams, 1994). 전통적 면접 방식에 대한 비평 중 하나는 상담가가 내담자에 대한 정보를 한번에 얻기 위해 사용하여 '고정적'인 정보만을 제공한다는 점이며, 내담자의 경험의 양이 한정적일 때 진단하기 위해 사용한다는 점이다. 유동적이고 대화적인 태도로 작업하는 것은 내담자가 자신만의 방식으로 이야기를 하게 함으로써 상담가가 정보를 모을 수 있게 한다. 상담가는 상담 초기 단계에서 정서적 지지를 필요로 하는 내담자에게 지속적인 공감적 반응을 줄 수 있으며 이것은 상담동맹을 형성하는 데 도움을 준다.

나는 여기에서 각본분석을 위해 필요한 정보를 얻는 대안적인 접근을 제시하고자 한다. 이것은 동일한 정보를 얻는 순수한 효과를 가지면서도 자연스럽고 대화적인 흐름을 유지하는 데 좀 더 '조율된 태도'로 이루어진다. 먼저 상담가는 자신이 얻으려고 하는 정보가 무엇인지를 생각해 볼 필요가 있다. TA상담가는 일반적으로 내담자가 성장하는 동안 환경으로부터 얻은 금지령에 대한 몇 가지 가설, 내담자가 내면화한 역각본 슬로건의 종류, 관계에서의 각본 주제, 삶의 과정에 따른 전반적인 각본 주제, 인생태도, 모델링, 속성의 발달에 관심이 있다. 내담자와 함께 탐색하면서 상담가는 자신이 가장 관심을 갖는 각본 장치의 양상에 대해 생각할 시간을 갖고 이러한 정보가 상담가에게 줄 수 있는 것이 무엇인지 고려해 보자. 이러한 정보를 발견하기 위해 어떤 질문을 할 수 있을까? 내담자가 각본 양상에 관한 잠정적인 가설을 만들기 위해 어떤 정보를 상담가에게 줄 수 있을까? 내담자가 드러내지 않은 반응에서 상담가는 무엇을 관찰하고 경험할 수 있을까?

이러한 질문에 대한 생각을 하면서 만들어진 각본 질문지를 다시 고찰해 보는 시간을 가질 수 있다. 질문할 문항을 확인하고, 이 질문이 어떤 정보를 이끌어 내기 위해 고안되었는지 혹은 어떤 추론이 상이한 대답을 얻을 수 있는지를 주목하라. 자신만의 개인적인 상담 스타일에 맞추기 위해 이러한 질문을 어떻게 적용할 수 있으며 상담가가 관심을 갖는 특정 정보를 어떻게 찾을 수 있을까?

공식적인 면접 양식의 질문만을 사용하기보다는 내담자와의 작업을 통해 당신만의 버전을 추가해 보거나 훨씬 더 좋은 것을 넣어 자연스럽게 치료적 대화의 주제가 바뀔 때 질문해 보기를 추천한다. 예를 들어, 얼마나 칭찬받으려고 노력했는지를 이야기하는 내담자에게 상담가는 부모가 어떻게 칭찬했으며 무엇을 칭찬했는지를 질문할 수 있다. 그들이 칭찬받을 때 내적 과정은 어떠한가? 칭찬을 피하는가? 만약 그렇다면 어째서 그런가? 조사와 확대의 과정에서 감정의 세세한 부분을 얻고 명확히 하며 상황을 인지하는 것은 상담가에게 형식적인 면접 방식 없이도 각각의 내담자를 위한 각본분석과 진단을 발달시킬 수 있는 충분한 정보를 제공할 것이다.

36

구조적인 분석에 철저하기

TA진단은 구조분석과 함께 시작된다(Berne, 1961). 내담자의 교류분석 진단을 명확하게 하기 위해서 상담가는 내담자의 자아상태 구조의 과정과 내용을 관찰하고 추론한다. 이러한 추론은 자아상태 진단의 네 가지 방법을 통해 확인된다(#33 참조).

구조분석에서 연령에 따른 다른 어린이 자아상태와 다른 어버이자아의 내사가 포함된 상대적이고 명백한 힘이나 우세한 각 자아상태에 대해 기록하는 것이 유용할 것이다. 어느 자아상태를 가장 많이 사용하는가? 이러한 자아상태는 어떻게 사용되는가? 무엇이 충분히 사용되지 않았는가? 어버이 자아상태의 내사가 가장 강력해 보이는가? 혹은 무엇이 가장 치명적이고 해롭게 보이는가? 그것의 부재로 주목할 만한 것은 무엇인가? 상담실에서 흔히 나타나는 어린이 자아상태 대한 당신의 주관적인 감정은 무엇인가?

각 자아상태 분류의 내용, 영향, 방해는 점검될 필요가 있다. 2차 그리고 3차 구조 모델은 각 내담자의 전반적인 구조분석을 정교하게 한다(그림 36.1 참조). 나는 여기에서 기본적으로 2차 구조 모델의 용어로 과정을 설명하지만, 상담가는 진단을 정교화하기 위한 동일한 원리를 3차 구조수준에서도 사용할 수 있다. 2차 구조의 어버이 자아상태에서 어버이, 어른, 어린이 자아상태로 내사를 구분함으로써 각 어버이 자아상태의 내사를 분석한다. 어버이자아의 모습을 내사할 때 우리는 그들의 모든 자아상태를 내사한다. 내사가 완벽하다면 부모는 그들의 구조적 갈등 안에서 내사된다(Clarkson, 1992). 철저한 구조분석은 각 어버이 자아상태의 내사된 병리로 간주된다. 특정 어버이 자아상태 내사의 활성화는 급작스럽고 겉으로 보기에 어울리지 않는 것처럼 보일 수 있으며 때때로 상담실 안에서의 변화로 나타나기도 한다. 중요한 것

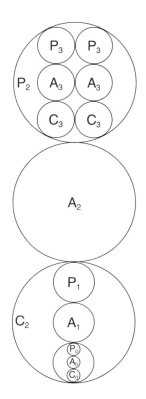

그림 36.1 3차 구조 모델(based on Berne, 1961)

은 상담가가 내사를 직접적으로 작업하기 전에 각 어버이자아의 내사에 대한 기본적인 진단을 해야 한다는 점이다. 이러한 진단은 (상담가가 내담자의 부모를 직접 만나거나 면접할 수 있는 기회를 갖지 않는 이상) 언제나 단지 추론과 순수한 가정일 뿐이다. 그러한 진단은 자아상태와 직접 작업하는 잠재적인 위험요인과 함께 병리의 깊이와 수준을 결정할 필요가 있다. 예를 들면, 폭력적이거나 난폭하거나 병적인 어버이자아상태에 의도적으로 집중하는 것은 일반적으로 현명하지 않다.

어버이자아와 어린이자아 모두 구조적 감각 안에서 다른 자아상태를 포함한다는 점에 주의하자. 어린이 자아상태로 보이는 것이 어버이 자아상태 안의 어린이 자아상태일 수 있으며 혹은 어른 자아상태로 보이는 것이 어버이 자아상태 안의 어른 자아상태일 수 있다. 번의 네 가지 진단방법을 모두 사용하는 철저한 진단은 그 순간에 보이는 자아상태처럼 드러날 것이다.

철저한 구조적 진단은 연령에 따른 다른 어린이 자아상태를 포함할 필요가 있다. 내담자는 자아상태 에너지의 연령과 발달 단계에 따라 질적으로 차이가 있는 어린이 자아상태를 드러내고 경험할 것이다. 이러한 진단과정은 내담자가 드러난 자아상태와 관련된 특정한 기억을 가지고 있는 역사적 진단을 포함하더라도 보통은 사회적 · 현상학적 진단을 사용하며 대체로 주관적이다. 사회적 · 역사적 · 현상학적 진단은 제시된 각각의 자아상태의 연령과 발달적 단계를 측정하는 데 활용되지만 행동적 진단은 내담자가 연령에 맞지 않은 행동을 하는 자아상태를 보일 수도 있기 때문에 여기에서 완전하게 신뢰할 수는 없다.

상담가는 내담자가 특정 자아상태를 제외하거나 배제하는지를 알아차리고 확인할 것이다. 자아상태의 제외 혹은 배제는 흔히 어린이 자아상태 안에서 일어난다. 또한 감춰진 자아상태는 설명될 필요가 있다. 이러한 억압 혹은 분리과정은 내담자의 구조 안에서 강력하게 일어날 것이며, 상담가는 그들의 존재가 바로 나타나지 않을지라도 격리된 자아상태의 존재를 기꺼이 고려해야만 한다.

37

역동적 구조분석을 위한 자아상태 대화 추가하기

구조분석을 할 때 내담자의 내면대화 내용과 과정을 고려하는 것은 도움이 된다. 구조분석에서 대화를 추가하는 것은 행동에서 각본을 묘사하는 역동적인 요소를 덧붙일 것이다. 번은 TA분석가에게 그가 '마음의 소리'라고 표현했던 이러한 대화를 설명하게끔 했다.

> 어버이, 어른, 어린이 자아상태 사이의 대화는 무의식적인 것이 아니라 전의식적인 것으로서, 이것은 의식으로 쉽게 가져올 수 있음을 의미한다. … 상담가는 무슨 일이 진행되고 있는지 이해한 다음 내담자에게 마음의 소리를 듣도록 허가해 주고 어린 시절부터 원래 가지고 있던 내면의 소리를 듣도록 가르쳐 주는 것이다. 여기에서 상담가는 몇 가지 저항을 극복해야 한다. 내담자는 "소리를 듣는다면 너는 미친거야."와 같은 어버이 자아상태의 명령에 의해 듣는 것이 금지될 수도 있다. 내담자의 어린이 자아상태는 자신이 듣게 될 내용에 대해 두려움을 가질 수도 있다. 혹은 내담자의 어른 자아상태는 자율성에 대한 환상을 유지하기 위해 자신의 행동을 지배하는 사람들의 말을 듣고 싶어 하지 않을 수도 있다. … 일반적인 규칙처럼 첫 번째 분아의 소리('나는 ~해야만 해', '내가 왜 그렇게 했지?' 등)는 어른 자아상태와 어린이 자아상태로부터 오지만, 두 번째 분아의 소리('너는 ~해야만 해' 등)는 어버이 자아상태로부터 온다. 내담자는 상담가의 격려에 힘입어 곧 자신의 마음속에서 들리는 가장 중요한 각본지령을 알아차리게 되고 상담가에게 이를 이야기할 수 있게 된다. (Berne, 1972: 369-70)

'당신'의 목소리는 초기 어린이 자아상태(C_1)에 대한 응징인 어린이자아 안에 있는 어버이자아(P_1 자아상태)로부터 오는 것일 수 있다.

내면대화에 대한 자각을 촉진시키기 위하여 내담자에게 한 주 혹은 그 이상 동안 자신의 내면대화를 알아차리고 그것을 기록해 보게 한다. 예를 들면, 내담자가 '듣는' 내면의 소리를 메모장에 적어 보게 할 수도 있다. 이 시점에서는 내담자에게 의식적으로 내면대화를 변화시키거나 도전하게 하는 것이 아니라 단지 내면대화를 알아차리게 한다. 상담가의 입장에서는 내면대화의 좀 더 풍성한 그림을 얻는 것이 진단을 하는 데 도움이 된다. 어떤 상담가는 부정적인 내면대화가 두려움을 강화시킬까 봐 여기에 집중하는 것을 꺼린다. 나의 경험으로 볼 때 이런 일은 일어나지 않는다. '소리'는 이미 거기에 있었고 소리의 내용은 이미 내담자의 마음속에 흐르고 있기 때문이다. 다양한 상황과 여러 사람과의 상호작용에서 생기는 대화의 미묘한 점은 그 당시가 아니면 감지하지 못하고 놓칠 수 있다. 내담자에게 몇 주 동안 항상 메모장을 휴대하도록 하며 대화의 특징을 기록하도록 하는 것은 다양한 상황에서 대화에 대한 자각을 증진시키도록 도움을 줄 것이다. 어떻게 시작되었는가에 대한 대화분석("실제로 누군가 당신에게 이런 얘기를 했나요? 그렇다면 누가 그랬나요?" 또는 "당신 자신에 대해 어떻게 그런 결론을 내리게 되었나요?")은 내담자의 자아 구조 안의 어디에서부터 대화의 특정 부분이 비롯되었는지를 알려 줄 수 있다. 예를 들어 비판적인 대화는 어버이 자아상태(P_2)에서 오는 것인가 혹은 어린이 자아상태 안에 있는 어버이 자아상태(P_1)와 같은 좀 더 근원적인 초기 어버이 자아상태에서 오는 것인가? 그러한 대화를 인식하게 되면 내담자는 열린 태도로 자각하므로 이후의 개입을 따르게 될 것이다.

상담가는 어떻게 개입할 것인가에 대한 몇 가지 선택을 갖고 있으며 포괄적으로는 상담가 자신의 흥미와 접근에 달려 있다. 인지치료사들이 부정적인 자동적 사고(NATS)(Beck & Beck, 1995)에 도전하는 방식과 비슷하게 대화에 직접적으로 도전하거나 질문함으로써 인지행동 방식이 사용될 수도 있다. 좀 더 정신역동적인 접근은 대화 자체에 내담자의 주의를 기울이게 하거나 의식적으로 갈등을 경험하게 하는 것이다. 대화는 개인의 역사적인 기원, 관계적인 소망, 대화 안에 암호화된 자신의 반응과 다른 사람의 반응에 대한 말로 탐색될 수 있다. 이 대화는 내담자가 상담과정과 상담가와의 관계에서 경험하는 내면대화를 자각하도록 반복적으로 요청함으로써 관계 안으로 가져올 수 있다.

내담자의 부모 각자가 내담자와의 관계에서 사용했던 상호작용하는 방법과 상호작용의 질을 기록하는 것은 좀 더 추가적인 도움이 될 것이다. 이러한 것들은 구조분석 도표의 대화 안에 포함될 수 있다. 예를 들어, 내담자의 부모 중 한 사람은 내담자를 비난하거나 화를 내고, 다른 한 쪽은 내담자를 무시했다면 이러한 상호작용은 아마도 심리내적으로나 현재 삶의 인간관계에서 반복될 것이며 내담자는 상담 상황에서 상담가로부터 그러한 반응을 예상할 것이다(Benjamin, 2003). 그러한 상호작용과 대화 안에 그것이 포함되어 있다는 것을 자각하는 것은 치료적인 자원이 된다. 베리와 후포드(Bary & Hufford, 1990)는 심리치료 종결에 있어서 내담자의 준비상태에 대한 지표를 강조하였다. 여기에 적절한 한 가지 지표는 "내담자가 변명하거나 비난하는 내면대화에서 양육적이고 안내된 내면대화를 가질 때"이며 이때가 바로 상담치료를 종결할 준비가 된 것이다(Bary & Huffor, 1990: 220).

38

문화적이고 종교적인 부모 고려하기

모든 발달과 모든 행동에는 문화가 깊이 스며 있고 개인의 성장과 삶은 문화적인 관계를 고려할 필요가 있다. (Tudor & Widdowson, 2008: 222)

어버이 자아상태의 구조분석과 각본분석을 할 때 분석가는 문화적 · 종교적인 어버이 자아상태의 영향을 무시하고 오로지 내담자의 부모와 부모가 내담자의 각본에 미친 영향에만 초점을 맞추기 쉽다. 특히 상담가가 내담자와 동일한 문화적 · 종교적 배경을 가졌을 땐 이러한 영향을 더욱 무시하기가 쉽다. 하지만 환경적 · 사회적 · 문화적 맥락은 우리의 각본에 의미 있는 역할을 한다. 문화적 (그리고 종교적) 내사는 우리의 내적 경험에 중요한 역할을 하며, 우리가 사회적 존재라는 이유와 다른 사람들과의 상호작용을 통해 암묵적인 방식으로 매일 강화된다(주류 문화에 속한 사람들은 더욱 그렇다). "지배적인 문화의 소망, 요구, 행동 그리고 사랑은 부모, 가족, 지역사회 관계를 통해서 내사되고 내담자의 자의식과 성격의 부분이 된다"(Shadbolt, 2004: 120-1). 모든 상담가는 은연중에 못마땅해하거나 노골적으로 비난하는 부모가 있다는 것이 개인의 성장하는 자존감에 강항 영향을 준다고 인식하지만, 이와 유사한 과정이 암묵적이고 무의식적인 수준에서 심리내적으로 자리 잡는다는 경험적인 사실은 간과하곤 한다. 이러한 과정은 내사된 문화적 어버이 자아상태의 영향을 받을 뿐 아니라 자의식과 어린이 자아상태 사이의 상호작용에 의해서도 영향을 받는다. 페미니스트의 활동은 우리의 성각본, 성에 대한 고정관념을 가진 어버이 자아상태, 강력하지만 드러나지 않는 가부장제도가 남녀 모두의 자존감과 사고방식, 기대, 행동을 형성한다고 주장하면서 처음으로 우리의 이목을 집중시켰다. 문화적 어버이 자아상태와 자의식 사이의 심리내적 상호작용은 의심할 여지없이 우리의 행동, 기대, 사고방식, 자존감을 형성한다. 상호작용하는 요소들은 우리의 성을 넘어서 문화, 인종, 성정체성, 우리가 누구인지를 형성하는 다른 요인들 속으로 침투한다.

쉬바내스와 히레마드(Shivanath & Hiremath, 2003)는 문화적 각본개념을 확장시켰고 문화적 각본요인을 설명하는 각본 매트릭스를 개발했다. 이 모델에서 그들은 가족 안에서 일어나는 각본, 개인의 종교적·문화적 각본, 대부분 백인이면서 이성애자인 더 넓은 문화적 각본의 세 단계를 발달시켰다. 문화적 각본은 간접적이고 은밀하다. 그것은 우리를 둘러싼 암시적인 메시지와 가치들로서 끊임없이 존재하며 사회, 정부, 종교기관, 미디어 같은 기관의 작업 방식과 가치에 영향을 미친다. 일례로 최근 패션 산업은 과도하게 체중미달의 모델을 고용하는 것으로 비판을 받아 왔는데 이것은 젊은 여성들에게 체중미달인 모델들의 이미지가 매력적이고 바람직한 것이라고 은밀하게 영향을 미치기 때문이다. 이러한 시도는 유명인들의 체중변화에 초점을 맞추며 체중 증가를 비난하고 체중 감소를 부러워하는 데 초점을 둔 잡지와 같은 미디어를 배경으로 일어난다. 어린아이의 사회화는 더 넓은 사회적 맥락에서 일어나며 개인에 대해서는 또래와 학교생활, 사회화와 아이들이 노출되어 있는 미디어의 힘 있는 영향력을 설명할 필요가 있다. 또래관계는 아이들에게 대단히 중요하며 이것이 자의식과 자존감 형성에 영향을 준다는 것을 고려하는 것은 중요하다.

사람의 일생에서 종교적인 측면 또한 목사나 신부 같은 종교적인 인물을 통해 개인의 어버이 자아상태의 일부분을 형성한다. 뿐만 아니라 종교기관, 종교규범, 행동규칙은 신념과 함께 강력히 내사된다. 종교적인 신념을 갖고 있는 많은 내담자는 "자신의 믿음의 깊이에 대해 상담가가 존중해 줄 것을 요구할 것이다"(McWilliams, 1994: 18). 심지어 종교를 거부해 온 사람들도 종교의 힘에서 제외되지는 못하며 종교적인 교육을 받고 자란 사람들이 성인이 된 후에 생활에 크게 영향을 받는 것은 이상한 일이 아니다. 도덕성, 내적 가치화 과정, 자신을 판단하는 방식, 개인적인 윤리의식 모두 종교적인 교육에 깊게 영향을 받을 수 있다.

다양한 문화나 지역사회와 작업하는 상담가로서 우리는 심리내적 수준과 문화적 각본
이 표현되는 두 가지 수준 모두에서 작업할 필요가 있다. 개인의 문화적 각본과 더 광범
위한 백인사회에서 만들어진 각본을 무시하는 것은 일상생활에서 일어나는 문화, 인종,
인종차별의 영향을 부인하는 것이 될 것이다. (Shivanath & Hiremath, 2003: 173)

또한 우리의 문화적 어버이 자아상태는 우리가 성 정체성을 어떻게 느끼고 경험할 것
인가에 대해 영향을 미친다. 사회화의 일부로서 우리는 성별과 일반적인 성 정체성,
그리고 우리 자신의 성적 지향에 대한 메시지를 내사한다. 이성애자가 아닌 사람이
자기수용을 더 많이 하기 위해서는 자신의 존재를 긍정적으로 보지 않는 문화적 어버
이 자아상태의 영향력과 억압적인 내사에 대처해야 할 것이다. 백인, 이성애자, 비장
애인과 같은 지배문화의 일원이 아닌 사람은 지배문화의 어버이 자아상태와 그들 자
신의 문화(하위문화)의 어버이 자아상태를 포함하는 2개의 문화적 어버이 자아상태
의 영향을 받게 될 가능성이 크다. 하위문화의 어버이 자아상태는 불가결하게 지배
문화와의 관계에서 형성되고 크게 영향을 받지만 차이가 있을 것이다. 문화적 어버이
자아상태의 기대에 순응하지 않는 개인은 불쾌함을 느끼거나 소외되기 쉽다. 하나의
예로, 아이를 갖지 않기로 선택한 많은 여성은 종종 자신의 선택이 이상하고 나쁜 선
택이거나 잘못된 것이라고 느끼기도 한다. 여성은 아이를 갖고 싶어 해야 한다는 지
배문화의 기대가 있기 때문이다. 이러한 문화적 기대와 다르게 사는 사람은 누구나
일상에서 수용되지 않을지도 모른다는 두려움을 갖고 살게 된다.

39

억압 고려하기

소속과 관련된 문제를 가진 내담자와 작업할 때 상담가는 내담자가 소속되지 않을 수도 있는 매우 실제적인 방식을 설명할 필요가 있다. 이러한 과정은 상담가 자신의 과정으로 시작하는 것이 좋다. 지금 이 책을 읽는 것을 잠시 멈추고 몇 분 동안 내담자의 차이에 대한 상대적 중요성과 당신 자신의 문화, 인종, 계급 배경, 성별, 성 정체성, 신체적 능력, 지적 능력, 경제적 위치의 의미 그리고 이러한 요인이 어떻게 당신의 정체성과 관계, 상호작용, 자의식을 형성하는지 생각해 보자.

내담자의 경험에서 가난과 경제적 요인을 고려하는 것 또한 중요하다. 가난과 관련된 억압은 많은 사람에게 변화를 위해 필요한 자원에 직접적인 영향을 미치며 상담에서 설명될 필요가 있다. 만일 당신이 배가 고프거나 집에 난방이 되지 않거나 뜨거운 물이 나오지 않는다면 성격을 바꾸는 것에 대해 생각하기란 매우 힘들 것이다.

상대적으로 상담가의 높은 지위와 교육수준에 대해 특히 민감한 교육을 받지 못한 내담자에게는 언어패턴도 억압의 상징이 될 수 있다. 과도하게 복잡하고 장황하며 형식적인 언어를 사용하는 것은 내담자와의 신뢰성을 강조하고 싶어 하는 상담가나 전문가적 페르소나를 나타내고 싶어 하는 상담가, 혹은 각본 문제를 아마도 진지하게 다루지 않아서 이끌린 자신을 '증명하고' 싶어 하는 상담가에게 미묘한 유혹이 될 수 있다. 억압을 고려하는 상담가는 자신의 언어가 내담자에게 매우 강한 영향을 미칠 수 있다는 것을 염두에 두고 민감하지만 거만하지 않게 내담자의 언어 스타일에 맞춰 나갈 것이다.

억압은 또한 난독증을 포함해서 '숨겨진' 장애와 관련이 있을 때는 더욱 미묘한 형태를 취할 수 있다(Lynch, 2007). 진단미확정이거나 오인된 난독증은 사고에 효과적으로 접근하기 위한 개선된 접근법이 필요한 사고능력이 뛰어난 내담자에게 '생각하지 마라' 금지령을 내리는 결과를 가져올 수도 있다. 사실상 난독증 내담자의 욕구에 맞춰지지 않은 방식으로 내담자에게 지시하여 이를 완수하지 못한 것을 저항으로 보는 것 또한 억압이다. 난독증을 가진 내담자에게 적절한 정보를 주기 위해서는 내담자가 상담가로부터 원하는 것이 무엇인지 간단하게 논의하고 작업할 것을 제안한다. 난독증을 가진 사람은 정보를 다르게 처리한다는 사실은 잘 알려져 있으며 효과적으로 소통하는 방법을 찾는 것은 상담가에게 약간의 변화를 요구한다. 여기에는 회기마다 상담의 속도를 다르게 하기, 길고 복잡한 설명을 피하기(나는 모든 내담자에게 길고 복잡하게 설명하는 것을 피하려고 한다.), 시각화나 다중감각적 접근 사용하기, 빈 의자 기법과 같은 활동적인 방법 사용하기 등이 포함될 수 있다. 유사하게 감각손상이나 감각장애를 가진 내담자들에게 필요한 것이 무엇인지 묻는 것이 적절하다(Lynch, 2007).

성적 지향은 억압이 일어나는 또 다른 영역이다. 사회에서 정상적인 존재 방식은 이성애이며 이성애가 아닌 것은 가장 불행한 것이고 가장 나쁘며 매우 죄악시되어야 한다는 암묵적인 가정이 있다. 섀드볼트(2004)는 내사된 동성애혐오증이 동성애자들에게 미치는 치명적인 영향에 대해 다음과 같이 기술하고 있다.

> 개인이 자신의 핵심 자의식에 확신을 갖고 있다 하더라도 주류인 이성애 문화에 소속되지 않고 관습적이지 않으며 심리내적으로 규범 밖에 놓여 있다면 그들이 매우 갈등적이며 연약할 것이라는 것을 이해하기는 어렵지 않다. … 그들은 아마도 동성애가 잘못되고 비정상적이며 문화적으로 수용되지 않는다는 느낌을 내사할 수도 있다. (Shadbolt, 2004: 116)

정말로 동성애자들은 매일 편견과 신체적 안전에 대한 실제적인 위협 속에서 살아간다. 어떤 사람들은 이러한 위협에 대해 자신의 진정한 성향을 감추는 방식으로 대처할 수 있다고 생각하며 비밀에 부친다. 이러한 맥락에서는 끊임없이 거짓으로 연기하는 이미지를 바탕으로 하기 때문에 어떤 수용이나 스트로크도 조건적일 뿐이다. 동성애자를 알게 된 이성애자들이 수용을 표현하는 것은 단지 관용일 뿐이며 애석하게도 때로는 조건적이다. 동성애자들이 사회로부터 내면화한 만연화된 메시지는 '존재하지 마라', '네 자신이 되지 마라', '소속하지 마라'를 포함한다.

각본 분석(*What Do You Say After You Say Hello*)에서 번은 '세 사람 간의 태도(three-handed positions)'를 포함시키기 위해서 인생태도에 대한 개념을 확대했다(Berne, 1972). 이 책에서 번은 'they're OK(or not)' 태도를 추가로 포함시키기 위해 'I'm OK(or not)'와 'you're OK(or not)'의 인생태도가 어떻게 움직이는지를 묘사했다. 세 사람 간의 태도분석은 개인의 경험과 억압에 대한 반응을 탐색하는 데 유익하며, 억압에 대한 다른 반응과 억압체계의 더 큰 사회적 분석을 위해서도 사용될 수 있다. 예를 들어, 사회적으로 소외된 많은 집단은 그들의 투쟁을 정당화하고 공동체 의식을 발달시켜 외부세계의 적대감에 대한 반응에 소속되는 방법으로서 'I'm OK－you're OK(당신은 한 편이므로)'와 'they're not OK'의 태도를 발달시킨다. 이러한 태도는 지배적인 다수에 속한 사람들에게는 진실일 수 있으며 정치적 태도를 취하는 사람들과 신문 구독자들은 'OK'이고 위협자들(이민자, 유럽인 정부, 동성애자 등)은 'not OK'로 여기는 타블로이드판 신문에서 종종 볼 수 있는 태도이다. 이러한 태도는 효과적으로 분열기제의 사용과 방어기제로서 교화의 사용을 사회적으로 조장한다(Gomez, 1997; Hargaden & Sills, 2002; McWilliams, 1994).

40

각본수준 : 각본원형과 상응하는 각본

우리는 TA에서 각본 구조의 두 가지 주요한 수준을 발견했는데 그것은 각본원형(protocol)과 상응하는 각본(script proper)이다(Berne, 1972). 이러한 각본수준은 자아상태 구조의 다른 수준과 일치한다(그림 36.1 참조)

일상생활에서 각본원형이란 말은 사람들이 어떻게 상호작용하는지에 대한 일련의 규칙을 말한다. TA용어로 각본원형은 우리가 다른 사람과 어떻게 상호작용하는지, 그리고 아동기 때부터 발달시켜 온 것으로서 다른 사람들이 우리에게 어떻게 반응하기를 기대하는지에 대한 암묵적인 일련의 규칙을 의미한다(Berne, 1972). 각본원형은 우리의 잠재적인 기억체계를 포함한다. 각본원형은 각본의 가장 최초의 수준이며 무의식적 수준에서 작동한다. 해마는 본질적으로 우리의 의식적이고 분명한 기억과 관련되며, 3세 무렵까지는 완전히 형성되지 않기 때문에 이러한 신경학적 성숙에 앞서 일어난 사건들은 의식적인 수준에서 기억하지 못한다. 초기의 해마형성 시기에 우리의 뇌는 여전히 발달하고 있다. 모든 자극은 작은 아몬드 모양의 구조를 가진 편도체에 의해 처리되며, 편도체는 태어날 때부터 완전히 형성된 것으로서 자극에 정서적인 유의성을 추가함으로써 모든 감각자극을 처리한다. 편도체는 우리의 의식 너머에서 작동하는 비판적 정서 기억에 놓여 있다. 정서적 규칙을 담당하는 뇌의 한 부분인 안와전두피질은 3세 무렵까지는 완전히 형성되지 않는다. 정서 반응을 스스로 조절할 수 있거나 달랠 수 있기 전에 경험한 자극은 모든 에너지가 소모되는 것으로써 발달하는 영아에게는 마치 공포를 겪는 것처럼 감당하기 힘들고 불쾌한 감정을 형성한다. 언어 발달 이전의 초기 단계에서 핵심적인 정서적 · 관계적 패턴은 발달 중인 뇌에 새겨지고 저장된다. 스턴은 이러한 발달과정을 일반화된 상호작용의 표상(representations of interactions which are generalized, RIGS)이라고 알려진 내면 패턴의 형성으로 묘사한다(Stern, 1985). 자신과 다른 사람에 대한 암묵적인 초기 경험은 우리의 인생태도(Berne, 1972)와 각본의 가장 근본적인 관계적 양상인 각본원형과 통합된다. 각본원형은 자아상태 구조의 3차 수준에서 일어나는 것으로 여겨진다.

3세 무렵 이후부터는 해마와 뇌의 기억중추의 발달 및 언어량의 발달과 더불어 각본 특성이 상응하는 각본(Berne, 1972)을 개발하기 위해 변화한다. 이 수준에서 각본은 종종 전의식적이며, 무의식적 각본원형과는 대조적으로 자아상태 구조의 2차 수준에서 작동한다(Hargaden & Sills, 2002). 개념적으로 우리는 각본의 세 번째 수준을 생각할 수 있는데 나는 이것을 이야기 각본(narrative script)이라고 부른다. 이것은 자아개념을 포함해서 완전히 의식적으로 생각할 수 있는 각본의 양상을 말한다. 나는 자아상태 구조의 1차 수준에 있는 각본과 관련된 이야기 각본 문구를 사용한다. 이야기 각본은 서술적이고 일화적인 기억과 연관되어 있으며 이를 통해 개인은 경험과 상호작용, 감정, 결정과 신념에 대한 명확한 기억을 갖는다.

41

구조수준 확인하기

자아상태 모델은 단지 이론이며 임상적으로 유용한 은유이다. 세분화된 많은 자아상태가 있지만 자아상태 모델을 사용하기 쉽게 세 가지 수준의 구조로 나누었다(Berne, 1961)(그림 36.1참조). 3개의 구조수준은 발달시기에 따라 성격의 영역을 임의적으로 구분한 것이다. 3차 구조는 가장 어린 시기인 영아기와 관련된다. 2차 구조는 유아기와 관련되고, 1차 구조는 후기 언어발달 단계와 관련된다. 때때로 초보 TA분석가들은 내담자의 특정한 경험이 어떤 수준(순서)의 구조에 위치하는지 확인하게 위해 애쓴다. 자아상태 모델이 시각적이고 개념적인 은유이므로 특정한 경험의 구조수준을 구분한다는 '그 자체'는 모호한 접근 방식이다. 가장 적절한 구조수준을 진단하는 것은 임상적으로 가장 유용한 것이 무엇인지에 의해 결정된다. 각 구조는 어느 정도 중복되는 부분이 있으며 실제 문제가 단순히 한 가지 구조수준에만 속한 경우는 거의 없지만 각각의 수준에서 구조를 가지고 작업하는 것은 치료적 접근에서 약간의 수정이 요구된다.

그렇다면 TA분석가는 구조분석에 어떻게 접근하는가? 어떤 자아상태에 '속하는가'를 확인할 때 신념/경험/감정의 특징을 조사하고 만일 개인사적으로 내담자가 만들어 낸 것이라면 그것은 어린이 자아상태이다. 만일 내사되었거나 외부요인에서 온 것이라면 그것은 어버이 자아상태이다. 그리고 지금-여기에서의 경험이라면 어른 자아상태이다. 때때로 신념은 한 가지 이상의 자아상태에서 일어날 수 있는데, 예를 들어 부모 혹은 선생님 같은 어버이적 인물에 의해 어리석다고 들었다면 어버이자아의 내사인 '나는 어리석다'를 어린이 자아상태 신념으로 가질 수 있다. 만약 불어를 할 수 없는 사람의 경우라면 어른 자아상태 신념은 단순히 '나는 불어를 할 수 없어'라고 할 것이다. 어린이 자아상태 신념은 '나는 언어에 재능이 없어'라고 할 수도 있다. 예를 들어, 학교에서 선생님으로부터 "너는 희망이 없어."라는 말을 들은 사람이나 언어를 배우는 것은 시간 낭비라고 믿는 부모를 둔 사람이라면 어버이 자아상태 내용은 어린이 자아상태의 내용과 일치할 수도 있다.

초기의 자아상태 구조는 후기 구조의 원형을 형성하며(Widdowson, 2005), 범주에 따라 연결된다. P_0, P_1과 P_2는 모두 연결되며 내면화된 '타인'을 나타낸다. P_0와 P_1은 매우 초기에 내사된 것이다. P_0와 좀 확대된 P_1은 '타인을 통제하는 정서'(Schore, 1999)를 나타내는 것으로 생각될 수 있고 신경의 발달과정을 통해 자신의 일부로 내면화되거나 경험된 부모를 감정적으로 가지고 있는 것으로 볼 수 있다. C_0, C_1과 C_2는 모두 연결되어 있으며 개인사적으로 경험된 자기 자신이다. A_0, A_1과 A_2도 모두 연결되어 있으며 각각은 집중된 자아상태의 실제 연령에 가장 적합한 연령이다(Hargaden & Sills, 2002).

때로 2차와 3차 구조수준에서 어버이 자아상태, 어른 자아상태, 어린이 자아상태를 구분하는 것은 어려울 수 있다. 다행히도 효과적인 TA상담은 구조분석에서 융통성 없이 형식에 얽매이거나 정밀성에만 의존하지 않는다. 연결된 어버이 자아상태와 어린이 자아상태(다른 사람의 경험, 자신의 경험 및 둘 사이의 주관적이고 질적인 관계)는 광범위하게 동시에 집중되어 있기 때문에 오로지 한쪽으로만 영향을 미치는 것은 거의 불가능하다(Little, 2006).

42

각본체계 구성하기

내담자와 각본(라켓)체계를 살펴보기로 결정했거나(Erskine & Zalcman, 1979; Erskine et al., 1999), 내담자가 준 정보로부터 엮은 각본체계 도표(script system diagram)를 공유하기로 결정했다면 세심하고 조심스럽게 시작하는 것이 중요하다. 내담자에게 각본체계를 설명할 때 나는 종종 '회로판'을 예로 든다. 이 말은 대부분의 사람이 이해할 수 있는 용어이며 내담자가 상담을 받으러 오게 된 이유이자 문제적 경험을 보는 방식인데, 특히 남자들이나 '기계적인' 내담자들의 관심을 끈다. 각본체계를 수집하는 것은 한 개인의 증상(신체적 경험을 포함), 오염, 핵심 각본신념과 관련된 기억의 역동을 순간적인 사진처럼 보여 준다.

각본신념

자신, 타인, 그리고 세상이나 삶에 대한 신념의 세 가지 주제하에서 각본신념을 밝혀내는 것은 일반적으로 매우 도움이 된다. 내담자에 대해 생각할 시간을 갖고 위의 세 가지 영역에서 내담자의 각본에 대한 가설을 발전시키는 것은 내담자의 각본신념의 다른 영역과 각본신념들이 어떻게 상호작용하는지를 이해하는 데 도움이 된다.

　이것은 신념을 '단계적'인 방식으로 작동한다고 고려함으로써 더욱 정교해질 수 있다. 인지행동 치료는 개인이 가지고 있는 제한적이며 무익한 신념의 다른 수준을 범주화하는 데 초점을 맞추어 왔다. 인지행동 치료사는 내담자가 특정한 자극과 관련하여 경험하는 부정적인 자동적 사고(NATS)를 찾을 것이다(Beck & Beck, 1995). 부정적인 자동적 사고의 저변에 일련의 가정이 있고 핵심신념이 있다. 부정적인 자동적 사고, 가정, 핵심신념은 오염과 디스카운트, 핵심 각본신념과 상호적으로 관련된다.

각본신념을 이끌어 내기 위한 질문은 "그래서 언제 정말 끔찍하다고 느꼈나요? 당신 머릿속에서는 자신에 대해 뭐라고 말하나요? 당신은 어떤 사람인가요?", "언제 그렇게 느끼시나요? 다른 사람들에 대한 당신의 관점은 무엇인가요?", "당신은 언제 기분이 나쁜가요? 당신은 일반적으로 삶을 어떻게 보나요?"와 같은 것들이 있다.

각본체계에 대한 자료를 수집하여 내담자의 각본신념을 추론할 때 내담자의 각본에 놓여 있는 각본신념과 핵심의 여러 '단계'를 구분하는 인지행동적 분류를 적용하고 싶을 수도 있다. 종종 이러한 각본신념은 '나는 사랑스럽지 않아', '나는 무가치해', '나는 원래 나빠'와 같다.

얼스킨과 잘크만(1979)은 이러한 신념을 오염된 것으로 간주하며 대체로 서로 강화시킨다고 본다. 나의 관점에서 볼 때 어떤 각본신념은 오염되었지만 '나는 원래 나빠'와 같은 더 깊은 각본신념은 좀 더 확실히 각본결정을 하게 하고 오염에 의해 더욱 강화될 것이라고 본다.

각본 드러내기

각본 드러내기는 내담자의 주관적인 내적 경험에 대한 보고와 외적으로 스트레스 상황에서 관찰되는 행동에 대한 내담자의 보고를 포함한다. 내담자가 '기분이 나쁠 때' 갖는 내적 경험에 대한 질문으로부터 상담가는 감정상태와 여기에 동반되는 미묘한 생리적 변화의 경험에 대한 내담자의 자각을 더욱 촉진시킨다. 이런 자각 과정은 감정의 흐름에 동반되는 신체적 단서를 내담자가 잘 자각할 수 있도록 하는 데 도움이 된다. 감정상태의 신체적 측면에 대한 자각을 강화시키는 과정을 통해 내담자는 자신의 감정에 대한 주도권을 갖게 된다. 종종 압도당하는 것 같은 분노나 두려움의 감정은 시작, 발달, 심지어 관련된 인지과정에서조차 내담자를 예민하게 할 수 있는데, 이것은 직접적으로 문제적인 감정과 맞붙는 기회이자 또한 다양한 행동적 전략을 사용하거나 의도적으로 내면대화를 바꿈으로써 문제에 대해 감정이 가속화되는 것을 막는 기회가 된다. 내적 경험은 심신 증상과 장애를 포함할 수 있으며 편두통이나 과민성 대장증후군처럼 스트레스에 의해 악화된 장애를 포함할 수 있다.

관찰 가능한 표현과 관련된 정보는 내담자에게 다음과 같이 질문함으로써 수집할 수 있다. "만약 제가 비디오카메라를 가지고 있거나 '벽에 붙어 있는 파리'라면 당신이 이렇게 느낄 때 저는 당신이 실제로 무엇을 한다고 볼까요?" 정보를 수집하는 것은 자신의 감정이 행동적이고 관찰 가능한 수준에서 어떻게 작동하는지에 대한 내담자의 자각을 향상시키고, 내담자의 감정적 행동이 어떻게 다른 사람에게 영향을 미치는지를 탐색하게 한다(다른 사람들의 반응에 의지하는 각본신념을 더 강화시킬 수도 있다). 상담가가 생각하기에 도움이 된다면 내담자는 관찰 가능한 각본표현의 더 많은 정보를 얻기 위해 가족이나 친구들에게 그들이 아는 것에 대해 구체적인 의견을 물어볼 수도 있다.

각본 환상의 분석에서 상담가는 각본결말에 대한 내담자의 환상이 무엇인지 발견할 것이다. 이러한 환상들은 종종 파국을 예고하며 유기, 거절, 소멸의 주제를 갖기도 한다. 그렇지 않으면 이상화되거나 극적으로 내담자의 상황을 바꾸거나 내담자가 한 번도 경험해 본 적 없는 이상적인 어린 시절을 마법적으로 제공해 주는 정체불명의 구원자적 요소를 포함하기도 한다.

기억 강화하기

내담자의 각본신념의 '증거'가 되는 상황의 기억 혹은 강화된 기억은 종종 내담자에게서 이끌어 내기 매우 쉽다. 이러한 기억은 상태-의존 기억과정을 통해 접근 가능하다. 상태-의존적 기억이란 우리가 어떤 상황에 있을 때 그 상황과 일치하는 기억에 좀 더 쉽게 접촉하는 것을 의미한다. 다시 말해 당신이 오랜 친구와 함께 있는 동안 재미있는 사건이나 상황이 점점 더 많이 기억났다면 당신은 상태-의존적 기억을 경험한 것이다. 이와 유사하게 우울하거나 마음에 상처를 받은 사람은 이와 관련된 감정적 기억의 끝없는 소용돌이에 부딪힐 것이다. 기억 강화는 아주 어린 시절의 기억을 포함하지 않는다는 점을 주의하는 것이 중요하다. 이것은 대략 3세 이전에 일어난 일에 대한 구체적이고 단편적이며 언어적 기억과 관련된 '유아기 기억상실(childhood amnesia)' 때문이며 이 시기는 기억과 관련된 뇌의 신경 발달이 부족하기 때문이다(하지만 사건은 여전히 무의식적으로 암호화되며 표현되고 암묵적 기억에서 일어날 것이다).

　무엇이 라켓감정인지를 결정할 때 우리는 라켓감정을 대체감정으로 고려한다는 사실(English, 1971)과 대체감정은 이후의 신경의 방어로 간주하므로(Klein, 1957; Terlato, 2001), 초기 단계의 심각한 병리[예컨대 경계선 인격장애와 같이 자기장애(disorder of the self)를 지닌]를 가지고 있는 내담자는 좀 더 초기의 원시적인 방어에 의존하기 때문에 방어수단으로 대체감정을 거의 사용하지 않을 것이다. 또한 어떤 사람들에게는 억압된 감정이 라켓감정과 동일할 수도 있다. 이 경우에는 억압된 감정이 고착화된 것처럼 되고 내담자는 감정을 해결하려는 시도가 '반복적으로' 실패했다는 느낌을 갖게 된다. 모든 내담자는 정신내적 각본체계를 가질 것이며 그럼으로써 각본체계를 수집하는 데 시간을 쓰는 것은 상담가에게 내담자의 심리내적 과정에 대한 상세하고 사실적인 묘사를 제공해 줄 것이다.

43

대항각본 탐색하기

슈퍼바이저 : 그럼 내담자의 대항각본에 대한 당신의 진단은 무엇인가요?

수련생 : '절대적으로 완벽하라, 그리고 강하라'이며 약간의 '다른 사람을 기쁘게 하라'입니다.

이런 종류의 대화는 대부분의 TA 슈퍼바이저나 수련생에게 익숙할 것이다. 하지만 수련생의 반응은 완전하지 않으며 사실 질문에 대한 대답도 아니다. 드라이버는 대항각본의 기능적·행동적 징후이다(Stewart & Joines, 1987). 드라이버를 대항각본으로 열거하는 것은 단지 부분적인 행동적 진단만을 제공한다. 드라이버는 문화적으로 깊이 자리 잡고 있고 어느 정도는 대부분의 (서구)문화에 실재하는 행동들이며 또한 각각의 드라이버는 거의 모든 사람에게 있다. "한 개인의 대항각본에 대한 분석은 내담자의 각본과정과 관련된 중요한 정보를 제공해 줄 수 있는데 이것을 다섯 가지 행동패턴으로 줄여서 분류하는 것은 축소시키고 제한시키는 것이다"(Tudor & Widdowson, 2008: 222).

　대항각본 메시지를 주목해 보면 내담자가 부모 혹은 어버이적 인물, 더 나아가 사회로부터 내사한 모든 종류의 '삶의 규칙'이 드러날 것이다. 대항각본 메시지의 분석은 내담자가 여전히 대항각본에 의해 크게 영향을 받고 있음을 드러낼 수 있다. 이러한 메시지는 우리에게 아주 익숙하고 흔한 '당위'와 '의무'를 포함할 수도 있다. 전체 각본 역동의 일부로서 대항각본 메시지는 오염을 지지하고 유지시킨다. 대항각본 메시지는 가족원 전체에게 "우리는 결코 운이 없어. 우리에게는 나쁜 일만 일어나."와 같이 더 확장된 각본 주제를 제시하는 가족 슬로건을 포함한다. 이러한 대항각본 슬로건은 분명히 개인에게 비관적인 관점의 영향을 미치며 '비승자' 혹은 '패자'각본을 유지시키고 발달시킬 것이다(Berne, 1972). 대항각본 메시지는 고통에 대한 명백한 기대를 가지고 대항각본 신념이 타당하다는 증거를 뒷받침하는 파괴적 게임에 참여하게끔 영향을 미친다. 내담자는 자신의 대항각본을 강화시키는 사회, 가족, 문화집단을 향해 계속 나아갈 수도 있다. 비록 대항각본 메시지가 다른 사람을 돌보거나 열심히 일하는 것처럼 어느 면에서는 도움이 될 수도 있지만 대항각본을 따를지 말지에 대한 선택의 자유를 가지고 있지 않다면 개인은 각본에 얽매여 있는 것이다. 어떤 점에서 대항각본은 방어적으로 작동하여 금지령의 영향을 느끼는 것에서 내담자를 보호한다. 이러한 긴장은 리(Lee)의 '물에 빠진 사람(drowning man)' 도식(Lee, 1998)에서 사실적으로 묘사되어 있으며 금지령은 사람을 물속으로 끌어내리려는 반면 대항각본(비록 도식에서 리가 드라이버를 사용했더라도)은 사람을 물에 뜨게 해 주는 부력과 같은 역할을 한다.

대항각본 분석은 잠재적이고 제한적인 금지령의 파괴적인 힘에 대항하여 보호하기 위해 사용하는 삶의 어떤 규칙들을 제시할 것이다. 내담자의 대항각본을 탐색하는 동안, 상담가는 잠재된 금지령이 다루어질 때까지는 대항각본과 대항각본 행동을 직면하지 않음으로써 치료적 보호를 향상시킨다.

상담을 받으러 오는 내담자는 종종 대항각본을 따르는 것을 초기 상담목표로 삼곤 한다. 하나의 예로 열심히 일하고 더 많은 돈을 벌고 높은 사회적 지위를 얻는 것에 가치를 두는 대항각본을 가진 내담자는 더욱더 생산적으로 일하고 승진하는 것을 상담목표라고 설명한다. 대항각본 슬로건을 포함해 내담자의 대항각본에 대한 주의 깊은 분석은 상담가와 내담자에게 내담자의 각본이 어떻게 드러나는가에 대한 통찰력을 준다. 클락슨은 "심리치료사의 지시, 허가, 가치, 예시가 부모의 한쪽 또는 양쪽의 대항각본 메시지를 어떻게 대신하곤 하는지"에 대해 논의했다(Clarkson, 1992: 35-6). 이것을 변화과정에서 인식하는 것은 중요한 부분이며 그녀는 다음과 같이 말한다.

그런 일이 **발생한**(문제적) 것은 아니지만 상담가와 내담자는 그것을 목표점으로 삼는 실수를 할 수도 있다. 만일 사람들이 여기에 사로잡혀 좀 더 근본적인 '각본수준'에서의 변화 없이 상담을 종결한다면 이러한 계약상의 변화는 스트레스 상황에서 불안정하며 시간이 지남에 따라 신뢰할 수 없게 된다. (Clarkson, 1992: 36)

내담자의 대항각본 분석은 상담가와 내담자에게 내담자의 각본에 관하여 더욱 많은 정보를 제공할 뿐만 아니라 자율로의 여행에서 추가적인 이정표가 된다.

44

게임 분석하기

첫째, 내담자와 게임분석에 대해 논의할 때 '게임'이라는 단어를 사용하는 것은 별로 도움이 되지 않는다. '게임'이라는 단어에는 경멸적인 의미가 함축되어 있으며 (Woods, 2000), 상담가가 조종하는 것을 암시하거나 내담자가 의식적인 조종을 받는다고 여겨지게 하는 경향이 있다. 나는 '도움이 되지 않는 관계패턴'이라는 용어를 사용하는 것이 일반적으로 더 잘 받아들여질 뿐만 아니라 각본을 강화시키는 무의식적인 상호관계 실연으로서 게임의 본질을 좀 더 정확하게 전달할 수 있다는 것을 안다.

게임분석은 TA에서 수년에 걸쳐 극적으로 변화해 왔다. 1970~1980년 동안 TA상담가들은 게임에 걸려드는 도발자(con)를 관찰하고 직면시켰다(Berne, 1964). 번의 G 공식(Berne, 1972)에 따라 많은 게임분석의 방법이 자주 사용되었는데 제임스의 게임 플랜(James, 1973)이 대표적이다. 이러한 방법들은 게임이 상대적으로 예측 가능한 연속적인 사건들이므로 의식적으로 알아차릴 수 있다고 가정한다. 비록 이런 경우가 자주 일어나긴 하지만 나의 임상적 경험으로 볼 때 어떤 게임은 무의식적으로 일어나기 때문에 그러한 방법은 좋은 결과를 가져오지 못한다. 더 나아가 게임은 개인의 각본과 떼어 놓을 수 없는 밀접한 관계를 갖고 있으므로 잠재된 각본 문제를 다루지 않는다면 게임은 다른 상황에서 다시 나타날 것이며, 처음에 게임의 의미에 대해 충분히 설명하지 않고 이를 직면한다면 아마 훨씬 더 은밀한 형태로 나타날 것이다.

내담자의 관계패턴을 탐색할 때 상담가는 게임을 강화시키는 잠재된 각본 주제가 드러날 수 있는 지표와 내담자가 사로잡혀 있는 게임의 패턴을 경청한다. 따라서 완전한 게임분석은 게임의 잠재된 동기에 대한 인식과 게임이 상징적으로 나타내는 원래의 시나리오에 대한 감각을 필요로 한다. "게임의 깊은 동기를 이해하기 위해서는 게임을 만들어 내는 무의식적 갈등을 알아낼 필요가 있다. … 게임의 스위치는 무의식적 갈등을 다루기 위해 만들어진 것이다"(Terlato, 2001: 106).

게임이 과거의 상징적 재연이나 (종종 내담자와 부모 사이에서 일어난) 갈등적인 상호작용의 재연으로 고려된다면, 게임은 의사소통의 형태로 이해될 수 있다. 즉 "치료적 맥락에서 볼 때 내적 시나리오를 외현화하거나 나타내는 것은 내담자의 본질적인 내적 갈등을 상담가와 의사소통하고자 하는 무의식적 시도이다"(Woods, 2000: 96). 또한 "게임은 상호관계의 형태 안에서 외부 세계에 대한 내적 시나리오의 외현화 혹은 투사이다"(Woods, 2000: 94). 그러므로 게임분석은 게임이 내포하고 있는 무의식적인 의사소통의 특성에 대해 고려해야 한다.

게임 실행은 그들의 내적 갈등을 드러내는 것이며 그렇게 함으로써 어린이 자아상태와 어버이 자아상태의 내적 공격과 갈등을 일시적으로 멈추게 할 수도 있다. 내적 공격의 감소와 갈등의 표출은 본래의 게임 시나리오가 명료화되거나 혹은 강화될 수 있게 한다. 따라서 상담실 안에서 게임이 일어나면 내담자의 게임은 부분적으로 허용되어야 하는 동시에 자제되어야 한다(Bateman & Fonagy, 2006). 이것은 번의 '게임적량(game dosage)'(Berne, 1972) 개념과 일치한다.

진행 중이며 일어나고 있는 내담자의 게임을 분석할 때 상담가가 고려해야 하는 질문은 다음과 같다.

- 게임이 반복하고 있는 원래의 시나리오는 무엇인가?
- 게임이 강화하는 자신에 대한 신념은 무엇인가?
- 게임이 강화하는 다른 사람들과의 관계에 대한 신념이나 기대는 무엇인가?
- 충족되지 않은 본래의 관계적 욕구는 무엇인가? 이러한 욕구의 충족이 대인관계에서나 심리내적으로 미치는 영향은 무엇인가?
- 게임이 다루려고 하는 핵심 갈등의 특성은 무엇인가?
- 내담자가 게임을 통하여 상담가와 의사소통하려고 하는 것은 무엇인가?
- 내담자의 게임에서 상담가의 역할은 무엇인가? 게임에 대한 상담가의 취약점은

무엇인가? 내담자의 게임은 상담가의 각본의 어떤 면을 강화시키는가?

- 내담자를 가장 효과적으로 상담하기 위해서 상담가 자신의 감정을 가장 잘 다룰 수 있는 방법은 무엇인가?
- 게임을 이해함으로써 상담가와 내담자 모두 치유될 수 있는 것은 무엇인가?

45

내담자의 안전을 이해하기 위한 틀로서의 도피구

도피구 차단은 TA이론에서 논란이 많은 부분이다. 드라이와 동료들(Drye et al., 1973), 할로웨이(Holloway, 1973), 보이드와 콜스-보이드와 동료들(Boyd & Cowles-Boyd et al., 1980) 그리고 최근에는 스튜어트(Stewart, 2007)가 이를 발달시켰다. 도피구 차단의 핵심 전제는 개인이 비극적인 각본의 일부로서 '도피구'를 구체화할 수 있다는 것이다. 도피구는 우리가 일반적으로 추측할 수 있듯이 긍정적인 것이 아니라 상황으로부터 도망가는 것이다. TA에서 주목하는 전통적인 세 가지 도피구는 자신을 죽이거나 해치기, 다른 사람을 죽이거나 해치기, 그리고 미치기이다. 어떤 TA상담가는 도망가기를 네 번째 도피구로 추가한다. 만약 한 개인이 각본 안에서 도피구를 열어 놓았다면 '상황이 매우 나빠진다면 나는 자살하거나 다른 사람을 죽이거나 해칠 것이며 또는 미치거나 도망갈 것이다'라고 믿는 것이다. 이것은 비극적 각본의 증상으로 보이며 3도 게임의 정점이 될 수도 있다.

당신이 도피구 폐쇄과정을 사용하는지 아닌지에 관계없이 도피구의 개념은 위험과 내담자의 안전을 개념화하는 데 유용하다. TA는 분명 내담자 보호에 큰 비중을 둔다(Crossman, 1966). 하지만 보호는 내담자가 도피구를 차단하게 하는 것에서 더 나아가는 것이다. 어떤 특정 내담자가 특정 시기에 자살하거나 스스로를 해치는 경로, 다른 사람을 죽이거나 해치는 경로, 미치거나 도망가는 경로를 따라 잠재적인 가능성이 있는지를 고려하는 것이 도움이 될 것이다.

드라이(2006)는 진단도구로서 '상해를 입히지 않겠다는 계약'을 사용할 것을 권한다.

나는 실제 자살에 대한 시도나 생각, 자기파괴적인 행동, 위험한 행동, 자학적 농담 등을 포함하여 내담자에게 자살의 위험이 있을지도 모른다고 믿을 때마다 이러한 상황을 명확히 하기 위해 테스트를 한다. 나는 "무슨 일이 일어나든 우발적으로나 의도적으로나 자살하지 않겠습니다."라고 크게 말해 주세요. 그리고 방금 당신이 한 말에 대해 어떻게 느끼는지 이야기해 주세요. 만약 내담자가 "그건 사실이죠."라고 말한다면 위험평가는 완료되었으며 상담계획은 지속될 수 있다. (Drye, 2006: 1)

드라이는 내담자가 상해를 입히지 않겠다는 계약을 지키지 못할 만한 이유가 되는 말과 단서에 특히 주의를 기울이라고 권했다. 그는 내담자가 스스로를 안전하게 지키도록 준비하는 기간을 갖도록 간격을 늘려 가면서 진술을 반복적으로 말하게 할 것을 제안했다. 흥미롭게도 드라이는 이 도구가 단지 자살 위험을 탐지하는 데는 유용하지만 자해하려는 내담자를 탐지하거나 이를 막는 데는 효과적이지 않다고 말한다.

"도피구 차단에서 내담자는 세 가지 비극적 선택을 단념하기 위해 **어른자아**와 약속한다. 더 나아가 자신이 상황에 책임이 있다는 것을 받아들인다. 내담자는 상황을 변화시킬 수 있는 힘이 있음을 인정한다"(Stewart, 2007: 102). 도피구 차단은 내담자의 어른 자아상태에서 이루어지는 과정이며 내담자로 하여금 어떤 상황에서도 자살하거나 다른 사람을 죽이거나 해치지 않으며 미치지 않겠다는 것을 결정하게 한다. "도피구 차단 절차는 내담자가 비극적인 선택을 할지도 모른다는 어린이자아의 이슈를 설명하려는 것이 아니다"(Stewart, 2007: 102). 도피구 차단, 특히 '상해를 입히지 않겠다는 계약'을 내담자에 대한 지속적이고 빈틈없는 위험평가를 위한 대체수단으로 여겨서는 안 된다. 도피구 차단이 아무리 내담자에게 적절해 보이더라도 이후에 위험한 행동이나 3도 행동에 관여되지 않는다는 보장은 없다. 그럼에도 불구하고 많은 TA 상담가는 30년이 넘게 이러한 방법을 성공적으로 사용해 왔다(Drye, 2006). 스튜어트(2007: 110)는 도피구 차단과 상해를 입히지 않겠다는 계약을 명백히 구분한다. "계약은 내담자와 상담가의 동의하에 재검토되고 재협상될 수 있으며 바꿀 수 있다. 하지만 도피구 차단의 본질은 내담자의 결정이 취소될 수 없고 협상될 수 없다는 데 있다."

도피구에 관해 생각해 보면 가능성 있는 각각의 도피구와 관련 있는 행동이 연속적으로 일어나는 것처럼 고려될 수 있다. 자신이나 다른 사람을 죽이거나 상해를 입히는 도피구는 행동 범위가 연속적으로 작동할 수 있다는 것을 쉽게 알 수 있다. 또한 여기에는 심리적·정서적 상해가 포함될 수도 있다. 자해를 하는 경우 여러 가지 행동이 포함될 수 있지만 이러한 행동들도 여전히 도피구와 관련되어 있다. 볼리스턴-마듈라(Boliston-Mardula, 2001)는 도피구를 인간 욕구기아(Berne, 1970)와 관련지어 논의하면서 위험한 행동들이 얼마나 자주 이러한 기아를 충족시키는 각본 드라이버 방식인지를 설명했다. 볼리스턴-마듈라는 위험한 행동을 보이는 내담자와의 작업에서 이러한 욕구에 대해 설명하고 파괴적인 계획을 대체할 수 있는 건전한 방법을 촉진하도록 권한다.

많은 TA상담가는 흡연, 과도한 음주, 비만으로 이어지는 과식처럼 스스로를 해치는 일련의 행동을 '존재하지 마라' 같은 강력한 금지령의 상징으로 보며 '자신을 죽이고 해치는' 도피구가 열려 있는 것으로 본다. 많은 사람이 하는 크고 작은 유해한 행동의 범위는 매우 다양하다. 하지만 그러한 것들을 모두 열려 있는 도피구의 지표나 '존재하지 마라' 금지령이라고 단정 짓는 것은 지나치게 단순화시키는 것이며, 유해한 행동의 복잡성과 의미를 충분히 설명하는 것이 아니다. 유해한 행동과 그러한 행동을 유발하는 동기요인에 대한 철저한 진단이 효과적인 상담에 필수적이지만 '존재하지 마라' 금지령이 유해한 행동의 중요한 원인이 되며 유해한 행동과 관련된 문제를 둘러싼 내적 과정을 나타내는 유용한 접근법인 것은 분명하다.

46

자살관념 : 개관

TA상담가는 수년 동안 자살관념을 가지고 있는 내담자들과 상담했으며 내담자의 욕구를 '존재하지 마라' 금지령의 지표나(Goulding & Goulding, 1979; Stewart, 2007) 각 본결말과 관련된 것으로 이해하는 경향이 있었다(Berne, 1972). 자살관념을 '단지 존재하지 마라' 금지령의 표현이나 3도 각본결말의 지표로 이해하는 것은(Berne, 1964) 복잡한 현상을 설명하기에 충분하지 않다.

자신의 삶을 끝내기를 심각하게 원하는 깊은 고통 속에 있는 내담자와 함께하는 것은 상담가에게 있어서 난처한 경험이며 어떤 상담가는 두려움으로 인해 재빨리 도피구 차단 과정이나 일시적인 상해 입히지 않기 계약을 진행하려고 하기도 한다. 하지만 상담가의 첫 번째 임무는 내담자의 준거틀과 자살 소망이 내담자에게 무엇을 의미하는지를 이해하는 것이다.

자살관념은 개인에게 있어 무엇을 위한 것이며, 무엇을 표현하는 것인지를 이해해야만 한다. 어떠한 자살관념도 핵심적인 특성으로 개인의 깊은 고통이 멈추기를 바라는 소망을 포함할 것이다. 자살관념을 경험하는 내담자에 대한 효과적인 치료는 이러한 소망을 설명하는 것이며, 상담가는 내담자의 고통의 정도와 깊이, 그리고 고통을 멈추기 위해 자살관념에서 표현한 소망을 공감적으로 소통해야만 한다. 이런 점을 고려해 볼 때 자살관념은 (비록 왜곡되긴 했지만) 맥락적으로 내담자의 신체에 적응된 표현으로 볼 수 있다(Berne, 1972; Goulding & Goulding, 1979). 비록 고통의 '마지막 해결'을 자살관념에서 찾지만, 이것은 단지 큰 그림의 일부일 뿐 각 내담자의 경험은 탐색되어야 하며 충분히 설명될 필요가 있다. 고통이나 '마음앓이(psycheache)' (McLaughlin, 2007), 내적 갈등이 자살관념에 가장 중요한 영향을 미치는 요인이긴

하지만, 파괴에 대한 욕구는 일반적으로 P₁(어린이자아 안에 있는 어버이자아) 자아 상태에서 일어나는 것이며 구조적으로 모방될 수 있다. 가장 효과적이고 치료적으로 유익한 상담가의 접근은 완곡한 표현이나 모호함 없이 내담자의 자살 생각과 느낌에 대해 직접적으로 묻는 것이다. 내담자 경험의 모든 면은 조심스럽고 공감적인 태도로 주의를 기울일 필요가 있다(McLaughlin, 2007). 자살 생각을 품고 있는 많은 사람은 이러한 느낌에 대해 수치심과 죄책감을 느끼며 종종 깊은 고립감을 느낀다. 상담가의 공감적 지지는 그 자체로서 치료적이며 수치심과 죄책감을 최소화시키고, 내담자의 가장 깊은 경험을 나누는 것은 자살경향과 관련된 고립감을 감소시킨다.

또한 자살관념은 종종 자신의 어떤 면을 파괴하고자 하는 소망을 포함하고 있다. 공통적으로 파괴되는 부분은 어린이자아거나(C₁ 또는 3차 어린이자아), 어린이자아 안에 있는 어버이자아 P₁의 모습들이다. 가끔 내담자가 파괴하려는 부분은 부모 중 어느 한쪽의 모습으로 인식하는 자신의 어떤 모습이다(그래서 내사된 P₂와의 동일시를 파괴하는 것을 보여 준다). 나의 경험으로 볼 때 내담자에게 자신의 어떤 부분을 파괴하고 싶은지 직접적으로 물어보는 것이 효과적이다. 내담자는 매우 쉽게 분명히 표현할 수 있다는 느낌을 갖게 되기 때문이다. 파괴하고자 하는 부분들은 겹겹이 쌓여 있을 수 있고, 내담자를 가장 불안하게 하는 자신의 모습도 어느 한 순간에 바뀔 수 있기 때문에 상담가는 이 질문으로 되돌아갈 필요가 있을 것이다(그러한 '겹겹이 쌓기'를 치료적으로 다루는 예는 Goulding & Goulding, 1979: 181-204 참조).

때로는 자살관념의 목적이 처벌하려는 소망, 그중에서도 자신을 처벌하려는 소망일 수도 있다. 이것은 깊은 수치심과 죄책감을 가진 내담자에게 특히 많다. 처벌하려는 욕구는 다른 사람에게 확대될 수 있는데, 내담자가 취급받을 방식으로 벌을 받기를 원한다(Goulding & Goulding, 1979). 자살욕구의 의사소통적인 면을 고려해 보면 상담가는 내담자와 함께 자살관념이 의사소통적인 측면에서는 무엇을 표현하는지, 자살욕구에 따른 행동이 타인과 어떻게 의사소통하는지에 대해 살펴볼 필요가 있다. 영아가 환경에 대한 반응으로서 관계에서 만든 개인의 각본 측면에서 볼 때 금지령은 내담자의 심리적 과정을 이해하는 데 유용하다. 금지령의 관점에서 자살관념은 내담자가 직접적이든 간접적이든 추론적이든 환경으로부터 갖게 된 '존재하지 마라' 금지령에 '복종'하는 것으로 볼 수 있다.

자살 생각과 자살욕구를 다룰 때 상담가는 이러한 생각들이 나타내는 실존적인 면을 설명할 수 있어야 한다. 역설적으로 자살관념은 죽음에 대한 불안의 표현일 수도 있으며(Yalom, 1980) 혹은 자신의 삶을 온전히 책임져야 하는 것에 대해 몹시 불안해하거나 압도되어 있는 내담자가 '책임을 지기' 위한 대안으로 자살을 생각한다고 볼 수도 있다. 자살이 어떤 사람에게는 자신의 생활이나 고통에 대해 책임을 지는 수단이거나 통제불능으로 소용돌이치는 인생에 대한 통제를 회복하기 위한 수단으로 여겨질 수도 있다. 이러한 주제에 대해 좀 더 탐색하기 위해서는 얄롬(1980)의 **실존주의 심리치료**(*Existential Psychotherapy*)를 참고하길 바란다. TA는 실존적 치료이며 TA상담가는 얄롬의 책에서 더욱 풍부한 자료를 찾을 수 있을 것이다.

'순수한' TA의 관점으로 돌아오면 각본이론은 자살 소망에 대한 설명을 제공한다. 자살관념을 경험하는 많은 사람들이 각본결말로서 자살에 대한 생각을 품고 있더라도, 자살욕구를 한 가지 각본 문제의 표현으로 국한시키는 것은 자살관념과 관련된 역동의 복잡성과 문제를 설명하기에 지나치게 단순화하는 것이며 자살관념을 부추길 수도 있다. 자살관념을 경험하는 내담자와 이를 다루는 상담가는 슈퍼비전에서 내담자의 자살관념과 자살관념의 다른 요소들 그리고 상담가 자신이 구조적으로나 역동적으로 내담자의 내면세계 및 경험과 어떻게 상호작용하는지에 대해 논의하고 생각할 시간을 갖는 것이 좋다. 분명 확인된 각본결말을 이해하는 것은 TA상담가에게 핵심적인 작업이다. 하지만 개인의 각본에는 다양한 결과가 있고 그 결과와 연관된 복잡한 상호작용이 있으며 가능한 맥락 안에서 어떤 상황이 각각의 잠재적인 결과를 가져오는지와 관련하여 이해할 필요가 있다

마지막으로 이 장이 자살충동을 가진 내담자와 작업하는 상담가에게 완전한 설명과 방법을 제공하기 위한 것은 아니다. 위험진단, 상담 접근, 의뢰과정 확인을 포함해 충분한 훈련을 받는 것을 대신할 수 있는 것은 없다. 그저 참고하면서 그러한 훈련을 위해 준비하는 정도로 보는 것이 좋고 자살관념에 대한 접근의 시작으로 보는 것이 좋다.

47

진단 체크리스트

TA에서 진단을 시작하는 가장 간단한 방법은 TA의 기본개념을 체계적으로 검토하는 것이며 내담자가 특정 병리를 어떻게 경험하는지 결정하는 것이다. TA이론의 개념에 대한 목록을 출력해 두는 것이 유용하며 내담자에 대한 기록을 작성할 때는 각 내담자에게 맞는 적절한 노트를 만들어 진단목록을 검토하라. 당신의 노트는 회기를 거듭함에 따라 점차 TA를 적용한 종합적인 진단이 될 것이다. 아래의 목록 샘플을 사용할 수도 있고 당신의 스타일에 따라 당신만의 목록을 만들 수도 있다.

1. **자아상태**

   번의 자아상태 진단의 네 가지 방법인 행동적, 사회적, 역사적, 현상학적 진단방법을 기억하라.

   어버이 자아상태 : 일반적 내용과 강도

   어른 자아상태 : 일반적 내용과 강도

   어린이 자아상태 : 일반적 내용과 강도

   오염

   다른 구조적 병리

   내사된 의미 있는 주양육자/형제자매

   내면대화

2. **의사소통 양식**

   일반적인 의사소통(내담자는 어떤 자아상태로 의사소통하는가? 어떤 자아상태에서 반응을 이끌어 내는가? 지배적인 자아 기능 방식은 무엇인가? 어떤 의사소통 방식을 보고하는가?)

3. 관계패턴

   내담자가 자신과 타인에게 기대하는 반응은 무엇인가?

4. 스트로크 경제

   내담자가 보여 주는 스트로크 경제 법칙은 무엇인가?

5. 게임

   내담자는 어떤 게임에 자주 빠지는가?

   상담가가 내담자와 함께 연루될 수 있는 게임은 무엇인가?

   내담자에게 가장 친숙한 드라마삼각형 패턴은 무엇인가?

   내담자들이 타인으로부터 이끌어 내는 드라마삼각형 패턴은 무엇이라고 보고하는가?

   내담자에 대한 나의 역전이 드라마삼각형 욕구는 무엇인가?

6. 라켓분석

   내담자가 보고하는 라켓감정은 무엇인가?

   내담자가 자신, 타인, 세상과 자연에 대해 보고하는 라켓신념은 무엇인가?

   내담자가 기분 나쁠 때 경험하는 신체적 반응은 무엇인가?

   내담자가 기분 나쁠 때 빠져들게 되는 관찰 가능한 행동은 무엇인가?

   내담자가 결과로서 상상하는 무서운 공상은 무엇인가?

   라켓에 깔려 있는 억압된 감정은 무엇인가?

   내담자에게 필요한 정서표현에서 빠진 부분은 무엇인가?

7. 방어기제

   [여기에 나열된 방어기제에 대한 설명은 낸시 맥윌리암스(Nancy McWilliams)의 책 정신분석적 진단(*Psychoanalytic Diagnosis*), 1994 참조]

   진단에서 내담자를 살펴보면서 당신이 어떤 방어를 알게 되었는지 강조하라. 어떤 상황에서 그러한 방어가 발생하는지, 방어가 나타나기 전 상담회기 동안 당신이 논의한 것을 주목하라. 또 내담자가 상담실 밖에서 생활하면서 일어난 사건에 대해 말할 때 그들이 특정한 상황에서 어떤 방어를 사용했을 것이라고 생각하는지를 주목하라.

1차(초기) 방어

해당하는 부분에 체크하고 당신의 진단이 어디에 근거를 두고 있는지를 간략히 기록하라.

1차 철회

부인

전능한 통제

1차 이상화(와 평가절하)

투사

내사

투사적 동일시

분열

해리

2차 방어

억압

퇴행

고립

지성화(intellectualization)

합리화

도덕화

구획화

취소

자기비난

치환

반동형성

반전

행동화

성화(sexualization)

승화

8. 성격 특성

이것이 상담 관계에서나 내담자가 보고한 행동에서 나타나는지를 살펴보고 생활에 접근하라.

9. 성격 유형/특성 스타일

(Benjamin, 2003; Johnson, 1994; McWilliams, 1994 참조)

10. 금지령

해당하는 부분에 체크하고 당신의 진단이 어디에 근거를 두고 있는지를 간략히 기록하라.

존재하지 마라

네 자신이 되지 마라

친밀하지 마라

소속되지 마라

중요한 사람이 되지 마라

성공하지 마라

어린아이처럼 굴지 마라

성장하지 마라

건강하지 마라

생각하지 마라

느끼지 마라

아무것도 하지 마라

11. 수동성

해당하는 부분에 체크하고 당신의 진단이 어디에 근거를 두고 있는지를 간략히 기록하라.

평상시 보고된 또는 관찰된 소극적 행동(수동성을 보여 주는 일반적인 언급을 포함한다.)

아무것도 하지 않기

과잉적응

감정의 동요

무기력/폭력

12. 임패스

1도(갈등을 형성하는 핵심대화를 포함하라.)

2도(갈등을 형성하는 핵심대화를 포함하라.)

3도(갈등의 중심 주제나 핵심대화를 포함하라.)

13. 인생태도

자기긍정-타인긍정

자기긍정-타인부정

자기부정-타인긍정

자기부정-타인부정

14. 핵심 각본신념

15. 명료화가 필요한 부분을 기록하라.

CHAPTER 4

계약하기

상담의 목표와 과업 계약하기

초기 몇 회기 안에 상담가와 내담자가 상담 과업과 목표에 대해 동의하는 것은 동맹을 촉진시키며 이것이 상담의 긍정적 결과에 대한 지표가 되기도 한다. 상담에 참석하는 내담자는 흔히 증상을 완화하는 것과 관련된 상담목표를 가지고 온다. 내담자들은 드러난 문제의 해결책에 대해 심리내적이고 상호관계적인 재구조화 작업이 요구될 것이라는 것을 알고 있다. 계약에 있어서 TA상담가의 문제는 상담과정에서 드러나는 잠재력과 유연함의 여지를 남겨 두는 계약을 얼마나 분명하게 타협할 수 있는가이다. 우리가 갖는 한 가지 어려움은 내담자가 비교적 각본대로 상담에 참여한다고 가정한다면 자율적인 상태를 상상할 수 있는 내담자의 능력에 의해 분명한 목표가 잠정적으로 만들어진다는 것이다. 내담자가 제시한 목표는 각본을 그대로 따를 수도 있고 자신의 각본을 더욱 심화시켰을 수도 있다. TA의 인본주의 가치에 따르면 비록 표면적으로는 감추어져 있지만 어떤 수준에 있어서는 내담자가 이 부분에 대한 지식(스스로 각본을 따르고 그에 따른 목표를 더 심화시키는 것)을 가지고 있다고 가정한다. 허가든과 실즈는 좋은 상담계약은 상담 초기에 일련의 행동과정이나 결과에 의지하기보다는 이상적으로 선택을 증가시키는 것과 관련되어야만 한다고 주장하였다(Hargaden & Sills, 2002). 계약 맺기에서 좀 더 관계적인 접근은 계약에서 구체화에 가치를 두는 TA의 접근과는 대조적이다(Stewart, 1996, 2007)

상담 과업 계약하기

내담자는 상담을 계약하는 과정에서 상담이 어떻게 진행되며 상담의 한 부분으로 상담실 안팎에서 어떤 종류의 활동이 포함될 것인가에 대한 정보(행동적 '과제' 계약과 같은)를 필요로 한다. 내담자는 어떻게 자기반영적 과정과 연결되는가에 대한 설명이 필요할 수도 있다. 이것은 상담가의 생각과는 상당히 다를 수 있지만 상담의 과업이나 목표의 본질에 대해 담자가 가질 수 있는 기대나 선입견을 탐색하는 과정을 포함할 것이다. 과업을 계약하는 것은 상담에 있어서 특정한 이슈를 작업하기 위해 내담자의 동의를 구체적이고 지속적으로 탐색하는 것을 포함한다. "이것은 중요한 것처럼 들리네요. 지금 이것에 대해 의논하기를 원하세요?" 또는 "좋아요, 나는 당신이 ~를 느낀다고 들리네요. 다음에 다시 얘기해 볼 수 있을까요?" 이것은 다음 회기에 더 깊이 탐색해야 할 지점으로서 자연스럽게 드러나는 주제가 된다.

상담동맹과 관련된 과업 계약하기

회기 안에서 상담이나 상담가와 관련된 느낌을 의논할 것이라고 내담자와 구체적으로 계약하는 것이 현명하다. 이것은 상담관계를 사용하거나 전이를 작업하는 과업을 설명하는 계약을 만든다. 그러한 계약은 다음과 같다.

사람들이 상담에서 상담과 상담가에 대해 갖는 느낌은 흔히 매우 중요합니다. 저는 그러한 느낌에 주목하고 함께 탐색함으로써 우리가 사람들의 문제, 사물을 보는 방식, 사고패턴과 과정, 그들이 사람들과 관계 맺는 방식을 배울 수 있다는 것을 압니다. 상담은 이를 정확하게 하기 위한 독특한 환경을 제공합니다. 예를 들면, 사람들은 때로 약간의 불안, 알 수 없는 수치심을 느끼며 혹은 내가 그들을 판단할까 봐 걱정하지요. 이러한 느낌은 모두 중요합니다. 특히 여기에 올지 혹은 나와 작업할지와 관련하여 처음엔 조금 어색하게 느껴지더라도, 이상해 보이거나 비논리적으로 보이는 어떤 문제건 간에 마음속에 있는 것들을 공유하기를 권장합니다. 기꺼이 그렇게 하실 수 있을까요?

상담목표 계약하기

상담에 온 내담자는 종종 계약하기에 앞서 그들이 얻고 싶은 것에 대한 아이디어를 갖고 있다. 상담가가 내담자의 목표와 관련해서 분명한 계약을 만들도록 도울 수 있는 많은 TA자원이 있다. 번이 지적한 바와 같이 계약은 '양가적'이다(Berne, 1966). 상담가 역시 '이상적'이거나 '치유적'인 개념이 암시된 목표를 가지고 있을 수 있다. 이런 목표는 상담에 미묘한 영향을 주며 상담가의 개입에 정보를 줄 것이다. 상담가는 '상담의 목표'를 분명하게 설정하는 것이 중요하며, 시작점에서부터 목표에 관해 내담자에게 개방적이어야 한다. 이것은 비밀스런 의도와 비계약적 기반에 의해 영향받을 수 있는 상담의 잠재력을 감소시킨다. 상담가의 암묵적이고 이상적인 목표 설정은 다음의 몇 가지 질문으로 반영해 볼 수 있다. 상담가에 관해 그들에게 중요한 것은 무엇인가? 심리상담의 결과이자 내담자가 만들어 낼 수 있는 가장 중요한 변화로 무엇을 고려하는가? 예를 들어, 삶에 대한 선택이나 자원의 증가일 수도 있고, 관계에 대한 가능성의 증진일 수도 있다. 상담에 대한 자신의 전반적인 목표를 인식하는 상담가는 목표에 대한 논의에 내담자를 참여시킬 수 있으며, 그럼으로써 내담자는 사전에 동의된 더 나은 입장에서 상담에 참여할 (또는 하지 않을) 수 있다.

49

계약하기 : 가벼운 접촉 발달시키기

행동계약과 해결책을 찾는 데 무게를 둔 '고정된' 접근은 초보 상담가들이 저지르는 일반적인 실수이다.

> 상담가가 지나치게 빨리 계약과정에 들어간다면 내담자는 '숨으려' 하거나 지각된 상담
> 가의 어버이 자아상태에 과잉적응할지도 모른다. (Lee, 1997: 101)

계약의 접근에 있어서 교류분석의 지표는 "접촉이 계약보다 앞선다."일 수 있다(Lee, 1997: 101). 변화에 대한 계약은 최소한 내담자가 상담가와 공감을 어느 정도 경험하고 상담 과업에 따라 계약으로 연결될 때까지 기다려야만 한다. 가장 좋은 방법은 상담가가 몇 회기에 걸쳐 내담자에 대한 기초적 진단 정보를 수집하면서 전반적인 상담 목표를 정하고 이후에 다시 상담에서 완전한 치료계약을 만드는 것이다.

> 내담자의 역동과 성격 구조를 잠정적으로 잘 이해하기 전에 **상담을 시작하는** 데 부담을 느
> 끼는 상담가는 방향 감각은 있지만 지도가 없는 운전자처럼 불필요한 불안으로 고통받
> 는다. (McWilliams, 1994: 15)

리는 그녀가 제시한 과정계약을 사용해 보라고 제안했는데(Lee, 1997) 이것은 참여, 탐색, 실험에 있어서 '지금-여기'과정에 내담자를 초대하는 것이다. 과정계약은 치료적 질문으로 시작되고, 그리고 나서 다음 움직임을 결정하기 위해 질문에 대한 반응을 이용한다. 과정계약은 힘든 것과 관련된 어려움을 피해 계약하는 '가벼운 접촉'과 적절히 'TA상담을 제대로 하기' 위해 발달될 필요가 있다고 믿는 TA 초보자들의 결과 중심 계약을 포함한다. 울램스와 브라운(Woollams & Brown, 1978)의 처치계획은 상

담의 특정한 단계로서 치료계약을 개발하였는데 계약 단계 이전에 동기와 자각이라는 두 가지 예비 단계가 있다. 그들의 접근은 상담의 초기 두 단계에서 계약을 위해 '가벼운 접촉' 접근이 이루어져야 한다고 제안한다. 물론 내담자는 일반적으로 상담에서 바라는 것이나 목표를 표현할 것이고 상담가는 이를 수용하여 이후 상담 단계에서 다시 다룰 수 있다.

나는 계약에서 가벼운 접촉을 증진시키는 것이 6회기로 제안하고 작업을 검토하는 일반적인 상담에서는 불리하다고 충고한다. 이는 내담자로 하여금 6회기 안에 모든 작업을 마쳐야 한다는 생각을 갖게 할 수 있다. 6회기 안에 계약을 달성하지 못한 내담자는 그들이 바란 변화를 성취하지 못한 것에 화가 나거나 변화 부족에 대해 스스로를 비난하고 낙담할 수 있다. 실제로 대부분의 내담자에게 예비변화는 내담자 패턴에 대한 탐색이나 깊은 자각처럼 처음의 6회기 상담 안에서 일어날 것이다. 내담자(그리고 상담가)는 변화를 잘못 인식하거나 상담을 미완성 상태로 끝낼 수도 있다. 시작 단계에서 계약에 대한 '가벼운 접촉' 접근은 '몇 주간 만나면서 우리가 어떻게 할 것이며 얼마나 함께 작업할 수 있는지를 전반적으로 확인해 보는 것'이라 할 수 있다. 계약 진행의 한 부분으로서 상담 전반에 걸쳐 회기별로 과정을 점검하고 상담관계에 대해 지속적으로 논의할 수 있다.

50

표준 상담업무 계약서 사용하기

표준화된 상담 계약서를 작성하는 것(Berne, 1966; Steiner, 1971)은 초기 면접에서 모든 내담자에게 상담과정과 행정적인 문제, 기간 및 조건 등을 분명히 제시해 줄 수 있다. 내담자는 상담가와의 초기 면접 시 매우 긴장하고 감정적일 수 있으며 상담 계약과 관련된 중요한 정보를 잊을 수 있으므로 이런 점에서 서면으로 작성된 계약이 유용하다. 계약서는 혼동할 수 있는 가능성을 최소화할 뿐 아니라 윤리적인 면에서도 효과적이다. 심리상담을 담당하는 모든 전문기관과 TA상담기관에서는 상담계약을 맺을 때 가능한 투명하게 하라고 조언하고 있다. 윤리적인 계약에서 투명성이 있는 상담가는 상담에서 잠재적인 문제의 원인이라고 지적한다. 계약은 보통 상담과정의 최초 단계에서 이뤄지는데 상담기간과 같이 세세한 사항은 정해지지 않기도 한다. 하지만 상담가는 단기로 할지 장기로 할지와 같은 예상되는 틀을 제공할 수도 있다. 이러한 주제와 관련하여 상담 계약서에서 다음의 항목들을 명확히 하기를 추천한다.

상담비

회기별 상담비는 얼마이며 지불 방식은 어떻게 할 것인가?

취소 규정

상담회기 사전 취소나 취소된 회기에 대한 비용지불 규정은 어떻게 할 것인가?

비밀보장

비밀보장의 범위와 한계는 어느 정도까지인가?

- 수용 가능한 항목 : "저는 당신이나 누군가가 위험에 처한 상황이라면 비밀을 유지할 수 없습니다. 이런 경우에는 상담을 더 진행하기 전에 비밀을 공개하는 이유를 공지하고 그 계획을 당신과 함께 의논할 것입니다." 이런 조항은 어느 정도의 가능성을 다루고 상담가가 특정한 일에 얽매이지 않게 한다. 그러나 위험 관리에 대한 비밀보장의 한계는 분명해야 한다.

- 비밀유지와 약물복용에 관한 내담자 보호 또는 정신병력이 포함된 경우의 특별 항목 : "만약 당신이 약물을 복용하고 있다면 주치의와 연락하는 것이 저에게 도움이 될 것입니다. 보통은 편지 형태로 이뤄지며 내용에 대해서는 당신과 의논할 것입니다. 상담 내용을 공개하는 것은 아니지만 일반적인 사항은 언급할 것입니다." 내담자의 약물복용을 관리하는 의료진과 전문적인 논의를 해야 한다.

임상 슈퍼비전에서 사례논의에 대해 분명하게 하는 것은 중요하다.

- 추천된 항목 : "윤리적이고 전문적인 상담을 위해 정기적으로 임상 슈퍼바이저와 사례에 대해 논의합니다. 어떤 논의든 내용에서 당신이 드러나지 않도록 무기명으로 합니다."

  실습생들 역시 소논문이나 사례연구를 위해 내담자에 대한 자료를 이용한다면 이를 분명히 이야기할 필요가 있다. 다음과 같이 말 할 것을 추천한다. "앞으로의 전문적인 훈련과 관련된 수련과정 중에서 우리의 작업을 인용할 수도 있습니다. 사례의 모든 자료는 당신의 이름을 알 수 없게 무기명으로 발표될 것입니다." 사전 동의 없이 내담자의 자료를 수련과제에 포함시키는 것은 비윤리적이다. 이런 사항이 일반적인 상담계약에 포함된다면 상담가는 내담자의 사인을 받아서 따로 한 부를 보관하도록 한다. 실습생에게도 추가적인 사례연구를 하고자 하는 내담자에게 구체적인 동의를 얻도록 조언하고 있다.

실습 담당자나 슈퍼바이저 역시 교육하기 위해 내담자의 자료를 공개하는 것에 대해 설명해야만 한다. 내가 계약에 사용하는 문구는 다음과 같다. "저는 심리치료사나 상담가를 가르치거나 학회지와 교재를 출간하기 위해 우리의 작업을 인용할 수도 있습니다. 다시 말하지만 어떤 자료에서도 당신이 노출되지 않도록 정보는 모호하게 제시할 것입니다."

회기기록

만약 당신의 작업을 오디오나 비디오 기록을 남긴다면 녹음이 어떻게 사용되고(상담작업을 슈퍼비전하고 모니터링하고 평가하기 위해 5분 정도의 분량을 추림), 어떻게 보관되며 삭제되는지에 대한 과정을 분명히 밝힐 필요가 있다. 영국에서는 상담기록을 디지털 음성기록으로 보관하므로 상담가는 DPA(Data Protection Agency)에 등록하도록 되어 있다.

슈퍼바이저 역시 슈퍼비전 상황에 맞게 위의 사항을 포함하는 계약서를 가지고 비상 연락처, 슈퍼비전 계획, 자료 이용에 대한 수련생의 동의, 슈퍼바이저 보고서 규정, 실습계약 조건, 슈퍼비전 횟수에 대한 계획, 슈퍼비전에 영향을 줄 수 있는 윤리 코드와 집단 슈퍼비전에 대한 계획과 같은 세부사항을 기록해야 한다.

51

확신이 없는 내담자와 계약하기

> 적어도 기나긴 치료의 초기 단계에서 의사소통될 수 있는 유일한 계약적 요청은 견디기
> 힘든 고통의 무게를 공유하는 것이다. (Terlato, 2001: 103)

상담에 오는 많은 내담자는 문제의 원인에 대해 혼란스럽고 불확실함을 느끼며 문제
에 대해 무엇을 할 수 있을지 당혹스러워한다. 그들은 무엇보다도 좀 더 이해받고 수
용된다고 느끼기를 원한다. 상담가가 이것을 무시하거나 적절하게 조율된 '역할놀이
공간(play space)'(Winnicott, 1971)을 내담자에게 제공하지 않은 채 계약을 맺으려 한
다면 내담자는 충분히 '지지받는 환경'(Winnicott, 1960, 1965)을 경험하지 못할 것이
다. 더불어 상담 시작점에서 내담자가 처음에 정한 목표는 그들의 각본에 의해 결정
될 수도 있다. 예를 들어, 한 내담자의 인생목표가 배우자를 만나 결혼하는 것이라고
가정해 보자. 상담과정 중에 내담자가 부모적 · 사회적 어버이자아의 내사를 가지고
있어서 결혼하지 않는 것은 일반적이지 않으며 결혼에 대한 문화적 중요성을 바탕으
로 결혼해야만 한다는 강한 감각을 가지고 있는 것이 드러났다. 이 내담자는 사실상
결혼을 원하는지 아닌지를 선택하는 자유를 갖는 것으로 목표를 수정할지도 모른다.

계약을 위해 분명한 목표를 확인하는 것은 자아감이 발달하지 않은 내담자나 인격
장애(Masterson & Lieberman, 2004) 내담자의 경우 특히 문제일 수 있다. 실제 이러
한 내담자는 대다수의 다른 내담자처럼 처음 계약 작업은 '계약 찾기'가 된다(Steiner,
1974).

또 다른 문제 상황은 내담자가 누군가의 제안으로 마지못해 상담에 참석하는 경우
이다. 여기에는 내담자가 자발적으로 찾아오기보다는 주치의에 의해 의뢰되어 오는

사례가 포함될 수 있다. 이 경우 내담자가 스스로 변화하고자 하는 특정 영역을 찾기까지는 윤리적 변화 작업을 시작하는 것이 불가능하다. 이러한 내담자와의 계약은 몇 회기 동안 폭넓게 계약을 탐색하는 것이 될 수 있다.

확신이 없는 내담자를 위한 초기 계약은 다음과 같다.

> 치료는 자각과 함께 시작합니다. 먼저 당신이 어떤 상황인지 탐색하고 당신의 패턴에 대해 좀 더 살펴보려고 합니다. 당신이 어떻게 생각하고 어떻게 행동하며 어떻게 느끼고 관계패턴이 어떤지 살펴보는 것입니다. 우리가 이러한 패턴을 이해하면 그 기원과 목적에 대해서 좀 더 찾을 필요가 있습니다. 그래야 우리는 당신이 변화하기를 원하는지 아닌지를 탐색할 수 있습니다. 이런 모든 과정을 통해 우리는 탐색에 좀 더 초점을 맞추겠지만 물론 일련의 상담도 하게 될 것입니다. 저의 역할은 당신을 지지하여 도전하도록 격려하는 것입니다. 이것이 당신이 찾는 것처럼 들리나요? (Benjamin, 2006)

이러한 계약은 모든 내담자에게 쉽게 적용될 수 있으며 또한 예상치 못한 정보의 출현에 대해서도 여지를 남겨 둔다.

종종 명확하고 확실한 비각본 계약이 자리하기 전에 약간의 변화가 발생하기도 한다. 이러한 예로는 정기적 · 회기별 계약과 회기 전반에 걸친 계약이 각 회기에서 내담자의 상담경험을 확인하는 것과 결합될 때 윤리적이고 계약적인 상담을 위한 좋은 배경이 주어진다. 이것은 마음속에 매우 구체적이고 고정된 결과가 없더라도 좋은 계약적 TA상담을 가능하게 한다.

52

행동계약

회기 밖에서의 특정한 행동이나 활동(과제)에 대한 행동계약의 설정과 소개는 TA상 담에서 일반적으로 쓰이는 전략이다. 상담 전략으로서 이것은 인지행동 치료와 상당 히 많은 공통점을 갖고 있다. 내담자들은 이에 대해 다른 반응을 보이는데 어떤 사람 은 과제를 적극적으로 요청하고(수행하고), 어떤 사람은 요청은 하지만 수행하지는 않으며, 어떤 사람은 과제를 원하지 않는다고 분명하게 말하기도 한다. 대부분의 인 지행동 치료 연구에 의하면 과제와 과제수행 상담에 매우 큰 유익이 된다고 강력하게 제안하고 있다.

"메타분석은 … 과제 제시와 수행이 심리치료의 결과에 긍정적으로 관계가 있음을 보여 준다"(Tryon & Winograd, 2001: 387). 그들은 다음과 같이 말한다.

> 내담자에게 과제를 주고 수행하는지 여부를 점검하는 상담가는 내담자가 상담에서 배 운 것을 일상에서 적용해 볼 것을 요구하지 않는 상담가에 비해 더 좋은 결과를 얻는다. 최근 연구에 의하면(Schmidt & Woolaway-Bickel, 2000) 과제의 양보다는 수행한 과 제의 질이 더 좋은 상담 효과를 도출하는 것으로 나타났다. (Tryon & Winograd, 2001: 388)

그럼에도 불구하고 많은 내담자들이 특정 과제를 전혀 해 보지 않고도 매우 큰 개인 적인 변화를 얻기 때문에 과제의 필요성에 지나치게 초점을 맞추지 않는 것이 중요하 다. 게다가 "행동계약은 모든 내담자에게 언제나 적절하다(적절하지 않다)"(Stummer, 2002: 121). 이것은 행동계약 설정과 수행 그리고 그로 인한 이점이 과제 그 자체라기 보다는 전적으로 상담관계와 관련이 있다. 행동계약을 소개하기 위한 상담계획에서 상담가는 행동계약 과정을 시작하기 전에 내담자의 진단과 그 진단의 함축을 반영해야 한다. 내담자의 진단은 행동계약이 일종의 각본 강화의 한 형태일 수 있다는 점 때문에 잠정적으로 사용금지 사유가 될 수도 있다. 예를 들면, 조정과 지배를 핵심적인 관계패턴으로 갖고 있는 조현병 내담자의 경우에는 행동계약을 통제의 한 수단으로 느낄 수 있으며, 이러한 계약은 다른 사람이나 다른 사람들의 동기나 관계에서 기대되는 것이 무엇인가에 대한 내담자의 각본신념을 강화할 가능성이 있다. 상담가는 어디에서든 협력적인 상호관계를 추구해야만 한다. 모든 행동계약은 내담자의 사례공식화 혹은 핵심 각본 주제와 관련되어야 하며 일관성 있는 상담계획 안에서 통합되어야 할 필요가 있다. 상담가는 최소한 내담자에게 특정한 행동 전략이 필요한지에 대한 명확한 의견을 갖고 있어야만 한다.

과제는 회기에서 내담자와 협상과정을 통해 설정될 수 있다. 그러나 과제의 성격은 비록 특정 행동과정과 같은 것일 수 있다 하더라도 대개 자각을 만드는 연습과 같은 종류들이다. 경험으로 볼 때 내담자가 직접 과제를 설정하고 상담가가 촉진시키는 행동계약이 최선이라 하더라도 내담자가 강요받는 느낌을 갖지 않고 도움이 되지 않는 통제게임으로 들어갈 가능성을 최소화하기 위해 상담가가 자각하기 계약을 제안하는 것이 좋을 수 있다. 나는 상담가가 색인카드나 종이파일에 과제계약을 기록하여 내담자가 가지고 가게 함으로써 계약을 잊어버릴 가능성을 줄이도록 하기를 추천한다. 또한 상담가는 기록한 계약 사본을 보관하기를 권하는데 그럼으로써 내담자와 함께 다음 회기에서 계약을 점검해 볼 수 있다. 다음 회기에서 과제에 대한 내용을 다룰 때 상담가가 어버이적 입장을 취하거나 지나치게 스트로크를 제공하는 것은 적극적으로 피하라고 조언한다. 보통 과제와 그에 대한 내담자의 반응을 탐색하는 것이면 충분하다.

53

행동계약에 저항하거나 수행하지 않는 내담자 다루기

때로는 '과제'계약이 세심하게 계획되고 협의된 경우라도 내담자가 과제를 완수하지 않거나 어떤 면에서는 역효과를 일으키기도 한다. 이런 경우 먼저 과제를 확인하고 과제가 내담자에게 무엇을 강화했는지를 검토하라. 암묵적으로 '고무밴드'의 영향이 있었는가? 원래 과제와 내담자가 이를 수행하지 않는 전이의 함축은 무엇인가? 종종 전이분석은 특정 계약이 왜 성공적이지 못했는지에 대한 이유를 제시한다. 마치 내담자의 무의식적 지혜가 어떤 방식으로 각본을 강화시키는 과제를 완수하는 것을 피하게끔 그들을 이끄는 것 같다.

'과제'라는 단어 자체를 사용하는 것은 어린이 자아상태의 매우 강한 반응을 불러올 수 있는데, 이는 아동기에 부모나 교사와 관련된 개인적 경험과 연관되어 반항적인 반응을 일으킬 수 있다. 그러한 반응을 탐색하는 것이 도움이 될 수도 있지만, 과제를 대신할 수 있는 단어를 찾음으로써 이런 종류의 반응은 피하는 것이 더 현명하다. '실험', '발달 연습'이 좀 더 수용적일 수 있으며 저항이 유발되는 것을 피하게 할 수 있다.

내담자는 과제를 완수하지 못한 가장 일반적인 이유로 '시간이 부족해서'라고 보고한다. 상담가가 이를 어떻게 다루는가가 중요한데 내담자가 얼마나 바쁜지, 그리고 그들이 휴식을 취할 필요가 있다는 것을 고려해야 한다. 그렇게 함으로써 변화를 향한 진전을 지지하고, 또한 그들이 자신을 돌보지 않는다는 신호를 직면하게 한다. 약속한 과제를 마치는 데 시간이 부족했다고 반복적으로 말하는 내담자의 경우, 상담가는 '다른 활동에 얼마나 많은 시간을 쓰는지 메모하도록' 다음과 같이 계약을 제안함으로써 이 문제를 다룰 수 있다. 상담가는 "이것을 하기 위해 지난 한 주 동안 15분 정도도 할애할 수 없었다고 하니 신경이 쓰이네요. 당신이 시간을 어떻게 사용하며 시간적으로 어떤 일을 최우선으로 하는지 보고 에너지를 효과적으로 사용하는지 확실히 살펴보는 게 좋겠어요."와 같이 새로운 계약을 제안한다.

대부분의 사람에게 변화하려는 자아와 변화를 맹렬히 거부하며 각본에 순응하려는 또 다른 자아가 있는 것은 분명한 사실이다. 변화에 대한 그러한 양가감정이 이해되었다 하더라도 양가감정이 함께 작업하고 언급된다는 것은 내담자나 상담가 모두에게 혼란을 줄 수 있다. 우리의 각본이 관계적 맥락에서 발달되었고 초기 관계의 내적 연결을 표상한다고 본다면 좀 더 분명하게 변화의 양가감정을 이해할 수 있다. 이러한 경우 내담자는 변화로 인해 내적 대상/관계(부모에 대한 애착)의 연결이 무너질까 봐 무의식적 수준에서 변화를 두려워하며 여기에서 저항은 '충성 전쟁'으로 볼 수 있다. 어린이자아의 논리는 '내가 각본신념을 붙들고 있다면, 정말이라고 믿는다면, 각본대로 행동한다면, 나는 분명히 사랑받고 수용될 수 있어'와 같은 것이다. 이런 맥락에서 이해한다면 변화는 버려지는 것에 대한 깊은 분노와 두려움을 만들어 낸다. 이것은 변화에 대한 저항의 한 가지 해석일뿐이며 사람들이 변화에 양가적인 데는 여러 가지 다양한 이유가 있다(가령 임패스의 출현을 포함하기도 한다). 상담가는 내담자의 양가적 가치에 대해 호기심과 질문, 수용적 태도를 가지고 살펴보고, 내담자가 양가적 가치를 탐색하게끔 해야 한다. 한 회기 안에 양가적 가치와 저항을 모두 해결할 수 없으므로 상담과정을 통해 여러 번 다룰 필요가 있다. 이는 복잡한 문제를 갖고 있거나 인격장애, 기질적 성격 문제를 가지고 있는 내담자에게 특히 필요하다.

행동계약을 하는 데 있어서 변화과정에 행동계약이 필수적이라고 생각하게끔 이끌지 않는 것이 중요하다. 단순한 행동변화는 저절로 완전한 내적 변화를 만들어 내지 않으며 행동변화로 인한 결과는 오래 가지 않을 것이다. 또한 상담가는 행동변화를 각본과 무관한 변화라기보다는 과적응의 결과(Schiff & Schiff, 1971)로 여기는 데 열려 있어야 한다. 카텍시스 이론은 좀 더 손상된 각본패턴이 내담자에게 일시적인 위안을 준다면 과적응도 괜찮다고 보지만 결국은 내담자가 자율적인 상태로 가도록 과적응이 언급될 필요가 있다고 주장한다(Schiff et al., 1975). 상담에 대한 실존적인 접근이 우리의 삶과 자유에 대한 요구 그리고 불안의 결과에 대해 책임지는 것을 가르쳐 준다는 것 또한 기억할 만한 가치가 있다(Yalom, 1980). 자율적인 삶에 대한 청사진이나 지도는 없으며, 이것은 인간으로 하여금 엄청난 불안과 동시에 해방감을 느끼게 한다.

54

'충분히 좋은' 계약

때로는 내담자와의 계약이 우리가 바라는대로 '꼼꼼'하거나 분명하게 정의되는 것은 아니다. 명시된 목표대로 나아가고 있는지, 방향을 바꾸고 싶은지, 혹은 현재의 일반적인 계약에서 보다 구체적인 계약으로 발전시키고 싶은지에 대한 전반적인 상담계약을 내담자와 함께 정기적으로 다시 살펴보는 것이 가치가 있다.

계약과 관련하여 당신이 할 수 없는 약속이나 계약은 하지 말아야 한다. 상담가가 내담자를 위해서 기꺼이 뭔가를 한다거나 일시적으로라도 특별한 방식을 진행한다면 장기적인 안목으로 준비해야만 한다. 국한된 것은 아니지만 여기에는 회기 사이의 전화통화와 상담회기의 빈도 증가, 회기 시간 연장 등이 포함된다. 회기 시간 연장과 같은 것은 승낙했다가 나중에 철회하기보다는 제공하지 않는 것이 좋다(Benjamin, 2006).

계약에 대한 접근과 과정은 그 자체로 보완이 가능할 수 있다. 원하는 것을 협력해서 찾고 분명히 하며, 자기 자신에 생각하고 우선순위를 정하도록 하는 것은 내담자에 대한 존중을 보여 주며 결국 내담자가 자기 가치를 찾게 한다.

계약을 수립하는 데 있어서 '바르게 하거나' 완벽한 계약을 하려고 휘둘릴 필요는 없다. 내담자와 상담계약을 만드는 것은 일반적으로 전문적인 몇 단계를 거쳐 진행된다. 계약의 각 단계는 상담과정을 통해 다시 검토되고 발전된다. 예를 들어, 내담자는 다년간에 걸친 심각한 우울을 보일 수 있다. 상담 시작 단계에서 내담자는 상담목표를 '우울하지 않기'로 잡을 수 있다. 상담가가 '내 안에서 행복을 느낄 것이다'와 같은 계약을 제안한다면 내담자는 현재 자기 이미지와 너무나 대조적이기 때문에 비현실적으로 보일 것이며, 이 단계에서는 설득력이 없어서 내담자는 가급적 그런 계약을 고려하지 않을 것이다. 또한 진단을 위한 시간을 쓰지 않고는 내담자의 예후에 대해 분명히 알 수 없으므로 그런 계약을 제안하는 것은 비윤리적이라 할 수 있다. 이와 같은 경우에 상담가는 내담자의 패턴과 문제의 구조를 탐색하는 것으로 계약을 제안하는 것이 좋다. 이런 계약은 자각의 발달에 초점을 맞춘 상담 후에야만 '그런 어려움에 몰두하지 않게' 변화될 수 있다. 일단 상담이 더 진행되고 나면 내담자에게 초점을 맞추는 것은 내면적으로 휘둘리는 것이 아니라 결국 '자기애'를 새롭게 하는 '자기수용' 계약을 다시 협상할 수 있게 한다. 여기에서 계약은 내담자의 진단(우울의 심각성과 희망의 상실)과 관련이 있고, 계약을 정교화하는 것은 상담가의 향후 상담계획의 한 부분이 된다. 각각의 단계에서 계약은 '충분히 좋은' 것이었다. 작업이 진행되고 내담자가 자각과 비전을 얻음에 따라 각각의 계약 역시 구체적이고 관찰 가능한 변화나 행동(Stewart, 2007)을 포함시키기 위해 지속적으로 정교화될 것이다. 이와 같은 발전적인 계약하에서 작업을 하는 것은 상담을 보다 빨리 종결하게 한다. 예를 들어, 내담자는 일단 증상이 완화되면 각본 치유를 진행하기보다는 상담을 종결하려고 마음먹을 수도 있다. 나는 많은 내담자가 제한된 소득만 가지고 떠나기보다 더 자세하고 성공이 가능해 보이는 상담에 머물거라는 데는 의문이 든다. 차후의 상담에서 개선과 발전을 목적으로 느슨한 계약을 한 경우(앞에서 본 우울의 경우처럼), 상담가가 규칙적으로 기존의 계약을 체크하고 내담자와 제기된 개선점을 논의하는 것이 중요하다.

55

계약하기 : 갈등과 부정적 전이 준비하기

계약은 상담에 오게 한 문제와 내담자가 앞으로 경험할 수 있는 변화를 위한 길을 열어 준다. 윤리적인 관점으로부터 우리는 내담자가 상담을 시작해야 할지 말아야 할지에 대한 정보를 줌으로써 선택하는 데 도움을 줄 책임이 있다. 이러한 논의와 준비 부분에는 변화과정의 한 부분으로 발생할 수도 있는 격변에 대한 언급도 포함되어야만 한다. 혼란에 대해 내적으로나 상호관계적으로 내담자를 완전히 준비시킬 수 있을지는 의문스럽다. 하지만 격변과 이따금씩 등장할 변화의 대립적인 성향에 대해 내담자에게 미리 알려 줄 수는 있다. 나는 그러한 경고가 윤리적일 뿐 아니라 문제가 발생했을 때 그러한 이슈를 다루기 위한 기반을 제공한다고 본다. 나의 경험으로 볼 때 처음에 이러한 계약을 하는 것은 어떠한 문제가 일어날 때 그것을 다룰 수 있는 분명한 틀을 제공한다. 계약은 상담가와 함께 내적 전이나 갈등을 경험할 때, 해야 할 것에 대한 가이드를 제공하고 내담자가 상담 양상에 대해 불편해할 때 마음을 다잡게 한다. 이러한 준비 작업은 때때로 내담자가 힘든 시간을 이기게 하고, 갈등이 예상될 뿐 아니라 잠재적인 치유 자원이 된다는 것을 깨닫지 못했던 내담자나 쉽게 화를 내던 내담자에 의해 미성숙하게 종결되는 것을 방지한다.

때때로 내담자는 '치유'가 되면 완전하게 조화로운 삶을 이끌고 다시는 갈등에 빠지지 않을 것이라는 비현실적인 기대를 상담에서 표현할 수도 있다. "고통, 모호함, 역설, 갈등은 삶에서 불가피하다. 그것은 깊게 탐색하는 심리치료에 있어서 필수적이며, 가장 중요하게는 한 사람의 삶에 생기를 주는 자원이 될 수 있다"(Cornell & Bonds-White, 2001: 81). 상담과정이 내담자 삶의 다른 관계에 어떻게 기대하지 않았던 영향을 미치는가에 대해서는 솔직한 것이 현명하다. 내담자의 변화에 적응하는 동안 가까운 관계에 긴장감이 돌거나 우정이 깨지는 것은 드문 일이 아니다. 때로는 이러한 변화가 정확히 내담자가 원하던 것이기도 하지만 갑작스러워서 놀랄 만한 것이기도 하다.

상담과정이 부차적으로 상담관계를 방해할 수 있음을 미리 내담자에게 알려 주는 것은 신중하고 윤리적이며 상담에서의 부정적 전이나 고통이 나타날 가능성에 대해 의논하는 것 또한 현명하다. 내가 쓰는 방식은 초기 몇 회기 동안 적절한 시간에 다음과 같이 이야기하는 것이다.

> 상담이 진행되고 또 작업이 심도 있게 이뤄짐에 따라 당신의 감정 또한 매우 강해질 수 있습니다. 이것이 매우 이상하게 느껴질 수 있고 가끔은 좀 겁이 나기도 할 겁니다. 관계 속에서나 관계에 대하여 무엇을 느끼든 모두 중요하며 이런 감정들에 대해 솔직해지는 것과 그것을 우리가 볼 수 있고 이해할 수 있는 열린 상황으로 끌고 나오는 것 역시 중요합니다. 이런 과정의 한 부분으로서 저에게 매우 화를 낼 수도 있고 저로 인해 상처받을 수도 있습니다. 저는 이런 감정이 매우 중요하다고 믿지만 당신이 그렇게 느끼지 않더라도 나에게 감정들을 표현할 방법을 찾는 것이 중요합니다. 저는 당신의 감정을 진지하게 수용할 것을 약속하지만 이를 위해 저에게 당신의 감정을 말씀해 주셔야 합니다. 어떻게 들리시나요?

일반적으로 내담자들은 이런 내용에 대해 긍정적으로 반응하지만, 흔히 그렇게 솔직해야 하는 것과 갈등을 직접적으로 다루는 것에 대해 불편해하거나 거북함을 나타낸다. 당신이 누군가에게 화내는 것만큼이나 누군가로부터 지지받는 경험을 한다고 상상하는 것은 역시 매우 어려운 일이다. 이러한 불일치에 대해 내담자의 불편함에 대한 감정을 탐색하는 것은 유용하다. 내 경험으로 볼때 내담자는 이와 같은 상황에서 갈등에 대한 일반적인 우려를 표현하고 불편한 대인관계적 느낌을 다룰 것이다. 어려운 감정을 표현하고 갈등 다루기를 배우는 것은 앞으로의 계약을 통해 내담자의 변화를 위한 잠재적인 부분으로 제안될 수 있고 상담가에 의해 상담 영역에서 다뤄질 수 있다.

CHAPTER 5

상담 계획하기

비교상담순서

상담순서 모델은 내담자와 상담가가 상담 여정을 따라가며 연관된 과업과 각 단계의 유형을 이해하기 위한 개념틀로서 TA임상에서 폭넓게 사용되고 있다. 임상에서 다수의 TA상담가는 상담 작업의 다른 단계를 이해하기 위해 둘 또는 그 이상의 순서에 대한 자신만의 통합체를 개발한다. 이 모델들이 표면적으로는 각기 다르게 나타나더라도 많은 공통점을 갖고 있으며 그러한 공통점들은 작업동맹을 형성하기 위한 상담 시작 단계를 규정하고, 이후에 더 심도 있는 재구성 단계로 나아가게 한다. 주로 정화가 명료화를 앞선다고 가정하는 관점은 최근에 많은 TA학자들에 의해 도전받고 있지만 본래 관계적 접근에서 볼 때는 상담의 시작점에서부터 명료화가 일어난다고 본다(Hargaden & Sills, 2002). 이러한 모델은 상담가에게 상담의 진전에 대한 감각을 주며 내담자에게는 상담과정의 다음 단계로 나아가는 것을 기다릴 수 있는 인내심을 갖게 하는 데 도움이 된다. 하지만 이것은 상담이 선형적인 과정이며 내담자가 연속적으로 단계를 통과해 가야 한다는 인상을 줄 수 있으므로 도움이 되지 않거나 제한적일 수 있으며, 현실에서의 상담은 좀 더 순환적이며 좀 더 정확하게는 펼쳐져 있는 나선형이다. 상담이 유동적이고 펼쳐진 과정으로 개념화된다면 이런 모델은 한 개인이 상담의 어디에 있으며, 또 다음에 무엇이 필요한가를 알려 주는 '지침'을 제공하는 데 도움이 될 수 있다. 다음의 〈표 56.1〉에 4개의 과정을 정리해 놓았다. TA상담가는 자신만의 '상담지침'을 만들어 내기 위해 이런 과정으로부터 선택하거나 경로들을 조합할 수 있다.

표 56.1 상담과정

번(1961, 1966)	울램스와 브라운(1978)	클락슨(1992)	튜더와 위더슨(2001)
작업동맹	동기	작업동맹 초기 계약	작업동맹 초기 계약
정화	자각 상담계약	오염제거 (상담계약)	오염제거 (상담계약)
명료화	명료화	명료화 내면의 양육적인 부모 정서적 능력	정서적 능력 내면의 양육적인 부모 명료화
	재결단	재결단 어버이 자아상태 작업 재아동화 재방향	어버이 자아상태 작업 재결단 재방향
재학습	재학습	재학습	
			재순환
종결	종결	종결	종결

57

개별화된 상담계획 세우기

효과적인 상담계획은 TA상담가를 위한 핵심 기술이지만 아직까지는 TA문헌에서 TA 상담 훈련생을 위한 개별적인 상담계획 작업틀이 제공되고 있지는 않다. 개별적인 상담계획은 보통 슈퍼비전에서 만들어지거나 내담자에 대한 반응이나 그들이 드러낸 주제를 기초로 만들어진다. 여기에서 제시하는 방법은 내가 훈련생들과 수련생들에게 가르쳤던 내용으로서 사용하기에 효과적이며 간단하다고 증명된 것이다.

1단계

상담가는 다음 두 가지 질문을 반영하면서 상담을 시작한다. "나는 내담자가 무엇을 해야 한다고 생각하는가? 그들이 만들어야 하는 변화는 무엇인가?" 이 질문에 직관적으로 당신이 좋아하는 말을 사용해서 대답해 보자. 이 단계에서 정확하게 대답할 필요는 없다. 당신의 답은 전체적인 큰 변화일 수도 있고 작은 변화일 수도 있다. 당신의 목록에 이 두 가지 모두를 포함시켜라. 내담자와 지금 함께 작업하면서 이 과정을 지금 실행해 보면 상담계획에서 이 방법이 얼마나 간단하고 효과적인지를 알게 될 것이다. 이 단계에서는 상담가가 변화목표를 세워도 괜찮다. 내담자와 당신의 생각을 공유하는 것이 내담자에게 치료적이라고 느낀다면 이후의 단계에서 내담자와 당신의 생각을 확인할 수 있다. 다음은 이러한 질문에 대해 가능한 대답의 예문이다. 이 예문은 매우 일반적인 주제들로서 내담자들에게서 확인할 수 있다.

- 자기가치감을 내면화하라.
- 가족과 적극적이 되기를 학습하라.

- 언제나 모든 사람을 기쁘게 하려는 것을 중단하라.
- 완벽하지 않은 것에 대해 죄의식 느끼는 것을 중단하라.
- 실제와 상상의 단점에 대해 스스로를 괴롭히는 것을 중단하라.
- 긴장을 풀고 느긋해지는 것을 배워라.

내담자를 위해 당신이 만든 목록은 훨씬 더 많을 수도 있다.

2단계

목록의 각 항목에 대해 TA개념을 사용하여 우리가 특정한 변화를 얼마나 이해할 수 있는지를 알아보자. 위의 예를 적용하면 다음과 같다.

- '좋지 않음'에 관한 각본신념을 '충분히 좋은 것'으로 재결단하기
- 긍정적 스트로크(자기가치)를 수용하고, 요청하고, 스스로에게 주기
- '중요한 인물이 되지 마라' 금지령을 재결단하기
- 적절한 순간에 한계를 설정하기 위해 긍정적인 통제적 어버이 자아상태 교류 사용하기
- '다른 사람을 기쁘게 하기'와 관련된 과장을 중단하고 자신의 욕구 및 감정과 관련된 디스카운트를 중단하기
- 과적응을 중단하기
- 어버이자아와 어린이자아 사이의 비판적인 내면대화를 가로막고 중단하기
- 자신의 역량을 축하하며 성공을 나누고 스스로에게 스트로킹하기
- 각본신념의 '증거'를 찾기보다는 스스로에 대한 현실적인 칭찬을 하기
- 각본신념이 '확인'되는 상황과 게임 만들기를 중단하기
- 멈추고 쉴 때가 언제인지를 알기 위해 어른 자아상태 자원을 사용하기

당신은 이제 내담자를 위한 상담계획의 기반을 갖게 되었다.

3단계

이제 변화목표의 목록을 가지고 내담자가 표출한 바람과 현재의 문제를 비교해 보자. 내담자가 당신에게 처음 말했던 문제나 바람 중에 일치하지 않는 항목이 있는지 찾아 본다. 내담자가 상담을 찾아온 이유에 포함되지 않은 변화목표가 상담의 부분이 된다면 계약이 되어야만 한다. 이것은 당신이 내담자와 함께 문제를 이끌어 내기에 적절하다고 느끼는 어느 단계에서도 시행될 수 있다. 문제 기록은 기존의 계약에 이미 포함되었고 그래서 상담계획의 일부가 될 수 있다.

4단계

정리해 놓은 목록을 가져와서 가장 중요하거나 우선적인 변화목표 세 가지에 표시한다. 종종 어떤 변화는 심리내적 촉매 반응에서 다른 변화를 가져올 것이다. 위의 예를 이용하여 가장 중요한 세 가지 변화목표는 다음과 같다.

- '좋지 않음'에 관한 각본신념을 '충분히 좋은 것'으로 재결단하기
- '중요한 인물이 되지 마라' 금지령을 재결단하기
- 어버이자아와 어린이자아 간의 비판적 내면대화를 가로막고 중단하기

이러한 세 가지 변화와 함께 다른 변화들도 더 쉽게 혹은 동시에 일어날 수도 있다. 그러나 다른 변화들이 좀 더 빨리 일어날 수 있으며 예문에서처럼 충분히 좋지 않음에 대한 각본신념은 매우 심층적인 주제가 되기도 하고 오랜 상담 후에야 재결단되기도 한다. 어른자아의 통제를 사용하여 상황을 평가하고 각본신념이 확인되는 상황을 회피할 때 그러한 상황을 인식하고 변화시키는 것이 각본신념에 놓여 있는 힘을 약화시키며, 그렇게 함으로써 우선적으로 좀 더 현실적인 변화가 될 것이다. 내담자와 함께 그 순간에 어떤 변화가 먼저인지 혹은 어떤 변화가 '남아 있는지'를 작업하기 위한 시간을 갖자. 슈퍼비전에서는 어떤 개입이 각각의 변화목표를 촉진하는 데 도움을 줄 수 있을지를 탐색하자.

5단계

지속적인 집중이 요구되며 단기적이고 곧 작업될 수 있는 변화목표 목록을 확인하고, 장기적인 변화목표는 상담과정에서 나중에 소개하는 것이 좀 더 적절하다. 당신은 이제 내담자를 위한 개별화된 상담계획을 갖게 되었다.

58

상담계획 검토하고 수정하기

일단 내담자의 변화목표를 파악하고 개별화된 상담계획을 만들었으면 규칙적으로 상담계획을 다시 들여다보고 수정할 필요가 있다. 매 회기 후에 상담계획을 확인하고 수정하는 것이 이상적이지만, 내담자마다 월 1회 정도는 상담계획을 검토하길 권한다. 지속적으로 검토하고 살펴보고 시간을 두고 내담자의 변화를 추적하는 것이 중요하다.

변화과정에서 내담자의 진전을 검토하기 위한 효과적인 방식은 내담자의 개별적인 상담계획과 관련된 표를 작성하는 것이다. 변화과정에서 흔히 핵심변화는 시간을 두고 자리 잡는 중대한 변화와 함께 점진적으로 서서히 자리 잡는다. 이를 위해 종이에 '변화목표'의 목록을 작성하고 회기 수에 맞게 칸을 나눠서 이루어진 변화를 기록한다. 문제가 최종적으로 해결되기 전까지 반복적으로 재검토가 필요한 가장 큰 변화에 유념하라.

#57에 제시된 예를 이용하여 〈표 58.1〉과 같은 상담계획 '추진표'를 만들 수 있다.

내담자와 함께 항목에 대한 기억을 되살리기 위해 회기를 시작하기 전에 상담계획을 읽어 보는 시간을 갖자. 내담자의 기록을 가지고 위의 틀 안에서 상담계획을 유지하며 회기 안에서 문제가 되는 것을 메모하자. 각 회기가 끝날 때 상담계획에 나타난 항목에 간단히 표시하면 시간이 지남에 따라 나타나는 내담자의 변화를 바로바로 추적할 수 있다. 변화가 일어날 때마다 목록을 지워 가며 변화가 완전히 나타났는지를 표시하고 새롭게 나타나거나 관련이 있는 항목은 추가한다. 우선 3개의 주요한 변화목표를 계속 검토하고 현재 상태를 메모하자.

표 58.1 상담계획 추진표

변화 목표	날짜 :	날짜 :	날짜 :	날짜 :	날짜 :	날짜 :
'좋지 않음'에 관한 각본 신념을 '충분히 좋은 것'으로 재결단하기						
스트로크 경제 : 긍정적 스트로크(자기 가치)를 수용하고 요청하고 스스로에게 주기						
'중요한 인물이 되지 마라' 금지령을 재결단하기						
적절한 순간에 한계를 설정하기 위해 긍정적인 통제적 어버이 자아상태 교류 사용을 지지하기						
'다른 사람을 기쁘게 하기'와 관련된 과장과 자신의 욕구와 감정과 관련된 디스카운트 중단하기						
과적응 직면하기						
어버이자아와 어린이자아 사이의 비판적인 내면대화를 가로막고 중단하기						
개인적 역량을 축하하며 성공을 나누고 스스로에게 스트로킹하기						
각본신념의 '증거'를 찾기보다는 스스로에 대한 현실적인 칭찬을 하기 (정화)						
각본신념이 '확인'되는 상황과 게임을 만드는 게임 분석하기						
멈추고 쉴 때가 언제인지를 알기 위해 어른 자아상태 자원을 스트로크하기						

59

애도과정으로서의 심리상담

심리상담에서 가장 중요한 과업 중 한 부분은 애도과정이다. 이것은 (비록 그것이 일부일지라도) 죽은 사람에 대한 애도만이 아니라 결국은 과거를 내려놓는 것에 대한 애도이다. 물론 말이야 쉽지만 애도과정은 종종 길고 고통스럽다. 때때로 애도는 관계의 상실과 영원히 떠난 기회의 상실에 대한 것이다. 많은 심리치료 모델들은 무능력 혹은 애도하기를 꺼리는 것이 정신병리 범주의 핵심을 형성하며, 상담관계에서 증상이나 역동은 애도의 고통을 피하기 위한 시도로 이해될 수 있다고 가정한다(Stark, 2000).

내담자가 오랫동안 아팠거나, 순응하기만 했거나, 충분히 반항했다면 어느 정도 무의식적인 수준에서 마법적으로 새로운 아동기가 허락되거나 부모가 변화되거나 혹은 그러한 마술적 사고와 같은 마술적 전이가 일어나기를 바랄 수 있다(Davies & Frawley, 1994; Goulding & Goulding, 1979). 심리상담의 작업 중 일부는 이러한 소망을 알아차리고 일어나지 않을 간절히 바라는 보상을 차츰 포기하면서 애도하도록 돕는다. 이러한 과정은 과거라는 시간에 해당하는 그 모든 것에 관한 것이다. 일단 애도가 일어나면 내담자는 종종 심리내적 긴장감이 상당히 줄어드는 것을 경험할 것이고, 어버이 자아상태와 어린이 자아상태 간에 '평화'도 어느 정도 생긴다.

> 임상가는 애도의 단계를 이해하고 내담자가 관계적 상실을 애도하도록 도와주는 방식으로 상담을 보는 것은 중요하다. 임상가의 애도과정 이해의 실패는 애도를 가로막아서 미해결된 상실을 남긴다. 그러한 상실은 내담자의 삶에 지속적으로 영향을 미칠 것이다. (Clark, 2001: 160)

애도과정을 서두를 수는 없지만 촉진시킬 수는 있다. 애도과정을 이해하고 상담계획에서 이것을 고려하는 것이 심리상담의 중요한 과업임을 잊지 말아야 한다. 애도과정에 대한 많은 연구들은 상담계획에 애도 작업을 포함시키는 것이 도움이 된다고 본다(Kubler-Ross, 1969; Erskine et al., 1999; Clark, 2001 참조). 애도과정은 종종 일반적인 단계를 따른다. 단계에 대한 이해는 상담 여정 안에서 상담이 어느 정도 진전되었고 내담자는 어디에 있는지를 진단하는 데 도움을 주며, 다음 단계로 나아가는 데 필요한 과업을 완수하기 위해서 상담계획을 갖고 있는 것이 유용하다. 이 단계는 퀴블러-로스(1969)의 모델과 클락(2001)의 작업으로부터 각색되었다. 심리상담 모델의 모든 단계에서와 같이 이 단계는 어느 정도는 임의적이며 일반적으로 겹치는 부분이 있다.

부인

> 부인은 무엇인가 그렇게 되지 않았으면 하는 무의식적 소망이다. … 누군가 심리상담을 찾을 땐 예전의 학대나 방임의 경험으로부터 많은 시간이 지난 후이다. 하지만 부인의 사용은 상실의 고통을 재경험하는 것에 반하는 방어처럼 지속된다. (Clark, 2001: 157)

부인은 사실상 그들이 상담받는 이유에 대한 확신 없이 상담에 온 내담자에게 있을 수 있으며 '뭔가 옳지 않다'는 어떤 감각이 커졌다기보다는 그렇게 되어야만 하는 모든 것이 되지 않았다는 자각을 갖는 것이 부인의 단계이다. 대부분의 심리치료의 첫 번째 단계는 자각의 발달이다. 비록 희망이 보이더라도 이러한 과정은 일반적으로 매우 고통스러우며 어떤 내담자는 상담이 더 좋게 만들기보다 더 나쁘게 만든다고 느낄 수도 있다. 이것은 내담자를 억누른다기보다는 감정을 느끼고 있는 정도에 대한 것이다. 일단 내담자가 상실을 경험한 것을 깨닫고 나면 부인은 극복된다. 이것은 과거에도 결코 없었고 지금도 결코 일어날 수 없는 상실이다. 부인에서 벗어나면서 흔히 강렬한 고통을 경험하기도 한다. 내담자는 오랫동안 잃어버린 기회와 되돌릴 수 없는 상황에 대해 부모와 스스로에게 격분 혹은 분노를 느낄 수도 있다.

분노

우리가 화가 나는 것은 종종 무엇인가 바꾸기를 원하기 때문이다. 내담자는 부모나 과거 혹은 그들의 파괴적인 행동이나 패턴이 바뀌기를 원할 수도 있으며 이에 대해 매우 화가 날 수도 있다. 상담가 또한 내담자의 분노를 수용하는 사람이 될 수 있는데, 특히 상담이 '상황을 악화시킨다'고 느끼는 내담자에게는 더욱 그러하다. 내담자는 사기를 당했거나 나쁜 대우를 받았다고 느낄 수 있으며 이에 대해 당연히 분노를 느낄 수 있다. 상담가는 이러한 분노를 인정하고 확인해야만 한다. 어린이로서 화내는 것을 허락받지 못한 사람은 이러한 단계가 좀 더 연장될 수 있다.

타협하기

"가장 일반적인 타협신념의 이유는 '내가 잘못된 것을 고친다면 부모님은 나를 사랑하실 거야'이다"(Clark, 2001: 158). 이러한 타협은 자각 밖에서 일어나거나 무의식적 수준에서 일어나며 그렇기 때문에 상담가가 알아보기가 매우 어려울 수 있다. 내담자는 오히려 쾌활하고 수용적인 것처럼 보일 수 있는데 이것은 실제로 그러기 전에 수용 단계로 이동한 것 같은 인상을 줄 수 있다. 타협하기는 상실의 총체적 수용과 관련된 절망을 피하기 위한 필수적인 시도이다. 이것은 어린이 자아상태의 창조적인 전략처럼 보여질 수 있다.

절망

절망으로 들어가는 것은 엄청나게 깊은 고통이고 혼란스러운 경험이다. 이것은 내담자와 함께 여행하는 상담가들에게도 그러하다. 정상적인 애도과정으로서의 절망과 우울경험으로의 절망은 질적으로 다른 주관적 경험이 있다는 의문에도 불구하고 우울 증상을 나타내는 내담자들은 종종 이 단계에서 심각하게 악화된다고 보고하곤 한다. 상실에 대한 온전한 수용은 고통을 통해 느끼고 그것을 다루는 것에서 오며, 결국은 관계의 상실과 관계적 트라우마를 슬퍼하고 행복한 어린 시절을 되돌리기에 지금은 너무 늦었다는 것을 진정으로 받아들이는 것에서 온다. 성인의 삶에서 기회의 상

실을 애도하는 것과 관련하여 내담자는 수많은 실수에 대해 스스로를 비난하며 죄의
식과 후회를 느낄 수 있다. 또한 절망은 반복적인 미래의 상실을 애도하는 것도 포함
한다. 즉 어떤 일이 특정한 방식으로 나타날 것이라는 환상을 포기하고 보상은 일어
나지 않으며 특정 관계를 되돌리기엔 너무 늦었다는 상실이다. 절망은 희망이 사라질
때 뒤따라온다. 상담가의 과업은 내담자가 절망으로부터 벗어나도록 달래 주거나 위
로해 주는 것이 아니라 내담자를 지지하고 공감하며 인정해 주는 것이다. 여기에서의
작업은 기교적인 개입보다 조용하면서도 강력하게 존재하는 것이 요구된다.

수용

마침내 상실은 받아들여진다. 이것은 지나간 과거의 일이 괜찮다거나 수용과 함께 평
온함이나 내적 평화, 행복이 나타난다는 것을 의미하는 것이 아니다. 이것은 차단된
슬픔과 묶여 있는 카타르시스(Berne, 1961)로부터 구속되었던 에너지가 결국 내담자
를 자유롭게 하는 것을 의미한다.

60

상담순서 : 관계적 관점

TA문헌에는 상담의 다양한 단계별 순서에 대한 설명이 있다(#56 참조). 상담가는 내담자와 지금 적절한 단계에 있는지, 상담이 어떤 방향으로 가야 하는지를 살펴보기 위해 심리상담 과정을 이해하기 위한 개념틀이 필요하다. 최근 관계적 TA접근에 관한 저서가 많음에도 불구하고 관계적 상담의 상담순서에 대한 자료는 거의 없다. 어떤 점에서 이것은 관계적 접근과 일치하는데, 보통 관계적 접근은 상담에 있어서 관행적이고 선형적인 접근을 피하지만 나는 관계적 접근을 수련하는 상담가(특히 훈련생이라면)는 상담의 발전을 생각하면서 틀을 갖는 것이 중요하다고 생각한다.

어떤 면에서 이러한 상담순서의 단계는 모든 상담순서와 마찬가지로 임의적이며 실제로는 복합적 사이클로 작동되고 중첩되기도 한다. 내담자는 때때로 한 단계에서 다른 단계로 이동하거나 되돌아가기도 하고 동일한 상황에 대해 다른 주제 혹은 다른 양상으로 동시에 다른 단계에서 작업될 수도 있다. 사람은 복합적인 존재이며 변화의 과정 또한 복잡하다.

1단계 : 기본적인 작업동맹

상담에서 이 단계는 상담에 대한 기본적인 방향의 발달과 상담과정 및 업무계약을 수반하는 상담의 예비기간을 포함한다(Cornell, 1986). 작업동맹(Greenson, 1967) 또한 마찬가지로 발달된다. 질문, 공감적 조율(Erskine, 1993) 그리고 계약하기는 이 단계에서의 주요한 상담개입이다. 대화방법과 번의 네 가지 진단방법을 통해 수집된 정보 역시 이 단계에서 사용된다(#33~35 참조). 여기서 우리는 내담자의 과거와 현재 관계상태에 관한 내담자의 보고뿐만 아니라 내담자와의 경험을 통한 관계패턴을 발달시키기 시작한다. 이런 과정을 통해 우리는 잠정적인 진단 가설을 세운다. 이 단계는 완성되기까지 시간이 걸릴 수 있으며 어떤 점에서는 절대 완성될 수 없는 끊임없는 수정을 필요로 한다고 말할 수 있다. 이 단계는 '충분히 좋은' 신뢰의 발달 그리고 함께 협력적으로 작업하기 위한 상담가의 어른 자아상태와 내담자의 어른 자아상태의 동맹이 포함된다. 처음부터 어느 정도 초기의 명료화가 발생한다(Hargaden & Sills, 2002). 이 단계에서는 우리의 성격이 드러나기 시작하며 내담자도 알아차린다. 그들은 자신의 전이를 걸기 위한 '고리'를 상담가로부터 무의식적으로 찾는다. 내담자가 우리 성격에 대한 여러 가지 단서를 알아차리기 때문에 상담자의 인격이 전혀 나타나지 않는 것은 불가능하다.

2단계 : 전이 점검하기

이 단계는 더 '깊은' 방식으로 명료화를 계속한다. 양육자와의 초기 상황에 대한 무의식적인 재실연이 상담 안에서 나타나기 시작한다. 내담자에게는 상담가가 그들의 각본을 강화하는지 또는 상담에 필요한 충분한 능력을 가지고 있는지를 보기 위해 무의식적으로 점검하는 것처럼 볼 수 있다(#76 참조). 상담가가 전이 점검을 어떻게 다루는가는 상담의 궁극적인 성공에서 가장 중요하다. 이 단계는 소란스럽고 갈등적일 수 있다. 이 과정은 '부정적'이고 독성이 있는 내사와 두려움(그러나 예상된)을 드러나게 하고, 소란은 변화와 내적이고 상호적인 재작업의 기회를 창조한다. 여기서 상담가는 단지 '좋은 대상'으로 보이는 것이 아니라 안전기지이자 내담자의 고통, 분노, 격분을 인내하고 방지하며 자원을 제공할 수 있는 능력을 가진 사람이다. 게임 초대는 이 단계에서 일어날 것이다. 관계적 TA상담가는 차단하는 것이 아니라 그것으로부터 배우고 함께 작업하기 위해 지켜보며 게임 초대와 실연에 대한 기여 또한 반영한다. 관계적 단절과 회복의 사이클은 이 단계를 통해 나타나며 어느 정도의 필수적인 회복 작업이 일어난다.

3단계 : 작업 완수하기

이것은 '엄밀한 의미의 명료화'로 볼 수 있으며 중요한 암묵적인 재결단을 포함한다.

상담은 전이의 발달과 원래 계약의 재작업을 가능하게 하는 전이분석을 포함할 것이다. 내담자가 내적이고 관계적인 갈등을 통해 작업하고 결국엔 과거와 '과거가 아닌 것'을 애도하며 애도의 다양한 단계를 지나기 때문에 종종 이 단계는 극도로 고통스럽다. 상담은 더욱더 많은 단절과 회복의 사이클을 포함하겠지만, 이 순간에는 과정에서 재해결을 위한 다른 자원이 표면화된다. 이 단계에 걸리는 시간은 사람마다 차이가 있지만 일반적으로는 매우 오래 걸리는 과정이다.

4단계 : 실행하기와 강화하기

이 단계는 통과하는 데 상당히 많은 시간이 걸릴 수 있다. 단절과 회복의 사이클이 통합되고 원래 계약이 바뀔 수 있기 때문에 내담자는 세상에 존재하는 새로운 방법을 찾을 필요가 있다. 여기에서는 실존적인 문제가 가장 중요할 것이며 내담자는 관계 안에서 의미를 만들기 위해 일상의 현실을 탐색한다. 어느 정도의 범위에서 이것은 상담을 통해 만들어지는 재결단의 통합과 강화와 유사하다. 오래된 패턴을 되돌아봄으로써 과거의 문제나 증상이 되풀이될 수도 있다.

5단계 : 종결

내담자는 관계를 철수하기 시작한다. 이것은 내담자가 지금껏 가져 왔던 관계의 긍정적인 종결을 처음으로 의식적으로 계획하는 것이다. 이것은 상담가에게도 고통스러울 수 있으며 상담과정을 무시하는 내담자는 상담가에게 상처를 주거나 평가절하할 수도 있다. 이것은 내담자가 상실의 전체적인 부분을 설명하지 못하고 관계로부터 에너지를 거둬들이는 정상적인 과정으로 고려될 수 있다. 종결에 대한 상담가 자신만의 접근은 중요하다. 만약 세심하게 탐색되고 논의되지 않는다면(아마도 슈퍼비전에서), 상담가의 감정은 긍정적인 종결을 방해하고 가로막을 수도 있다. 아마 분리와 개별화와 관련된 주제(Mahler et al., 2000)가 나타날 것이고 내담자는 상담을 강화하는 경험을 긍정적으로 확신할 필요가 있으며, 종결에 대한 확신은 최선의 치료적 경험이 된다.

61

자각, 자발성, 친밀 그리고 자율성

번은 자율성을 자각, 자발성, 친밀이라는 세 가지 특성으로 정의했다(Berne, 1964). 스튜어트(2007: 34)는 '각본을 직면하고, 자율을 초대하라'는 슬로건으로 TA상담가의 역할을 요약하였다. 내담자의 각본 이슈를 검토하는 것 외에도 TA상담가는 자각, 자율성, 친밀의 개발을 촉진시킬 수 있는 방법을 주도적으로 활용한다. 병리보다는 건강에 초점을 맞춘 대안적인 상담계획으로 향상된 자각, 자발성, 친밀을 향한 움직임은 이용될 수 있다(Cox, 2000).

자각

번의 설명에서 자각은 괄호로 묶기 혹은 개인의 가설, 편견, 선입견을 잠시 접어 두기를 포함하는 현상학 방법과 유사하며, 사변적이고 이론적인 설명이라기보다 가장 초기의 단순한 묘사(오컴의 면도날)로, 각각의 서술적인 요소에 중요성과 동등한 가치를 부여하는 평준화이다. 진정한 자각처럼 현상학은 무엇을 경험했고 그것을 어떻게 경험하는가와 관련이 있다(Nuttall, 2006). 자각은 새로운 경험에 대한 인식과 무한한 개방성을 요구한다(Cox, 2000). 자각은 현재에 집중된 자각의 흐름을 이끄는 마음챙김 기법을 포함하여 다양한 방법으로 증진될 수 있다.

자발성

자발성은 호기심 어린 자세와 대담성 그리고 계속해서 새로운 순간으로 세상을 경험하는 것을 포함한다(Cox, 2000). 그것은 경험에 대한 개방성과 새로운 것을 시도하는 것, 새로운 존재 방식을 포함한다. 상담실 안에서 고안되고 사용되는 창조적인 실험은 자발성을 증진시킨다. 상담에서 내담자는 각본의 본성을 제한하는 압박감에서 벗어나려고 노력한다. 그래서 다르게 반응하도록 이끄는 것에 흥분되며 해방감을 줄 수 있다. 상담가에게 상담실에서의 자발성은 드러나는 것이라기보다 우리의 충동과 관련하여 반영적인 자세를 지속적으로 유지해야 하는 것이라는 점에서 어렵다. 우리의 경험과 완전한 자각에 개방적이고 분별력 있게 자각과 교류자극에 반응하는 다른 방식을 경험하는 것은 상담에서 내담자의 자발적 경험을 강화시킨다. 자발성의 예측 불가능성은 일부 내담자들을 심란하게 하고 불안하게 한다. 그러나 예측이 어려움과 실험적인 태도를 수용하게 하는 것은 자발성을 불러오고 증진시킬 것이다.

친밀

친밀은 상담관계에 스며들어 있다. 친밀의 깊이는 솔직함의 정도와 관계에 대한 신뢰, 그리고 타인과의 관계 안에서 우리의 연약함을 드러낼 수 있는 기꺼움으로 특성화된다(Cox, 2000). 상담가의 경험 혹은 개인적인 주제와 함께 내담자에게 부담을 주지 않는 역전이의 솔직한 표현은 친밀감을 깊게 해 준다.

> 자신이나 다른 사람 둘과 이러한 관계수준으로 모험하는 내담자를 위해 그는 이러한 깊이에서 이러한 방식으로 관계 안에 기꺼이 하고자 하는 누군가와 함께 있어야만 한다. 그래서 상담가는 비밀스러운 전문가로 남기보다는 자신의 통합되지 않고 상처받기 쉬운 면과 직면해야만 한다. (Cox, 2000: 84)

상담관계 발달에서 내담자와 상담가 간의 친밀수준은 상담 안에서의 친밀경험이 내담자에 의해 다른 사람들과 연결하는 새롭고 좀 더 자원적인 방식으로 일상의 삶에서 받아들여지는 것을 목표로 둘 때 증진된다.

CHAPTER 6

흔히 일어날 수 있는
어려움 피하기

현실적인 상담기간

번은 상담가들에게 '한 회기 안에 내담자를 치유'하도록 하라고 권고하였다(Berne, 1972). 이 입장은 이후 스튜어트(1996)와 같은 학자의 TA문헌에서 강조되었다. 나의 견해로는 짧은 상담에 대한 지나친 강조는 실제 임상에서 깊은 관계가 형성되기 어렵다. 짧은 상담에 대한 강조와 상대적으로 단기간의 변화에 대한 기대는 상담가와 내담자 모두에게 환멸을 느끼게 할 수 있다. 환멸의 잠재적인 결과 중 하나는 이것이 궁극적으로 상담가가 탈진되는 원인이 된다는 점이다.

최근 정치적 상황에서는 단기상담이 권장되고 있으며 때로는 그것이 '기준'처럼 여겨진다. 지금은 비록 많은 기관에서 (직원지원 프로그램과 NHS사회적 서비스를 포함하여) 상담과 심리치료 과정을 제공하고 있지만 기간은 대개 최대 8회기 정도로 제한된다. 많은 상담가는 내담자와 6회기의 초기 계약을 진행한 후 작업을 다시 검토한다. 단기상담에 많은 장점이 있는 것은 분명하지만 고려해야 할 여러 변수가 있다.

8회기 이상 상담이 진행되는 것을 수치스러워하거나 '나는 쓸모없어'와 같은 부정적 각본신념을 가지고 있는 내담자에게 몇 회기 안에 회복될 것이라는 기대는 도움이 되지 않는다. 상담가는 내담자가 완전히 회복하는 데 상당한 시간이 걸린다는 것을 분명히 하고 장기상담이 기준이라는 것을 알려 주어야 한다. 보통 '기본 8회기'보다 더 오래 걸린다고 알고 있는 내담자는 동의하에 상담을 시작하기 때문에 상담기간에 대한 분명한 논의는 좋은 계약방법이다(Steiner, 1971). 나는 보통 내담자에게 '기본 8회기'보다 오래 걸릴 것이라고 미리 이야기하는데 일반적으로 이러한 예비 내담자들이 나의 솔직함에 대해 고마워한다는 것을 알았다. 심각한 혼란을 겪는 내담자는 오히려 안심하기도 하는데 이것은 그들의 문제가 깊고 빨리 해결되지 않는다는 것을 알고 또한 상담가가 그들의 문제에 대한 복잡성과 깊이를 분명하게 이해하고 있다고 느끼는 것과 관련이 있다. 예를 들어, 오직 단기상담만 허용하는 기관처럼 장기상담이 불가능한 경우에 상담가는 주어진 시간 안에 무엇을 할 수 있는가에 대해 내담자와 현실적으로 논의할 필요가 있다. 가능한 상담결과에 대해 현실적으로 접근하기 위해 협의된 동의하에서 상담을 시작하는 것이 내담자를 더 확고한 위치에 있게 하고, 또한 시작 단계에서부터 숨겨진 약점에 초점을 맞추게 한다.

상담에 대한 예측과 기간에 대한 문제는 내담자가 제시한 목표와 내담자의 진단에 대한 상호작용에 의존하게 된다는 것이다. 아마도 상대적으로 잘 기능하고 있는 내담자보다는 정서장애 내담자에게 목표달성을 위해서 좀 더 장기적인 상담이 필요한 것은 말할 필요도 없다. 내면적으로 잘 구조화된 내담자는 가끔 그들이 경험한 스트레스의 강렬함 때문에 '혼란'스러운 상태로 보이고, 반대로 매우 강하고 깊은 병리 증상을 가진 내담자는 정서장애를 점차적으로 드러낼 뿐 초기에는 매우 잘 기능하는 것처럼 보이기 때문에 내담자의 정서장애의 정도에 관한 정보를 초기 몇 회기 안에 확실하게 수집할 수는 없다.

단기상담에 분명한 이점이 있는 것은 맞지만, 상담기간을 예측하는 데는 설명하고 고려해야 할 변수가 많다. 그와 같은 변수 중 하나가 하나 이상의 질환이 함께 나타나는 복합적 만성질환이다. 최근에는 한 가지 질환이 있는 내담자보다 복합적 만성질환이 있는 내담자가 일반적으로 더 많다고 보는 연구들이 많다(Morrison et al., 2003).

심리상담에 대한 효과성 시험은 16회기의 시간으로 한정적이며 상담방법은 일관성을 위해 매뉴얼화되어 있다. 하지만 효과성 시험은 엄격한 기준을 적용하므로 전체 내담자 중에서 35~75%는 일반적으로 배제된다(Morrison et al., 2003). 이와 같이 높은 배제 비율은 상담의 일반화에 대한 가정에 의문을 제기하며 심리치료를 찾는 '보통'의 내담자를 정확하게 반영하지 못한다. 더 나아가 단기상담의 효과성 연구는 내담자의 78~88%가 단기상담 종료 후, 8개월 내에 심층상담을 찾거나 증상이 재발한다는 것을 보여 준다(Shea et al., 1992).

경험이 많지 않은 상담가는 '바르게 하려는' 열망 속에서 지식적으로 아는 것을 마치 문제가 해결된 것으로 동일시하면서 아직 준비되지 않은 내담자를 변화시키려고 자극하거나 변화를 위해 피상적인 접근을 하는 것 같은 부자연스럽게 서두르고 싶은 유혹을 느낀다. 이것은 변화가 항상 의식적인 노력과 약간의 지식문제일 뿐이라는 것을 전제로 한다. 이러한 접근은 일반적으로 내담자에게 실질적인 효과나 장기적인 긍정적 변화를 주지 못하며, 어쩌면 전문성에 손상을 줄 수 있고 내담자가 앞으로 상담에 참여하는 것을 방해할 수 있다. 때로는 변화를 일으키고 변화가 영속적으로 일어나게끔 하는 데 엄청난 반복이 필요하다. 이따금 상담가와 내담자는 이미 문제를 논의했거나 특정 문제에 대해 상담했기 때문에(기법을 사용하거나 해석을 하는 등) 그 문제가 해결되었다고 가정한다. 불가피한 상황이 발생하거나 문제가 재발하거나 오랜 기간 동안 내적 변화를 느끼거나 경험하지 못한다면 내담자는 상담에 대한 신뢰를 잃을 수 있으므로, 이러한 가정을 하거나 도움이 되지 않는 기대를 하는 것은 현명하지 않다. 정신병리학, 성격 특성, 사고, 감정, 연결, 행동의 형성된 패턴은 단기상담 연구가 보여 주듯이 쉽게 잘 변할 수 있는 것은 아니다(Westen et al., 2004).

나는 '성급하게 좋아지도록' 몰아 가는 것 자체가 문제를 일으키는 깊은 사회적 불안의 상징이 아닐까 생각한다. 아마도 역설적인 변화의 게슈탈트 이론과 비슷한 무언가가 우리가 밀어붙이며 빠르게 변화시키고자 하는 욕구를 내려놓을 때 우리의 자원과 잠재력을 자유롭게 하는 것이 아닐까?

63

미성숙한 계약 피하기

TA상담을 처음 접하는 초보 상담가는 첫 회기 안에 행동결과에 초점을 맞춘 계약을 완성해야 한다는 인상을 받곤 한다. 이것은 수련생 상담가를 잘못 이끌 수 있는 엄청난 오해이다(그들이 내담자와 '해야만 한다'고 생각하는 분명한 계약을 하지 못했기 때문에). 상담에서 너무 일찍 '확실한 계약'(Stewart, 1996)을 밀어붙이는 것은 1~2회기 만에 내담자가 상담을 종결하는 일반적인 이유라고 본다. 내담자는 어설프게 접근한 계약으로 '괴롭힘을 당했거나' 강요받았다고 느끼거나 혹은 미숙한 상담가를 만났다고 느낄 수 있다. 이것은 특히 과거에 괴롭힘을 당했던 내담자에게는 트라우마가 될 수 있다. 계약에서 지나치게 강경한 태도는 내담자로 하여금 상담가가 최소한 조화스럽지 못한 사람이라고 느끼거나 최악으로는 가혹하다고까지 느끼게 할 수 있다. 이와 같이 엄격한 방식의 계약은 내담자에게 반항적이거나 맹목적으로 순응하는 자세(기능적 AC자아상태)를 취하게 하며 어른자아 대 어른자아의 계약과정의 여지를 주지 않는다.

분명하게 정의된 행동적 계약을 만드는 데 지나치거나 미숙하게 초점 맞추는 것은 내담자로 하여금 눈에 보이는 결과만 받아들여진다는 의미로 해석될 수 있다. 이것은 자신이 '누구인가'보다는 '무엇을 하는가'로만 받아들여진 경험이 있는 내담자에게 노골적인 암시가 될 수 있다. 고려해야 하는 또 다른 요소는 내담자가 때때로 상담 초기 단계에서 분명한 목표를 가지고 있지 않거나(특히 그들이 욕구나 원하는 것으로부터 심하게 단절되어 있는 경우) 각본에 따른 목표를 갖고 있는 경우이며 여기에 지나치게 집중하는 것은 상담에서 실수가 될 수도 있다. 초기에 계약을 추구하는 것은 불확실성 속에서 혼자서 쩔쩔매거나 통제감이 필요한 상담가에게는 유혹이 될 수 있다.

상담가가 계약에 초점을 두는 것으로부터 언제 물러나야 하는지에 대해 울램스와 브라운은 '상담의 네 가지 규칙'(Woollams & Brown, 1978: 265-7)에서 흥미롭고 유용한 제안하였다. 나는 여기에 각 규칙에 대한 나의 의견을 덧붙여 고딕체로 표기하였다.

1. 상담가는 상담 중에나 상담이 끝난 후에나 늘 OK 태도로 있어야 한다. 무능하다고 느끼거나 '상담을 적절하게' 하지 못했을 때는 상담가로서 괜찮다고 느끼기는 어렵다. **상담가는 계약하기에 대해 여유를 가짐으로써 상호접촉에 집중할 수 있게 되어 OK 태도로 있을 수 있는 좋은 위치를 점하게 된다. 이것은 무엇을 원하는지 알지 못하여 혼란스러워하는 내담자에게 계약을 끌어내지 않음으로써 그들의 감정을 정말 내려놓고 이해할 필요가 있다는 것을 알도록 하므로 내담자는 좀 더 OK라고 느낄 수 있다.**

2. 상담가와 내담자 간의 계약 내용을 다루기 전에 관계 구조를 먼저 다룬다. **'계약에 선행하는 접촉'인 공감적 조율에 집중함으로써 상담관계가 긍정적으로 강화된다. 시간을 두고 계약을 하는 것은 상담관계의 구조를 '단단하게' 하며, 이는 강한 작업동맹 안에서 진행되는 상담과 계약에 필수적인 기반을 제공한다.**

3. 계약의 내용을 다루기 전에 전이와 역전이 문제를 다룬다. **이것은 상담의 후반부에서 다루는 것이 더 적절하다. 하지만 전이의 문제는 상담 시작부터 전 과정을 통해 일어난다. 보통 전이역동은 드러날 때 다뤄질 필요가 있는 작업이기 때문에 분명하다면 바로 그때 다룰 필요가 있다.**

4. 계약의 내용을 다루기 전에 (상담가를 포함하여) 참여자 간에 존재하는 지금-여기의 문제와 다른 중요한 삶의 문제를 다룬다. **경직된 자세로 계약에 매달리거나 계약을 밀어붙이는 것은 내담자가 어떻게 경험하는지를 직접 논의하는 것을 불편해하거나 혹은 상담관계의 갈등적인 측면을 다루는 것이 불편한 상담가에 의해 (잘못) 사용될 수 있다. 보통 내담자들은 지난 일주일 동안 삶에서 일어난 일을 각 회기의 핵심 내용으로 가져온다. '계약된 내용이 아니'라는 이유로 이에 대해 논의하기를 거부**

하는 것은 상담과정에서 내담자의 욕구를 존중하는 것이 아니다. 위기가 있을 땐 계약이 일시적으로 보류되거나 '사후계약(debrief contract)'으로 대체될 수 있다. 때때로 직관적이며 순간순간에 대한 접근이 스트레스를 받는 내담자에게 최선의 상담적 지지가 된다.

64

'확신'의 함정 피하기

대부분의 상담가들은 (특히 수련생) 상담 작업에서 내담자와의 관계에 확신감을 갖기 원한다. 가끔 이런 확신에 대한 욕구는 다음에 무엇을 해야 할지 알고자 하며 상담과 정을 통해 단계별로 상담가를 안내하는 공식이나 방법을 알기 원하기 때문이다. 초보 상담가는 분명하고 세부적이며 장기적인 지침이 없다는 점에 심란해하고 긴장하며 불안해한다.

> 하지만 우리 관점에선 상담가가 확신한다는 것이 문제이다. 무엇이 일어나고 있는지에 대한 감각을 주는 확신은 특히 수련생인 상담가의 불안을 줄일 수 있다. 그러나 알지 못하고 게다가 알 수 없는 분노를 다루는 능력개발에는 도움이 되지 않는다. 많은 경험을 가진 상담가를 포함하여 대부분의 사람들은 더 많이 알수록 더 많이 모른다는 것을 깨닫게 된다고 이야기한다. 우리가 볼 때 불확실성을 견뎌 내고 자신과 타인 모두에게 미치는 실존적 불안을 포용할 수 있는 능력이 상담가에게는 중요한 기술이다. (Tudor & Widdowson, 2008: 221)

이러한 입장은 스타크에 의해 옹호되는데 그는 "가장 유능한 상담가는 아마도 꽤 오랜 동안 알지 못하는 상태의 경험, 혹은 볼러스(1987)의 말에 의하면 필연적인 불확실성의 경험조차도 어느 정도 관대히 다룰 수 있는 사람일 것이다."라고 말했다(Stark, 2000: 148).

어떠한 분석도 온전히 완성되지 않아 자신과 타인에게 무슨 일이 일어나는지 전혀 알 수 없다면 확신에 대한 탐색은 잘못된 것이다. 모든 심리적 과정은 다양한 의미를 지닐 수 있다. 확신은 감추어진 의미를 볼 수 있는 범위도 제한할 수 있다. 정신화는 호기심 어린 자세와 확신의 부재를 요구하며, 정말 확신한다면 정신화는 멈춘 것이다. 정신화를 증진시키고자 하는 접근은 불확실함을 포용한다(#92 참조).

진단과 올바른 개입 시점을 찾는 것에 대해 지나치게 강조하거나 복합적인 개입은 상담가를 기계적인 접근으로 유혹할 수 있으며 이것은 내담자의 개성을 찾거나 존중하는 일이 아니다(Clark, 1996). 이러한 기계적인 접근은 불확실성의 불안 속으로 들어가는 데 대한 방어가 될 수 있다. 불확실함은 어떤 상담가에게는 무기력하고 불확실했던 어린 시절로 퇴행하게 하는 압도적인 경험이 되기도 한다. 이것은 타인을 돌보는 각본과 불확실성과 결핍된 관계접촉을 가지고 불안을 다루는 방식으로 문제를 해결하는 환경에서 성장한 상담자들에게서이다(Barnett, 2007).

불확실성을 포용하고 이것이 만들어 내는 분노와 평화를 만들자.

65

상담가로 인한 수치심의 위험 줄이기

의원성 질환은 병원치료에 의해 발생하는 질병이다. 워드넷에서는 "의사의 말이나 상담에 의해 유발된다."고 정의하였다(http://dictionary.reference.com/browse/iatrogenic). 이 정의는 내가 여기서 언급하는 것과 더 가깝다.

　많은 내담자가 수치심이나 수치심에 근거한 정체성과 관련된 핵심 문제를 보인다(Nathanson, 1994; Cornell, 1994; Erskine, 1994). 이러한 내담자를 위한 상담목표 중 하나는 수치심의 문제를 감소시키거나 해결하는 것이다. 불행하게도 상담가들은 방법의 사용에 주의를 기울이지 않아서 내담자에게 수치심을 갖게 하거나 이를 악화시킬 수 있다. TA상담가가 부주의해서 내담자가 수치심을 느끼는 또 다른 방식은 그들의 언어 사용과 품행, 자세를 통해서 '자기긍정-타인부정'의 태도를 미묘하지만 강하게 내담자에게 전달한다. 상담가는 최선의 의도임에도 불구하고 내담자는 (상담가로부터 어떻게 전달받았는가와 상관없이) 각본과 내적 과정에 따라 'not-OK' 상태로 교류를 경험하는 것도 사실이다. 상담가에 의한 수치심은 수많은 상담개념에 부적절하게 적용되고 부주의하게 활용될 수 있지만 TA 상담가에 의한 잠재적인 수치심은 흔히 다음의 개념이나 기법의 잘못된 적용으로 인해 발생하는 것으로 보인다.

계약하기

계약하기는 내담자가 상담 가능성에 대해 여전히 불확실하며 무슨 일이 일어날지 알지 못하고 목표에 대해 불확실한 초기 몇 회기에 특히 지나치게 사용된다(제4장 '계약하기' 참조). 구체적인 목표 설정에 지나치게 집중하는 것은 그들이 무엇을 원하는지 정확히 알지 못하고, 어떤 변화가 일어나야만 한다고 알지만 그 변화를 일으킬 수 없거나 그들이 원하는 것을 어떻게 가질 수 있는지 모른다는 점으로 인해 내담자에게 좋지 않은 감정을 남길 수 있다. 지나치게 강하게 행동계약을 주도하는 것은 은유적으로 내담자를 구석으로 몰아갈 수 있으며 어떤 이유에서든 행동계약이 이루어지지 않았다면 내담자는 수치심을 느낄 수 있다. "때로는 계약과정 그 자체가 사람이 'not-OK'라는 것을 말할 수도 있다"(Lee, 1997: 99). (표면상으로) 내담자는 변화하기 위해 상담에 오기 때문에 이러한 긴장을 다루는 것은 쉽지 않지만 '당신은 변화해야만 한다'는 생각을 열심히 받아들이는 것은 내담자가 OK상태로 변형하는 경험이 필요하다는 메시지를 다시 강조하는 것일 수 있다. 게슈탈트 상담가는 진정으로 우리 자신이 누구인지를 받아들이면서 변화에서 자유롭게 해 주는 변화의 역설 이론(Beisser, 1970)을 설명하고 있다.

오염제거

상담에서 권고(Berne, 1966)나 지나치게 '교육적'으로 오염제거를 시도하는 것은 내담자에겐 어버이자아로 경험될 수 있다(비록 이 접근법을 사용하는 상담가가 '어른자아의 정보를 제공'하는 것이라고 말할지라도). 권고는 때때로 상담 접근으로 작용하지만 내담자의 자율성이나 자유를 증진시키지는 못한다. 특히 그들이 권고를 지식으로 받아들이거나 요구되는 내적 변화나 행동에 맞는 변화를 아직 하지 못했다면 내담자는 자신이 하찮고 바보 같다고 느낄 수 있다.

게임분석

게임은 무의식적인 과정으로 정의된다. 게임은 외부인에게는 매우 분명할 수 있지만 게임에 빠져 있는 사람들에겐 그렇지 않다. 내담자의 게임을 지적해 내는 것은 많은 수치심을 줄 수 있다. 흔히 '게임'이라는 말은 사실 의식적인 조작의 정도를 내포한다(물론 종종 격렬하게 부인되지만!). 내담자의 게임을 지적한 후 내담자가 자신의 '어리석음' 또는 '조작'에 대하여 스스로에게 나쁘다고 느끼며 앉아 있는 동안, 만족해하며 현명하다고 느끼는 것은 결코 가치 있는 일이 아니다. 부가적인 수입을 올린다는 생각 역시 매우 수치스러우며, 여러 차례에 걸쳐 섬세하게 점진적으로 할 필요가 있다. 참여자들을 바꾸고 상황에 책임을 지우는 '집단 책임규명'을 위해 게임분석을 사용하지 마라.

디스카운팅

디스카운팅은 무의식적인 과정(Schiff et al., 1975)으로 정의되며 그러므로 직접적·의식적 사고로 즉각적으로 되는 것이 아니다. "당신은 디스카운팅하고 있다."라는 말은 '나는 정말 바보야'와 같은 내담자의 각본 메시지를 차례로 강화할 수 있는 부인 혹은 수치심 반응과 매치될 수 있다. 내담자가 디스카운팅하는 범위는 매우 분명해질 수 있고 디스카운트를 직면하지 않는 것은 내담자의 방어패턴에 관한 많은 정보를 드러낼 수 있다. 디스카운팅에 대한 직면은 내담자가 '네가 어떻게 생각하는가를 생각하기에는 넌 잘못됐어. 대신 내가 어떻게 생각하는지 생각해'라는 메시지를 듣지 않도록 조심스럽게 해야 할 필요가 있다.

'낙천주의자 되기'

내담자를 위로하고 더 좋게 느끼도록 재촉하고 '뭔가 유용한 것을 하고자' 하는 바람과 엄청나게 고통스러운 느낌을 탐색하는 가능성에 대한 두려움은 상담가가 긍정적인 것에만 방어적으로 집중하게 하거나 내담자에게 가장 단순한 대답만을 하도록 유혹할 수 있다. 때때로 내담자의 고통의 깊이와 범위를 수용하고 '함께 있는 것'은 매우 어려운 일이다. 크게 낙담한 내담자의 엄청난 '정신적 고통'을 무시하는 것은 내담자에게는 공감적 실패로 경험된다. 그로 인해 내담자는 혼자라고 느끼게 되고 내담자의 경험에 대한 인지적 불협화음은 각본신념을 강화하고 수치심을 초래할 수 있다.

이러한 목록들은 소모적인 것이 아니라 임상가에게 TA 기법의 서툴고 무감각한 적용이 치료라기보다는 얼마나 해로울 수 있는지에 대한 예를 제시하며, 그렇게 하는 것은 '상해를 입히지 않겠다는 계약' 상담원칙에 위배된다는 것을 보여 준다.

TA상담은 상담가에 의한 수치심을 최소화하는 데 유용하다. 수치심을 일으키는 자극은 상담가로부터 비롯될 수 있으며 매우 미묘하여 상담가도 알아차리지 못할 수 있다. 내담자의 암묵적 기억에 대한 공명에 어떻게 반응하는가(혹은 일으켰는가)에 의해 자극의 어떤 부분은 내적으로 만들어지는 것이 가능하다. 현명한 TA상담가는 내담자들과 함께 그들의 교류를 방어적이지 않은 태도로 점검하고, 이러한 자극(그리고 결과적 변환)에 대한 그들의 기여를 받아들일 준비가 되어 있다. 일련의 상황에서 자신의 역할을 봐야 하는 상담가가 이를 거부하는 것은 내담자에게 그들이 뭔가 '잘못되었고' 상호관계의 문제가 오직 내담자에게만 있다는 심리적 수준의 메시지를 줄 수 있다. 이러한 과정은 관계에서 '자신'과 '타인'이 어떻게 작용하는가를 고려하는 내담자에게 부정적 각본신념을 강화할 수 있다.

정리하자면 상담가는 내담자와 연결하는 자신의 방법에 주의할 필요가 있으며 상담가로 인한 수치심으로 각본을 강화할 가능성을 최소화하기 위해 내담자에 대한 의사소통의 영향력을 고려할 필요가 있다.

66

'OK' 라켓 피하기

"사람은 OK이다."라는 철학적 원리로 소개된 TA가 사람들에게 열광적으로 받아들여지는 것은 당연하다. 그들은 다른 사람을 'OK'로 보고, 사람에 대한 긍정적 시각을 받아들이며, 'not-OK'로 간주될 수 있는 방법으로 타인을 보거나 행동하는 것에 도전한다. 이것이 좀 더 즐거운 세상을 만들 수 있게 하고 인본주의 모델과 조화를 이루는 수용적인 치료 자세를 발달시킨다 하더라도 심각한 문제적 태도 또한 초래할 수 있다.

문제적 태도로 돌아가게 하는 것은 우리 감정의 좀 덜 유쾌한 측면과 다른 사람에 대한 감정적 반응을 무시하고자 유혹하는 힘이다. 다시 말해 '긍정성(OKness)'을 추구하기 위해 우리의 '어두운 측면'을 디스카운트하거나 부정하게 하는 힘이다. '어떤 대가를 치르더라도 긍정성을 유지'하고자 하는 바람에서 OK라켓은 발달한다. 만약 우리가 금지된 감정을 숨기기 위해 덮고 그것을 대신하여 허용된 감정을 받아들이는 의미로 라켓의 개념을 쓴다면 '긍정성'은 때때로 라켓이 되는 것처럼 보일 수 있다(English, 1971).

'OK라켓' 발달의 경우 '긍정적이기'에 열을 올리는 초보 TA분석가는 내담자를 향한 100% 긍정적이지 않은 감정 반응이나 어떤 면에서 불편하거나 불쾌함을 느끼는 것에 대한 감정자료의 존재를 크게 디스카운트할지도 모른다(Mellor & Schiff, 1975). 이러한 디스카운트 과정은 당연히 문제가 된다. 왜냐하면 이러한 감정을 억압하는 것은 상담가와 내담자 모두에게 있어 심층적으로 사용될 수 있는 자원을 차단해 버리는 것을 의미하기 때문이다. 라켓 발달에 대한 우리의 합의는 개인에게서 허용되지 않는 감정과 부인된 감정을 숨겨 진정한 감정을 감추는 것이다. 라켓의 전통적인 관점은 이러한 과정이 어떻게 해서든지 개인의 각본으로 연결되며, 라켓이 개인 각본의 중요한 측면을 강화시킨다는 것이다. 만약 이러한 경우 '긍정성'이 어떻게 라켓감정이 될 수 있는가? 클락슨(1992)은 '역각본 치유'와 '건강으로의 도피'를 설명하였다. 그는 하나의 잠재적 변형방법으로서 내담자(이 경우에는 TA를 훈련받는 수련생)는 표면상으로 그들의 각본에 대항하는 것 같은 태도를 취하지만, 어떤 면에서 이것은 사실상 변형된 각본 버전이며 내사로의 적응일 수도 있다고 하였다. 이것은 그들의 'not-Ok' 느낌을 묻어 버리는 예가 될 수 있으며 개인은 TA공동체에 속하는 것 같은 소속감을 갈망하고 사실상 부모님의 준거틀에 적응하는 것과 유사한 방식으로 외부 자원을 받아들인다. 나는 이것이 타인을 OK로 보기가 상대적으로 쉬운 '자기부정-타인긍정' 인생태도의 내담자에게 특히 더 위험이 될 거라고 추측한다. 그리고 그들은 마술적 변화의 환상이 실현되어 자신이 정말 OK가 될 수 있다는 것을 진심으로 바라며 만트라 주문을 반복함으로써 믿기를 원한다. '긍정성' 위치에 라켓을 맞추는 것은 허가든과 실즈(2002)의 자기에 대한 개념을 사용하여 개인이 $A_1 + (A_1$ 긍정성)자아정체감 체계에 동일시하게 하고, 그래서 타인 또는 자신을 향하여 그들의 '부정성'을 억누르고 부정하게 한다. 긍정적 정체감과 '긍정성'을 유지함으로써 개인은 '좋은 사람들 중에 한 사람'이 되는 연약한 정체성을 지속시킬 수 있을 것이다.

　나는 TA분석가로서 우리가 '긍정성' 개념과 부정적이고 유쾌하지 않은 감정의 존재를 설명하는 데 대한 교육과 실제에 좀 더 현실적인 태도를 개발해야 한다고 제안한다. 위니컷(Winnicott, 1946)의 독창적인 보고서 '역전이에서 증오(Hate in the countertransference)'에서 그는 상담가에게 내담자를 향해 갖고 있었던 '불쾌함'과 '불친절한' 생각과 감정을 경험해 보게 하고, 상담의 중요한 측면으로 내담자를 가급적 정상으로 볼 수 있는 방법에 대한 기반을 닦았다. 마로다(Maroda, 1994)는 잠재적 치료도구로 상담가가 내담자에게 정서적인 반응을 사용하도록 촉구함으로써 더욱 이러한 태도를 갖도록 하였다. 마로다는 보통은 지지하지만 적절한 순간에 주의 깊게 말을 선택하며 심지어 그 감정이 '불쾌함'으로 느껴질 때도 상담가의 감정적인 역전이의 노출에 주의하라고 언급했다.

　투사적 동일시는 상담가 안에서 불쾌한 감정과 생각을 유발시킬 수 있는 독특한 전이현상이다. 투사적 동일시에서 내담자는 상담가에게 견딜 수 없는 특정한 감정을 투사하고 있다는 생각을 갖게 되고, 그래서 상담가는 내담자가 이러한 감정을 차례로 다시 느낄 수 있도록 처리하고 대사하며 해독하고, 변형시킬 수 있다. 오그던(Ogden, 1982)은 4개의 주요한 투사적 동일시 기능을 밝혔다. 첫 번째, 자기에 대해 부정하고 싶은 면과 원하지 않는 경험을 하는 것에 대한 방어, 두 번째, 의사소통 방식(만약 내담자의 감정이 다른 사람에 의해 경험된다면 이것은 이해되고 있다는 깊은 감각을 만들어 낸다.), 세 번째, 다른 사람과 관계를 맺고 관계를 유지하는 방법, 네 번째, 심리적 변화방법(감정은 타인에 의해 변화되며 우리는 견디기 어려운 감정을 보유하고 전환시키는 데 더 생산적인 방법을 새롭게 깨닫게 된다.)이다. 이러한 관점에서 투사적 동일시는 상담적 변화에 큰 잠재력을 갖고 있고, 내담자가 감정이나 욕구와 소통하는 데 창의적인 수단이 됨을 볼 수 있다.

> 상담가는 내담자의 욕구가 어디에서 비롯되었는지에 대한 역량이 있어야한다. 다시 말해서 내담자가 수용할 수 없는 모든 종류의 감정에 대항하여 스스로 방어해야만 하는 경우, 상담가는 반드시 자신 안에 있는 그러한 감정의 존재와 혹은 적어도 그러한 감정을 자신이 갖고 있을 거라는 잠재성에 대해 견뎌 낼 수 있어야만 한다. 상담가는 (내담자를 위해) 내담자가 (스스로를 위해) 아직 할 수 없는 것을 할 수 있어야만 한다. 즉 상담가는 그것을 거부하려는 욕구 없이 나쁜 감정과 함께 있어 줄 수 있는 역량을 가져야한다. (Stark, 2000: 274)

투사될 수 있는 불쾌한 감정을 인정하지 않는 것은 내담자 또는 상담가 안에 그러한 감정이 존재하지 않는다는 것을 의미하는 것이 아니라 상담관계에서 재작업하는 데 유용하지 않음을 의미한다. '긍정성'라켓 입장을 채택하고 참을성, 인내심, 이해보다는 어떤 것으로 우리 자신을 보기를 거부함으로써, 우리는 이전에 참을 수 없던 감정들을 재통합하려는 내담자의 강력한 기회를 빼앗을 수 있다. 실제로 상담가에 의한 이러한 감정의 부인은 내담자에게 무의식적인 수준에서 강화되기 쉽다. 그러한 느낌은 본질적으로 위험하기 때문에 부인되고 디스카운트되며 또한 밖으로 투사된다. 자신을 본질적으로 나쁜 존재로 경험한 내담자는 긍정적 라켓태도의 상담가와 함께하면서 상당한 외로움과 고독감을 느낄 수 있다. 또한 본질적으로 나쁘거나 가치 없는 내담자의 각본신념을 무의식적인 수준에서 강화시킬 수 있을 것이다. 마로다(1994)는 긍정적 라켓태도를 채택하려는 상담가들의 경향에 반해 나쁜 감정이 거부되고 상담가에게 (그리고 결과적으로 내담자에게) 강한 무의식적 압력을 가할 수 있으며 '좋은' 태도를 유지하고 싶은 모든 바람에도 불구하고 내담자는 파괴적으로 행동할 수 있다는 것을 관찰하라고 경고한다.

번은 '나쁜' 느낌에 대한 중요성과 내담자의 존재를 인정하는 것에 대한 중요성을 인지했다. "이러한 힘이 존재하지 않는 척하는 내담자는 자기 자신의 희생자가 된다. 내담자의 전체 각본은 그가 그것으로부터 자유롭다는 것을 증명하는 투사일 것이다. 그러나 그는 흔히 그렇지 않기 때문에 이것은 자신과 자신이 선택한 운명에 대한 권리의 거부이다"(Berne, 1972: 270). TA상담가는 드러나는 자신의 불쾌한 감정을 위한 공간을 만들어야 하며, 그들이 느끼는 모든 감정(그것이 불쾌한 것일지라도)에 대한 허가를 스스로 주어야 한다. 부정적인 감정을 수용하고 유용한 정보의 자원으로서 받아들이는 것은 유능한 TA상담가가 되는 과정에서 중요한 발달적 단계와 도전이다.

67

마시멜로 피하기

심리치료에 오는 많은 내담자는 강력한 내부의 '스트로크 필터(긍정적 스트로크를 디스카운트하기, 그것을 무효화하는 방법으로 신뢰하지 않거나 재정의하기)'(Woollams & Brown, 1978)를 경험한다. 이러한 스트로크 필터의 집요함이나 단순한 스트로크와 모순에 대한 둔감함은 매우 놀랍다. 특히 내담자가 자신에 대해 오직 나쁜 것만 믿고 그들의 각본에 대해 강력한 부정적 자기신념체계를 가지고 있을 때 긍정적인 스트로크는 내담자의 저항에 직면하게 된다.

일부 미숙한 TA상담가는 내담자에게 지나친 스트로크를 주는 것이 마치 마법처럼 스트로크가 그들을 변화시킬 거라 믿는 경향이 있다. 스트로크의 지나친 사용은 부분적으로 문화적으로서 존재하는 이질적인 상호작용 방식의 결과로 내담자에게는 정직하지 않은 것으로 보일 수 있다(Steiner, 1974). 또한 지나치게 스트로크를 주는 접근은 잘난 체하는 것으로 보일 수 있고, 내담자를 어린애 대하는 듯한 말투로 대할 수 있으며 내담자가 그렇게 느낄 수도 있다. 이것은 어른 자아상태의 기능을 강화하고, 촉진하려는 접근과는 모순된다. 뿐만 아니라 지나친 스트로크는 공생을 강화할 수 있다(Schiff et al., 1975). 나는 그동안 상담가가 '너무 잘해 주고' 과도하게 허용적이라고 느껴 이전 상담가와의 만남을 그만두었다는 내담자들을 많이 만났다. 이 경우 대부분의 내담자들은 상담가의 비현실적이거나 거짓된 스트로크를 경험했고, 상담가가 그들을 상대하기를 꺼리는 듯한 느낌을 받았다고 보고하였다. 여기에는 또한 '지나친 스트로크' 접근으로 인해 그들을 각본에 갇히게 하는 의존적이고 회피적인 성격적 특성의 가능성과 그 기저에 깔린 어려움에 도전하기보다 상담가가 주는 스트로크 할당에만 의존할 가능성이 있다. 그러한 결탁관계는 상담변화에 도움이 되는 것이 아니다.

내담자는 가끔 직접적 또는 간접적으로 상담가가 안심시켜 주기를 원한다. 내담자들에게 이해와 수용을 보여 주려는 열망과 자신이 '도움이 되기'를 원하는 욕구가 앞선 미숙한 상담가는 이러한 유혹에 넘어갈 것이며, 내담자의 대부분이 바라는 안심시켜 주는 말을 해 줄 것이다(즉 게임 초대를 받아들임). 내담자에게 스트로크를 주지 않는 것은 때때로 허가에 대한 바람 또는 욕구를 자각하도록 내담자를 촉진시킬 수 있다. 스트로크를 제공하지 않지만 내담자의 행동 및 다른 사람과의 상호작용 방법을 동기화함으로써 묻어 두기보다는 변화를 잘 다룰 수 있게 표면으로 내담자의 욕구가 드러나게 된다.

사례

한 내담자가 자신의 팀원인 남자 동료와의 문제를 논의하고 있었다. 그 동료는 종종 거만한 태도를 보였고 내담자는 자신이 어떤 도움을 주어도 그가 고마워하지 않는다고 느꼈다. 이후 상담은 상사(남자)에 대한 분노와 권위적 위치에 있는 남자에게 느끼는 내담자의 자신감이 부족한 부분으로 넘어갔다. 상담 분위기는 긴장감이 감돌았고 내담자는 다음과 같이 말했다. "나는 그가 나를 바보로 여긴다고 생각했어요. 사실 때때로 그런 생각에 대해 의아하기도 하고 저도 제가 바보 같다고 생각했어요." 상담실 안에서 긴장감은 명백하게 드러났다. 상담가(남성)는 내담자와의 마지막 교류에서 다음과 같은 심리적 수준의 메시지를 느꼈다. '그리고 당신은 내가 바보같다고 생각하겠지. 그렇지 않다고 말해 주세요.' 긴 침묵 후에 내담자는 천천히 조심스럽게 이야기하였다. "저는 종종 당신이 나를 바보 같다고 생각한다고 느꼈어요." 이 지점에서 상담가는 내담자에게 쉽게 스트로크를 주고 이러한 신념에 대해 반발할 수도 있다. 그러나 상담가는 공감적 해석으로 반응하였다. "당신은 인정받고 안심시키는 말을 듣고자 애쓰느라 힘들겠군요." 이러한 반응으로 맞추자 내담자는 동의한다고 고개를 끄덕이며 몇 분간 눈물을 흘렸다. 상담가는 조용히 앉아 내담자의 고통을 지켜보다가 다음과 같이 말하였다. "저는 당신에 대해 떠오른 몇 가지 진실을 이야기한 거였어요. 그 말을 듣는 것이 어땠나요?" 내담자는 고개를 끄덕였고, 심리적 수준의 메시지를 인지하면서 이야기했다. "저는 당신이 절 똑똑하다고 생각해 주고 인정한다고 말해 주기를 원했어요." 상담가는 대답했다. "제가 그렇게 말했다면 절 믿었을까요?" 그러자 내담자는 대답했다. "아니요. 마음속으로는 그러지 않았을 거예요."라고 대답했다.

초기에 얻으려고 하는 스트로크를 제공하지 않음으로써 상담가는 안심에 대한 내담자의 어려움이 표면에 떠오르도록 분위기를 만들었다. 그렇게 함으로써 내담자가 얻고자 하는 기제가 긍정적인 스트로크를 믿는 것이 아니라는 점이 상담에서 직접적으로 전달되었다.

상담에서 스트로크를 위한 공간은 분명히 있다. 우리는 모두 어느 수준 또는 그 이상의 스트로크가 필요하다. 내담자, 슈퍼바이저, 수련생과 동료들 모두에게 스트로크는 필요하다. 그리고 우리는 분명히 스트로크를 제공한다. 그러나 때때로 "더 적은 것이 정말로 더 많은 것이다."

68

TA개념 간략하게 교육하기

내담자에게 TA개념을 가르치는 것은 때때로 TA상담가에게는 매우 매력적인 일이다. 우리는 TA개념이 세상과 우리의 행동을 이해하고 변화시키도록 돕는 데 얼마나 유용한지 알고 있다. 우리는 중요한 내적 과정을 이해하는 데 언어가 항상 복잡할 필요가 없으며 내담자를 위한 상담과정에서는 약간의 지식과 일상적인 용어가 더 이해하기 쉽다는 것을 안다. 이러한 이유로 인해 TA상담가는 때때로 대단한 열정을 가지고 내담자에게 TA개념을 가르친다. 이것은 정말로 큰 도움이 되며 내담자가 자신의 경험을 이해하는 데도 도움을 줄 수 있을 것이다. 나는 TA를 접한 우리 모두가 약간의 개념을 배움으로써 빠른 통찰력을 갖고 행동변화를 시행하게 되리라고 확신한다. 그렇지만 그러한 개념을 배우는 것이 우리가 내면에서 어떻게 느끼는지를 바꾸거나 자기 파괴적인 방법으로 행동하는 것을 멈추게 하는 것은 아니다. 그러므로 TA개념을 가르치는 것은 간략히 할 필요가 있으며 내담자에게 심리내적 적용과 함께 TA개념을 알려 주고 싶은 이유와 그러한 접근이 치료적 관계를 형성하는 데 어떠한 영향을 주는지를 설명할 필요가 있다.

어른 자아상태에서 인지적으로 무언가를 '안다는 것'은 특정한 정서적 경험일 뿐 반드시 바뀌는 것은 아니다. 자기에 대한 일관성 없는 경험을 가지고 있고 분열되어서 정서적 불안이 보다 큰 내담자에게는 특히 더 그럴 것이다. 번의 여덟 가지 치료적 작동(Berne, 1966; Hargaden & Sills, 2002) 중 하나인 설명은 내담자에게 약간의 이론을 교육하거나 혹은 그들이 왜 그러한 방식으로 느끼는지에 대해 현란하고 복잡한 설명을 제공하는 것에 대한 근거로서 인용되었다. 개입을 할 때 설명은 가급적 간결하고 명료하게 하는 것이 가장 좋다. 나는 세 문장 이상 길게 설명하지 말라고 제안하고 싶다. 너무 복잡한 설명은 내담자가 모두 받아들이지도 못할뿐더러 완전하게 사용할 수도 없기 때문에 매우 위험하다. 내담자를 압도하는 것보다는 간결한 정보를 제공한 후, 상담에서 TA의 중요성을 탐색해 보게 하는 것이 훨씬 더 좋다. 모든 접근을 시작하는 상담가는 종종 내담자에게 너무 길게 설명하거나 너무 꼼꼼히 설명하는 실수를 저지른다. 지나치게 과한 식사를 생각해 보는 것이 적절한 비유가 될 것이다. 만약 당신이 너무 많이, 너무 빠르게 식사했다고 가정해 본다면 소화가 되지 않아 불편함을 느낄 것이다. 여유롭게 시간을 가지고 입안 가득 맛을 음미하며 충분히 씹으면서 다른 요리가 나오기 전에 음식을 소화시키는 것이 가장 좋다.

또한 상담가는 TA개념을 가르치고 싶은 마음을 인내하는 것도 중요하며, 설명이 유용할 수 있다 하더라도 내담자가 보이는 통찰이나 상담에서 중요한 연결이 나타날 때 보이는 정서적 알아차림, 그리고 상담가와 내담자가 함께 의미를 만드는 것과는 바꿀 수 없다. 설명과정은 보통은 인지적이며 위에서 설명한 것처럼 어떻게 느끼는가를 바꾸지는 못한다. 그러나 설명은 내담자에겐 힘든 시간을 준비하거나 특히 고통스러운 경험을 이해하도록 돕고 어른 자아상태에 머물게 하기에 유용하며, 그러므로 깊은 정서적인 변화가 설명만으로부터 오는 것이 아님에도 불구하고 내담자에겐 희망의 감각을 갖게 한다.

TA개념을 내담자에게 가르치는 것은 상담가를 '전문가'의 위치(I'm OK － 나는 답을 알고 있다.)에 있게 하고 내담자를 'not-OK'입장으로 만들어 야구경기에서 한 점 지고 출발하는 것처럼 상담을 시작하게 만들기 때문에 미묘하게 파괴적인 영향을 초래할 수 있다. 또한 TA개념을 배운 후 그들이 행동변화를 이행하거나 내적 경험과 정서적 상태를 변화시키는 데 어려움이 있다면 내담자는 당황스러움과 수치심을 느낄 수 있다.

내담자에게 이론을 가르치고 상담역동에서 미묘한 변화를 일으키는 설명을 제공하기 위한 중요한 전이 암시가 있다. 내담자는 어떻게 TA개념을 배우는 경험을 할 수 있을까? 약간 편집증적인 내담자는 그들이 TA개념을 왜 배워야 하는지에 대해 의문을 품을 수 있으며 세뇌에 대한 불안감을 가질 수도 있다. 특히 자신과 자신의 생각의 타당성에 대해 확신하지 못하는 내담자는 각본신념을 강화하는 과정으로 비판적으로 느끼거나 뭔가 잘못되었거나 그렇게 생각하지 않는 것에 대해 바보 같다고 느낄지도 모른다. 몇몇 내담자는 의심 없이 상담가의 설명을 받아들이고 상담가의 준거틀을 과도하게 적용할 수 있다(Schiff & Schiff, 1971). 과도한 적용으로 그들은 상담가에게 설명을 맡기거나 상담에서 공모된 역동을 만들고 상담가가 듣기 원한다고 생각하는 것을 기저에 두면서 상황에 대한 공식을 만들어 냄으로써 상담가를 기쁘게 하려고 할지도 모른다. 이와 반대로 몇몇 내담자는 상담가에게 미묘하게 반항하거나 설명을 진부해하거나 피상적으로 여길 수도 있다(실제로 지각되었을 수 있음). 게임의 관점에서 보자면 내담자는 '정신의학-TA' 또는 '당신은 정말 전문가야' 게임으로 초대될 수 있다(Berne, 1964). 만약 내담자가 한 사람 혹은 그 이상의 독단적이고 지배적이며 훈계하는 부모를 두었다면 TA개념을 가르치는 것은 교사 전이, 심지어는 부모 전이를 자극할 수 있다. 언뜻보기에 처음에는 내담자가 전이치료 혹은 역각본 치료에서 사용하기 좋은 것처럼 보이지만(Clarkson, 1992) 역동을 넘어서 자각으로 나아갈 때 내담자에게 심각한 위협을 줄 수 있으므로 불가피하게 문제가 될 것이다. 내담자의 관계에 미치는 영향을 고려해 본다면 내담자에게 개념을 가르치는 것은 'I'm OK, you're OK, they're not OK' 위치에 들어가게끔 사용될 수 있다(#39 참조).

또한 상담가는 이론 '뒤에 숨을' 수 있고, 자신의 불안을 감추기 위해 이론을 사용할 수도 있으며, 알지 못한다는 사실을 경험하고 감추는 것이 더 도움이 되는 상황에서 내담자가 어떤 상태인지 알고 있다고 의사소통을 시도하는 데 교육이론을 사용할 수 있다.

비록 설명이 유용하다 하더라도 이것은 개입으로 간단하게 사용되어야만 하며 상담계획 안에서 잠재적 영향을 염두에 두고 조심스럽게 소개되고 고려될 필요가 있다.

CHAPTER 7

상담 기술의 정교화

도전과 지지 균형 잡기

상담가는 흔히 자신의 성격과 욕구와 관련되어 도전이나 지지하는 과정에서 특정한 자신이 선호하는 것에 의존되기가 쉽다. 그러나 이것은 경직되기 쉬우며 결과적으로는 내담자에게도 적절하지 않다. 도전과 지지는 2개의 연속체로 고려될 수 있으며 상담가는 주어진 순간에 각 내담자에게 필요한 도전과 지지의 수준을 조율할 필요가 있다. 높은 수준의 지지는 억압된 감정의 위기를 다루는 동안 극심한 감정을 느끼는 내담자나 고통스러운 전환을 경험하는 내담자에게 매우 중요할 수 있다. 그러나 높은 수준의 지지는 과장되거나 잘 맞춰지지 않았을 때 문제가 될 수 있고 상담가의 능력 또한 손상시킬 수 있으며 상담관계를 거의 변화가 없는 편안하고 정체된 공간으로 만들 수도 있다. 낮은 수준의 지지는 내담자의 탄력성을 촉진시키고 내담자가 어른자아의 책임을 갖도록 돕지만, 내담자의 욕구가 충분한 보살핌을 받지 못했다고 느낀다면 상담을 끝내 버리거나 깊은 수준의 정서를 탐색하기에 안전한 곳이 아니라고 느낄 수도 있다.

   도전 또한 주의 깊게 조율되어야만 한다. 다시 말해 낮은 수준의 도전은 공모하는 분위기를 만들고 변화를 촉진시키기 위해 요구되는 영향력을 수용하지 못한다. 만약 도전의 수준이 너무 높다면 내담자는 숨 막히게 느끼며 특히 상담 초기 단계에서 상담가가 직면과 디스카운트를 지나치게 사용한다면(Schiff et al., 1975) 상담가로 인해 잠재된 수치심이 높아질 것이다. 상담을 찾는 대부분의 내담자는 상담 작업에서 도전의 범위가 필수적이라는 것을 깨닫고, 충분한 지지 수준을 가지고 민감하게 균형을 맞춰 제시되는 변화의 촉매로서 상담가의 도전을 매우 환영한다(적어도 사회적인 수준에서는). "상담가의 과업은 습관적인 가정과 관계패턴에 도전하고, 새로운 구조의 출현을 위해 충분한 동요를 일으키는 것이다"(Holmes, 2001: 17).

내담자의 개방과 방어 지점에 대한 평가를 통해 상담 최적화하기

웨어의 절차는 흔히 TA이론의 한 부분을 가르치며 그 단순함으로 인하여 즉각적으로 매력을 느낄 수 있고, 또한 체계적이며 상담가의 개입을 인도한다. 그러나 임상에서 는 아직 모델로서의 유용성이 제한적이며 나의 견해로는 이것이 상담과정에 방해가 될 수 있다고 본다. 웨어의 절차와 성격적응 모델에 대한 비평은 튜더와 위더슨(2008) 의 연구를 참고하라. 이것은 순간에 기초를 두고 내담자의 과정을 따라가는 방법이다. 여기에서 나는 동일한 치료적 기술을 사용하는 웨어의 절차를 변경하지만, 내담자의 경험을 사고, 감정, 행동으로 나누는 것은 주어진 순간의 사고, 감정, 행동이 포함된 전체로서의 내담자 경험의 복잡하고 다면적인 성질을 고려하지 않은 잘못된 '3분법' (Tudor & Widdowson, 2008)이다. 또한 내담자의 경험적 측면에만 초점을 맞추는 것 은 그 순간 펼쳐지는 내담자의 현상학적 과정에 충분히 주의를 기울이지 못하게 한다.

사전에 결정된 순서에 따라 디자인된 개입은 상담가의 융통성, 창조성과 내담자와 의 정서적 공명을 제한한다. 이에 뒤따르는 절차는 치료적 만남 안에서 우리가 상담 으로 증진시켜야 하는 자율적 능력인 자각, 자발성, 친밀성(Berne, 1964)을 활용할 수 있는 상담가의 능력을 손상시킬 수 있다는 점에서 그 자체가 도움이 되지 않는다고 논쟁이 될 수도 있다.

웨어의 절차에 나오는 3개의 '문'은 내담자가 가장 수용하는 **열린 문**, 내담자가 가장 방어하는 **함정의 문**, 가장 많은 변화가 일어나는 **표적의 문**이다. 내담자와의 작업에서 정해진 절차를 따르는 것은 순간순간에 기초하여 내담자를 조율하려는 상담가의 역 량을 상당히 제한할 수도 있다. 내가 발견한 것은 내담자가 어떤 순간에 개방하고 수 용적인지, 그리고 어떤 순간에 가장 방어적인지를 살펴보는 데 유용하다. 수용과 방어에 대한 분석은 제한된 특정 상황과 관련이 있는 어떤 사고와 감정을 드러나게 할 것이다. 이러한 형태는 상담과정을 통해 심지어 단일 회기에서도 반복적으로 변화할 것이다.

어떤 점에서 우리가 받는 모든 자극은 초기에 편도를 거쳐 감정적으로 이끄는 변연계에서 진행된다는 점에서 감정은 언제나 '열린 문'이라고 논의될 수 있다. 우리는 인지로 연계되기 전에 정서적인 수준과정을 거친다. 그러나 정서와 인지는 모두 개인 안에서 동시에 작동되며 쉽게 분리되지 않는다. 모든 정서적 경험은 인지를 통해 평가되고 모든 인지에는 정서가 포함되며 정서에 의해 작동된다(Stern, 1985; O'Brien & Houston, 2007). 언제든 사람은 정서적 수준에서 경험을 하며 심지어 가장 정서적으로 방어적인 사람도 어느 정도의 감정을 느낄 것이다. 상담가에게 있어 핵심 과업은 어떻게 정서를 감추고 억누르는지와 관계없이 이러한 결과를 상담 안에서 조율하고 공감적 전이 혹은 해석으로 통합하는 것이다.

공감하고 조율하기 위해서(Erskine et al., 1999) 우리는 내담자와 그들의 경험에 대해 어떤 편견도 버려야 한다. 이런 점에서 내담자에게 온전히 조율하기 위해서 우리는 상담과정에서 선입견을 가지고 제한되었거나 제한하는 고정된 절차에 대한 개념을 버리는 것이 핵심이다.

71

감정 심화하기

상담에 오는 대다수의 내담자는 자신의 감정상태를 조절하는 방법을 찾고자 한다. 그들의 감정은 종종 강렬하고 압도적이며, 자신의 감정과 타인의 감정으로 인해 혼란스럽거나 분리된 느낌을 갖는다. 사람들이 강렬하고 고통스러운 감정과 불쾌한 감정을 '약물로 없애고 싶어 하는' 모델이 문화적으로 널리 퍼져 있다고 리더(Leader, 2008)는 주장한다. 그는 개인이 핵심적인 감정 기술을 배우기보다는 고통이 없고 스트레스가 없는 완전무결한 세상에서 살고자 한다고 주장한다. 스트레스를 회피하는 것은 감정이 가지고 오는 풍부한 경험과 생동감을 잃어버릴 위험이 있다. 상담가의 과업 중 하나는 건강한 수용과 감정표현을 도모함으로써 생동감 있게 하고 활력을 갖게 하는 것으로 볼 수 있다.

감정 심화하기가 내담자에게 긍정적 카타르시스의 결과를 가져온다 하더라도 이것이 카타르시스나 카타르시스적 방법과 동일한 것은 아니다. 내담자의 감정을 심화시킴으로써 생성되는 정서적 강렬함은 임패스가 나타나는 것을 촉진시킬 수 있다. 그래서 TA 재결단학파는 이러한 목표를 강화시키는 상담가를 고용한다(McNeel, 1976). 상담가는 상담에서 정서적 변화를 깊게 하고 재결단이 일어나게 한다.

상담에서 감정 심화하기는 정서를 읽는 능력을 향상시키는 데 사용될 수 있다 (Steiner & Perry, 1999). 상담가는 정서를 읽는 능력이 매우 낮은 내담자에게 그들의 내적 경험을 언어화하고 감정 언어를 해석하도록 도움을 줄 수 있다. 이 과정은 정서적 분화를 발달시킨다(Steiner & Perry, 1999). 어떤 면에서 정서적 경험을 확인하고 해석하는 과정은 부모가 그들의 자녀와 관계를 맺는 발달과정과 유사하다(Stern, 1985). 효과적으로 해석할 수 있는 부모를 두지 못한 내담자에게는 특히 중요할 것이다. 상담가가 다루어야 하는 이후의 견제(Bion, 1970)와 정서조절 역할은 상담과정의 중요한 부분이 될 수 있다. 이것은 특히 정서조절과 관련이 있는 뇌의 안와전두피질의 신경회로 변화에 자극을 줄 수 있다.

스웨드(Swede)는 느낌과 감정표현 간의 구별을 다음과 같이 설명했다.

> 면담은 초기 상담회기에 일어난 논의를 포함하여 현재의 장소와 시간에서 벗어난 사건에 집중하는 것이다. 이것은 보통 회피 전략이다. 묘사는 정서를 다루는 인지적 방법이다. 어른자아는 상담가에게 어린이자아가 느끼는 것을 말하지만 어린이자아 그 자체를 묘사해서 보여 줄 수는 없다. 이것은 때때로 과거에로의 회피 전략이다. 표현은 이 순간 지금 여기에서 느껴진 것에 대한 직접적인 감정표현이다. 이것은 생동감을 주고 친밀해질 수 있게 한다. 상담목표는 곧 친밀감의 표현이다. (Swede, 1977: 23)

감정 심화하기는 많은 잠재적 치료결과를 낳는다. 많은 경험적 자각과 현상학적 탐색, 그리고 과정을 촉진하는 상담은 통찰하게 하고 어른자아의 자각을 향상시킬 수 있다. 성장으로 이끄는 주제인 정서적 책임을 심화하면서 내담자는 유기체의 혐오감을 경험하고 강화자를 통해 만들어낼 수 있는 재결단을 자발적으로 찾는 것이 가능해진다. 체계적으로 상담 안에서 감정을 심화시키며, 효과적이고 적절한 표현을 촉진시키는 것을 바탕으로 분석하고 정서적 경험을 다루는 것은 정서적 인내심을 향상시키는 데 많은 기여를 한다. 이것은 그 자체의 이익을 위해 카타르시스를 찾는다기보다는 정서와 관련된 개방적이고 수용적인 마음챙김 자세를 갖는 것이다. 감정과 관련된 '과잉보호' 또는 정서적 인내심을 촉진하지 않는 느낌을 해결하려고 지나치게 서두르지 않는 것은 현명한 일이지만, 어린아이 취급을 하여 의존성을 높일 수도 있다. 내담자의 어린이 자아상태는 강렬한 감정을 경험하고 그것을 적절하게 표현하며, 그들과 주변의 다른 사람들이 그 경험으로부터 살아남을 수 있다는 것을 경험적으로 배울 수가 있다.

몇몇 저자는 "쇠는 뜨거울 때 쳐야 한다."고 조언한다(Luborsky, 1984). 즉 내담자와의 의사소통(특히 상담관계에서 유사성을 강조할 때)에 정서적인 측면을 선택하고 다른 감정상태와 내담자의 현재 경험 간의 정서적 연결을 만들도록 강화시킨다는 의미이다. 이러한 접근은 내담자가 경험을 이성적으로 설명할 가능성을 최소화하는 정서적 방식과의 연결고리를 강조한다는 이점이 있다. 그러나 이것을 뒤덮는 식으로 이루어져서는 안 되며 몇몇 저자는 내담자가 침착하고 다른 감정상태에 있는 순간에 그러한 논의를 제기하라는 의미로 "쇠를 차가울 때 쳐야 한다."(McWilliams, 1994; Pine, 1985; Yalom, 2001)고 조언한다. 이 두 번째 접근은 인격장애를 가지고 있는 내담자처럼 더 많은 불안감을 가진 내담자 혹은 비난이나 수치심으로 강한 감정적 경험 가운데 상담가의 개입을 경험한 내담자에게 더 적절하다.

주의사항

감정 심화하기 개입은 내담자에게 충분한 견제와 보호를 제공할 수 없는 상황에서는 사용하지 말아야 한다. 빈약한 정서적 인내심을 가지고 있는 내담자는 점차적으로 진행되는 감정표현 작업을 필요로 한다. 빠르고 강렬한 감정 심화는 엄청나게 압도당하는 경험이 될 수 있으며 내담자는 충분한 보호를 받지 못할 것이다. 이러한 점은 특히 정서를 활성화시키는 접근보다는 감정을 조절하고 억제시키는 상담 접근이 필요한 경계선 인격장애 내담자처럼 정서조절에 고군분투하는 내담자들에게 실제로 그러하며 이들에게는 감정을 적절하게 표현하는 방법을 발달시키도록 도와야한다.

　때때로 감정 심화하기나 정서표현 촉진하기는 일종의 내적 공격성이나 증상의 악화를 경험하게 할 수도 있고, 약간의 무의식적 규칙을 깬다는 점에서 '각본 반발'의 결과를 초래할 수도 있다. 감정 심화하기의 무의식적 의미와 심리내적 결과는 내담자 보호를 위해 정서적 책임을 심화하는 개입 이전, 개입 도중, 개입 이후에 고려되어야 한다.

　감정 심화하기 개입은 내담자가 표현한 정서에 공감적 반응을 하고 질문하는 것을 포함하며, 또 내담자의 경험이나 이전의 사건에 대한 보고나 논의에서조차도 정서적 측면에 초점을 둔다. 적절한 시기의 개입은 숨겨진 느낌이나 방어하고자 하는 감정을 심화시킬 수 있다. 이에 대한 예로는 "저는 당신이 슬픔을 느끼는 것을 이해합니다. 또 당신의 어떤 부분에서 분노를 느끼는지도 궁금하네요."이다.

72

건강한 정서표현 촉진하기

TA상담가는 전통적으로 라켓감정을 스트로크하지 않을(인식하지 못할) 뿐 아니라 라켓감정을 직면하지 않는다(Stewart, 2007). 이는 "상담가가 가장 잘 안다."는 것을 전제로 하며 라켓인지 아닌지에 대한 느낌을 정확하게 확인할 수 있게 한다. 임상에서 내담자가 경험하는 특정 감정을 무시하거나 직면시키는 것이 반드시 도움이 되는 것은 아니며 실제로 그 순간의 느낌을 감지하는 것도 쉽지 않다. 내담자는 자신을 탐색할 수 있는 안전한 공간을 찾으려고 상담에 온다. 내담자가 자신의 감정을 드러낼 때 그들은 처음으로 모든 감정이 수용되고 상담가가 자신의 관점을 이해하여 그들의 방식대로 왜 그렇게 느끼는지 봐 주기를 요구한다. 초기에 나타난 감정이 공감적으로 수용되고 나면 내담자는 기저에 있는 감정을 탐색하기에 충분히 안전하다고 느낄 것이다.

> 내담자는 … 깊게 들어갈 수 있을 만큼의 안전함을 느끼기 전에 '라켓'수준의 의사소통으로 느끼고 들을 필요가 있다. 내담자가 느꼈던 의미에 반응하는 것은 초기에 중요하다. … 결국 공감적 유대는 충족되지 않은 욕구와 억압되어 있는 발달적 욕구를 회복하기 위해 '생각해 본 적이 없는' 수준에서 내담자가 충분히 안전하다고 느끼게 하는 것을 가능하게 한다. 내담자는 상담가가 자신의 가장 깊은 정서적 상태를 이해하는 능력이 있다는 것을 믿어야 본질적으로 충분히 안전하다고 느끼게 된다(Clark, 1991).
> (Hargaden & Sills, 2002: 33-4)

스타이너의 정서적 자각척도(Steiner & Perry, 1999)의 관점에서 건강한 정서표현을 촉진하기는 개인이 정서적 상태를 알아차리고 그들의 본성을 확인할 수 있는 인과성과 특수성에 대한 언어적 장벽을 뛰어넘어 무감각, 신체적 감각, 초기 경험으로부터의 움직임을 도모한다. 임상경험은 많은 내담자들이 감정을 표현하는 데 두려워하고 있다는 것을 제시하며, 이것은 생애 초기의 경험과 명료화 과정을 통해 떠오르는 억압된 감정의 거대한 느낌에 대한 자각 반응으로 내담자가 어떤 수준에서 내적 혼란을 느끼는지를 반영하는 '통제력 상실'과 합쳐진다. 이에 대한 일반적인 예는 많은 사람이 종종 공격성과 혼동하여 분노와 연결지어 경험하는 두려움이다. 두 가지 상태에 대한 차이를 자각하도록 이끄는 민감하고 점진적인 재교육 작업과 정서표현에서의 개인적 책임감을 강조하는 작업은 그와 같은 내담자를 편안하게 해 준다.

정서표현은 어느 정도 문화에 의해 결정되기도 한다. 어떤 문화에서는 감정을 억누르고 감정적 반응을 최소화하는 것을 장려하고 강조한다. 또 어떤 문화는 강하고 과장된 정서표현을 강조하기도 한다. 내담자와 함께 작업할 때 우리는 내담자의 정서표현 수준에 대한 그들의 문화적 배경과 맥락의 영향을 의식해야 한다.

톰슨(Thomson, 1983)은 적절한 시간틀 안에서 감정 기능의 문제를 해결해야 하며, 좀 불편하더라도 그러한 감정은 환영받고 그들의 자연적 해결을 통해 작업되기 위한 공간을 허용해야 한다고 강조했다. 모이소(Moiso, 1984)는 현재의 위험을 말하는 것에 대한 두려움, 피해당한 것에 대한 분노, 상실에 대한 슬픔의 언급과 같은 메시지로 정서를 분석하게끔 안내했다. 기쁨은 분명 즐거움에 대해 말한다. 각각의 감정은 본능적 행동이며 사회적 요구이다. 두려움은 위험으로부터 도망하게끔 하며 도움을 청하거나 사람으로부터 안심을 얻게 한다. 분노 행동은 공격하거나 보호하기 위한 것이며 환경의 변화를 요구하기도 한다. 슬픔은 타인으로부터 위안과 동정심, 그리고 자신의 에너지를 철회하기를 요구한다. 기쁨은 다른 사람과 연결을 맺고 우리의 즐거움을 함께 공유하게 한다(Moiso, 1984). 사람들은 환경으로부터 긍정적인 반응을 이끌어 내지 못하는 모호한 방식으로 자신도 모르게 의사소통하는 것이 일반적이기 때문에 교류에 대한 기본적인 감정의 건강한 표현과 차후 해결을 도모하는 데 상당한 도움이 된다. 긍정적이고 적절하며 분명한 의사소통을 하고 내담자(사회적 진단)가 자신의 정서적 반응을 사용하도록 장려함으로써 상담가는 내담자가 좀 더 성장 가능하고 친밀한 방식으로 다른 사람과 관계를 맺도록 도울 수 있다.

73

'과제'를 통해 정서를 읽는 능력 촉진하기

내담자들은 종종 상담회기 사이에 할 과제를 원한다. 나는 많은 내담자에게 이러한 특정방법을 사용해 왔는데 그들은 과제가 도움이 되었다고 지속적으로 보고했다. 이러한 연습은 다양하게 사용될 수 있으므로 이를 통해 자신이 사용할 수 있는 창의적인 변화를 탐색하고 실험해 보고 찾아보았으면 한다. 과제는 감정의 여러 범위와 주어진 어떤 상황에서 우리가 느끼는 복잡하고 혼합된 감정을 설명할 수 있도록 분명하게 제시되어야 하며, 우리가 즉각적으로 자각하지 못하는 것들과 감정을 어떻게 연결하는지를 묘사하도록 이끌어야 한다. 이러한 과정은 감정의 수용을 깊게 한다. 비록 무의식에 있을지라도 감정의 범위를 느끼도록 스스로에게 허용함으로써 감정은 추적되고 이해될 수 있으며 자각과정은 증진될 수 있다. 원인(인과관계)에 대한 감정이나 사고를 확인하고(구분하고) 이름을 붙이는 것은 때때로 정서를 읽는 능력을 촉진하는 데 효과적이다. 과제는 감정에 체계적으로 초점을 맞추는 문장완성 연습이다.

주의사항

감정에 너무 쉽게 압도되는 내담자는 이러한 연습이 너무 혼란스러워서 느낌에 지나치게 '휘둘릴' 수도 있다. 이러한 연습은 그 자체가 반영적 능력을 발달시킨다 하더라도 과정 중에 자신을 관찰하는 반영적 능력이 있고 과제를 완성할 수 있는 충분한 어른 자아상태를 가지고 있다면, 그런내담자에게는 나중에 과제를 제시해도 될 것이다. 과제에 대한 적절성은 상담실에서 내담자에게 과제를 수행해 보게 함으로써 평가될 수 있으며 이를 통해 상담가는 내담자의 견제수준을 측정할 수 있다. 많은 사람이 구별된 정서를 조절하는 것이 더 쉽다고 밝혔음에도 불구하고 상담가는 내담자에게 과제를 수행하게 함으로써 내담자의 자기위로 능력과 조절능력을 평가해 보아야 한다. 또한 과제를 절반만 하는 것은 누군가에게는 고조된 감정상태를 남길 수 있기 때문에 계속해서 초점을 맞추는 능력은 중요하다. 이것은 떠오른 어려운 감정을 미연에 방지하고, 과제를 수행한 후 자기위로를 하기 위해 내담자가 어떤 선택을 할 수 있는지를 탐색하는 데 가치가 있다.

지침

과제는 초기 감정에 초점을 맞춘 문장완성 과제여야 한다. 이것은 보통 완성하는 데 15분 정도 걸리며 감정처리 과정을 촉진하기 위해 정기적으로 이루어지는 것이 최선이고 아마 몇 주 동안은 매일 해야 할 것이다. 내가 사용한 목록은 다음과 같다.

- 내가 화가 날 때는…
- 내가 겁이 날 때는…
- 내가 수치심이나 죄책감을 느낄 때는…
- 내가 슬플 때는…
- 내가 기쁠 때는…

나는 어떤 감정이든 가장 중요하게 느껴지는 것부터 시작하라고 제안하지만 과제의 마무리는 긍정적으로 기록하게끔 장려하며 기쁜 문장으로 끝맺게 한다. 과제에서 각 문장은 종이 위에 기록하고 기본적으로 내담자가 생각할 수 있는 여러 가지 방식으로 문장을 완성하게끔 한다. 나는 보통 내담자들에게 목록의 시작 첫머리에서 완전하게 감정을 느끼고, 다른 감정으로 움직이기 전에 어떤 다른 감정이 올라오는지를 보기 위해 잠시 멈추도록 제안한다.

내담자가 그들의 자각을 가지고 무엇을 할지 그리고 당신이 이 과제를 어떻게 사용하고 선택할지는 내담자와 함께 의논해 보아야 할 것이다. 때때로 내담자는 과제에서 나온 자원과 무언가와 관련된 그들의 감정이 예상했던 것보다 더 풍부하고 복잡하다는 발견에 놀라곤 한다. 어떤 내담자들은 며칠 혹은 몇 주에 걸쳐 반복적으로 연습하면서 경험적 변화에 따른 자신의 정서적 반응을 찾을 수 있다. 이러한 방식으로 감정을 표현하고 이해하는 것은 억압되어 왔거나 디스카운트된 감정을 해결하는 과정을 촉진시킨다. 지금까지 억압되었던 정서를 인정하고 표현하도록 장려함으로써 정서적 자각을 심화하는 데 초점을 맞춘 체계는 명료화 과정을 향상시킬 수 있다. 당신은 내담자와 이러한 방법을 시도해 볼 수 있으며 다른 유사한 과제를 선택하고 고안해 낼 수 있다. 당신이 내담자와 함께 과제를 구상하는 것은 내담자의 개별적인 상담계획과 상담계약 그리고 내담자의 진단에도 더욱 신경 쓰게 할 것이다. 상담이 잘되지 않거나 어떻게 해야 할지 잘 모를 때는 이 기술을 사용해서는 안 된다. 머릿속에 구체적인 변화에 대한 분명한 결과물을 예상하고 통합된 상담계획의 한 부분으로 적용할 때만 이 기술을 사용할 수 있다. '치료의 삼각형'(Guichard, 1987; Stewart, 1996)('이러한 개입이 나의 진단과 계약, 상담이 나아가야 할 방향과 어떻게 연결되는가?')을 기억하라.

74

자기반영을 증진하기 위해 기록하도록 격려하기

TA상담에서 기록방법은 몇 가지 과정을 효과적으로 향상시킬 수 있다. 보통 반영적 시간은 내담자의 반영적 능력을 발달시키고 정신화를 향상시키며 내담자 자신의 내적 과정에 더 큰 자각을 촉진시킬 것이다. 이것은 자아상태 간의 내적 대화에 대한 더 큰 자각을 포함할 수 있다. 게다가 반영적 기록은 정서표현과 정서분석(Yalom, 2001)을 촉진시킨다. 기록을 하는 기술은 상담의 어떤 단계에서든 사용될 수 있으며 다양한 과정을 명확하게 하고 깊이 있게 하며, 계약하기(내담자의 목표와 소망에 초점을 맞춤으로써), 정화(내담자는 상담가의 개입 없이 지금까지 내재된 오염과 도전을 인식할 것이다.), 정서를 읽는 능력(정서자각, 정서표현과 분석), 명료화(억압된 감정인식), 상담종결이 다가오는 데 대한 느낌을 돕는 과정을 통해 재결단 강화를 촉진시킨다.

반영적 일기

상담에서 기록을 사용하는 가장 단순한 방법은 내담자에게 일기를 쓰게 하는 것이다. 나는 종종 이러한 목적 때문에 첫 회기에 내담자에게 일기장을 마련하게끔 한다. 일기는 다양한 기능을 한다. 내담자는 이것을 다음과 같이 사용할 수 있다.

- 감정 기록하기
- 구체적 증상 관찰하기
- 더 깊게 특정 느낌 탐색하기
- 특정한 사건, 상황, 사람과 관련된 느낌과 그에 대한 반영을 '일기로 쓰기'
- 상담회기 후에 반영 기록하기

- 상담회기에서 얻기 원하는 자원을 기억하여 적어 두기
- 변화를 관찰하기

반영적 학습 일기는 대부분의 심리치료와 상담 작업 훈련 프로그램의 핵심 요소이다. 여기에는 타당한 이유가 있다. 보통 구조적인 일기 쓰기는 반영능력의 발달을 향상시 킴으로써 상담가로서 당신의 성장을 도울 것이다[더 많은 정보는 *Reflective Journals as a Tool for Psychotherapists*(Widdowson & Ayres, 2006) 참조].

75

정화와 명료화의 차이

정화와 명료화는 TA상담에서 재결단과 더불어 '중추' 혹은 핵심과업으로 자주 논의되는 상담과정이다. 정화와 명료화는 2개로 분리되기도 하지만 연결되어 있으며 중첩된 과정이다. TA상담의 초보자들은 종종 2개의 개념과 이와 관련된 과정 간의 차이를 이해하는 데 어려움을 겪는다. 구조적으로 이야기하자면 정화는 어른 자아상태가 포함된 과정이며, 명료화는 어린이 자아상태가 포함된 과정이다.

번은 어른 자아상태와 관련된 자신의 생각을 독자적으로 발달시켰지만 이는 인지 상담과 유사하다(Schlegel, 1998). 어른 자아상태의 오염은 어린이 자아상태와 어버이 자아상태가 어른 자아상태의 내용을 잘못 받아들이는 것과 관련된다(Stewart & Joines, 1987). 이에 대한 예로는 합리적 근거도 없고, 합리적인 조사와 대화와 거리가 먼 도전받지 않는 신념이다. 오염의 형성이 개인의 전체 맥락에서 어버이와 어린이 자아상태로 인해 어른 자아상태가 오염된 사람에게 일어날 수 있기 때문에 이것은 이중오염이 될 가능성이 크다. 예를 들어, 부모 중 한 사람이 자녀에게 반복적으로 멍청하다고 말하면 자녀는 의심 없이 받아들이고 어떤 상황에서도 그것을 믿을 것이다(아마도 자녀의 잘못된 철자법을 멍청하다는 '증거'로 사용할 것이다). 이러한 신념은 종종 암묵적으로 전의식 수준에서 일어나며 TA상담가는 이러한 암묵적 신념을 밝혀내고 지금-여기의 타당성에 도전하고 조사하고자 노력한다.

정화에 대해 기술한 대부분의 TA는 흔히 인지치료 방식으로 많이 다루어져 왔다. 정화는 여러 면에서 인지치료 과정으로 고려될 수 있으며 실제로 많은 인지행동 방식에서 성공적으로 사용될 수 있다. 그러나 어른 자아상태가 그저 합리적인 자료처리 장치만은 아니라는 것을 인식하는 것이 중요하다. 어른 자아상태는 지금-여기 상황의 현실에 적용되는 자아상태이며 그러므로 마음챙김 접근(Kabat-Zinn, 2001, 2004)에서 비롯된 많은 게슈탈트 상담 기법이나 방법처럼 지금-여기의 자각을 이끄는 온전한 방식은 정화에 성공적으로 사용될 수 있다.

반면에 명료화는 정신분석 과정(Berne, 1961)으로 번에 의해 분명하게 설명되었다. 명료화 과정은 일반적으로 정신분석 상담에서 사용되는 과정과 더 유사할 수 있으며 TA와 같은 방법을 포함한다(Hargaden & Sills, 2002; Moiso, 1985).

> 명료화는 내담자가 상담관계에서 내담자의 내적 어린이자아를 연결하여 경험, 느낌, 감각을 가져오도록 촉진하는 과정이다. … 상담계획은 내담자의 역전이 반응을 이해하면서 집중적이고 사려 깊고 기술적인 상담가의 역량 및 능력과 관련이 있다. … 명료화의 방법은 상담가의 공감적 교류 사용과 함께 전이 영역에 대한 분석으로 이루어져 있다(Hargaden & Sills, 2002). 명료화의 목적은 원초적이고 잠재되어 있으며 충돌하는 자신의 모습에 대해 더 의식적이고 생생하며 성숙한 역동으로 들어가는 무의식적 과정의 변형이다. (Hargaden & Sills, 2003: 188)

정화와 명료화 간의 차이에 대해 고려해 볼 수 있는 또 다른 방법은 각본결단의 발달과정과 관련이 있다. 형성되는 각본신념을 TA에서 우리가 개념화하는 방식은 아동이 경험을 하고 자신의 경험과 연결된 느낌을 경험하는 것으로 대략 요약해 볼 수 있다. 아동은 그것을 이해하기 위해 경험과 느낌을 연결한 환상을 발달시키고 이러한 환상은 '사실'이 된다

경험 → 느낌 → 환상 → 사실

만약 우리가 명료화보다 정화가 먼저라는 번의 원리를 사용한다면 각본결단과 관련이 있는 해결과정(상담 방향)은 이것과 평행하게 작동하는 것으로 고려되겠지만 반대 방향에서 작동한다.

경험 → 느낌 → 환상 → 사실

명료화 ← 명료화 ← 정화 ← 정화

이 도식은 정화와 명료화 간의 연결과 각본결단의 발달과정에 대한 다른 모습을 보여주지만 선형적 방식에서는 정화와 명료화 과정이 반드시 드러나는 것은 아니다. 몇몇 TA학자들은 명료화보다 더 이전의 상담 단계에 있는 정화를 진보적인 것으로 본다(Woollams & Brown, 1978; Clarkson, 1992). 그러나 몇몇 학자들은 최근에 내담자와 상담가가 함께 만나는 순간부터 명료화가 바로 시작될 수 있다는 의견을 제시하기도 한다(Hargaden & Sills, 2002). 이것은 여러 측면에서 나의 경험과 일치하며 상담관계의 형성은 내담자의 감정상태를 포함하며 공감적 교류를 강조한다(Clark, 1991). 임상에서 공감적 교류를 사용하는 것은 명료화의 범위를 불가피하게 포함할 것이며 그럼으로써 선형적 과정으로서 둘 사이를 구분하는 일련의 결과를 따르는 것은 어떤 점에서는 임상에서 대표적 상담과정은 아니다. 이것은 TA상담가가 유동적인 방식으로 경험, 느낌, 환상과 인지적 해석에 대한 다양한 측면에 대하여 고려하게 한다.

상담가에게 중요한 것은 주어진 시간에 우선 작업할 자아상태에 대한 분명한 감각을 갖는 것이며, 개입의 선택 뒤에 그것이 정화 혹은 명료화를 촉진하는지 아닌지 대한 그들의 의도와 근거를 분명하게 하는 것이다.

76

내담자는 상담에서 어떻게 각본신념을 확인하는가

내담자는 자신과 타인에 대한 의미와 각본신념과 연결하여 관계에서 자신과 다른 사람이 어떻게 행동하는지에 따라 그들이 만든 각본(그리고 원형)을 가지고 상담에 참여한다. 각본 양상은 내담자의 무의식적 과정의 부분처럼 의식 밖에서 작동하지만, 내담자는 각본이론에 따라 우연히 혹은 대개 무의식적으로 각본신념을 '확인'하게 하는 정보를 찾게 된다. 상담 상황에 내재된 권력의 불균형은 그러한 주제를 실행하기 위해 특히 적절한 상황을 만든다. 내담자는 일반적으로 상담가에 비해 더 취약한 입장에 있기 때문에 전이적 유사성은 내담자의 부모를 상징하는 (권력과 관련된) 상담가와 함께 초기 아동기와 명백하게 상응한다. 내담자가 그들의 각본을 확인하기 위해 '증거'로 사용할 수 있는 패턴의 출현은 상담의 불가피한 부분이며, 상담가는 내담자가 낡고 도움이 되지 않는 패턴을 미묘하게 강화하는 방식에 경계하고 주의해야 한다.

　각본 확인 과정은 게임이론의 사용으로 이해될 수 있다. 게임의 실연은 상담가와 내담자가 상호작용하는 방식에 영향을 주는 무의식적 과정의 일부로서 상담의 일반적인 양상이다. 게임은 무의식적 과정으로 의식 밖에서 작동하기 때문에 그것을 완전히 피하는 것은 불가능하며 바람직하지 않다(Guistolise, 1996). 상담가는 이러한 과정에서 그들의 핵심 각본신념과 관계 각본을 밝혀 내담자를 돕기 위해 실연을 풍성하게 사용할 것이다. 내담자가 언급하는 게임 초대는 극도로 미묘할 수 있으며 의도치 않게 내담자의 각본을 쉽게 강화할 수도 있다. 상담가는 내담자가 어떻게 상담 안에서 그들의 각본을 확인하게 되었는지를 슈퍼비전에서 논의하고 반영하여 조언을 구해야 한다. 다음의 내용은 상담에서 내담자가 자신의 각본을 확인할 수 있는 몇 가지 방법이다. 이 목록이 완전한 것은 아니지만 상담가에게 각본 확인의 일반적인 방법과 관련된 몇 가지 제안점을 줄 것이다.

확인 1

내담자는 각본신념을 따르는 방식으로 행동할 것이며 상담가가 자신에게 스트로크하는지 혹은 자신과 한 팀이 되는지를 볼 것이다.

예 : 마리는 20대 중반의 명석하고 긍정적인 여성이다. 그녀는 관계 문제와 자기주장과 관련된 문제를 다루기 위해 상담을 찾았다. 상담가는 한 회기를 마무리하면서 매우 불편한 느낌을 받았다. 상담가는 슈퍼비전에서 메리가 요청한 '브레인스토밍' 반응으로 자신이 다른 행동과정을 지나치게 반복적으로 제안했다는 것을 깨달았다. 마리는 자신의 판단을 신뢰하지 못해서 스스로 결정하지 못하고 자신보다 타인의 욕구를 더 중요하게 생각하는 각본신념에 따라 결정하기 전에 조언을 구하고자 친구들이나 가족들에게 전화를 하는 패턴을 가지고 있었는데 상담가는 이러한 마리의 익숙한 패턴을 다시 재연했다는 것을 알아차렸다.

확인 2

내담자는 상담가가 탐탁지 않아 하는지 어떤지를 보기 위해 금지된 행동을 시험한다.

예 : 평소에 순응적이었던 내담자는 상담가가 자신을 비판하는지 혹은 짜증 내거나 감정적으로 철회하는지를 보기 위해 상담가에게 반항적으로 행동하거나 의견에 동의하지 않을 수도 있다.

확인 3

내담자는 상담가(투사적 동일시를 통해 자신을 규정할 수 있는)에게 여러 가지 금지된 행동이나 감정을 투사할 것이며 그래서 내담자는 상담가가 그 상황을 어떻게 다루는지 보기 위하여 그들의 부모 역할을 맡을 수도 있다[유사전이(concordant transference)].

예 : 상담가는 상담에서 점차 부적절한 느낌을 자각하게 되고 내담자는 상담가의

개입에 더 비판적으로 되어 간다. 이러한 상황에서 고군분투하다가 상담가는 "저는 오늘 당신을 위해 아무것도 할 수 없을 것 같습니다. 저는 제대로 하고 싶지만 그렇게 하지 못하고 있네요. 당신이 어떻게 아버지 주변에 있는 어린이로 느끼는지를 알 것 같습니다. 당신에게 어떤 감각이 느껴지나요?"와 같이 말하면서 극도로 비판적인 아버지에 대한 내담자의 경험과 상응하다는 것을 인식한다. 이러한 개입은 상담가가 기쁘게 하기 위해 더욱더 필사적으로 희생자의 위치로 옮겨 간다면 내담자의 각본은 '확인'된 것이다(Karpman, 1968).

확인 4

내담자는 상담가가 어떤 방식으로 자신을 확인했는지 보기 위해 자신의 신념의 정확성을 진술할 것이다.

예 : 내담자는 상담가의 말에서 상담가의 의도를 오해했다. 상담가는 되돌아가서 그들의 교류가 분명하지 않았음을 사과하고 의미를 명백하게 한다. 내담자는 "다시 갑시다! 단지 관계가 좋지 않았어요. 전 항상 잘못 듣고 모든 걸 망쳐요."라고 반응한다. 이 지점에서 상담가로부터 강화하는 교류는 "저를 오해하셨군요."일 것이다. 확인 반응은 "네, 당신은 저의 의도를 오해하였지만 처음엔 분명하지 않았고 나는 이제 당신의 관점을 알 수 있어요."일 것이다.

확인 5

내담자는 자신의 각본신념을 확인하기 위한 특정 반응을 자극하는 방식으로 행동할 수도 있다.

예 : 자신이 거절당할 것이라고 믿는 내담자는 상담가가 내담자를 다른 상담가나 정신과 치료에 의뢰할 때까지 반복적으로 자극할 것이다. 혹은 자신이 버려질지도 모른다고 믿는 내담자는 상담가가 자신에게 연락하려는 시도를 하지 않을 거라는 기대로 상담에 오지 않거나 상담가와 연락하지 않고 '사라질' 것이다.

77

명료화를 위해 동맹 결렬 회복 사용하기

관계회복의 과정은 관계단절을 확인하면서 시작된다. 단절은 내담자의 어떤 행동을 상담가가 주목하고 해석한 인식으로 정의될 수 있다(#24 참조). 단절이 발생할 때 내담자는 '자신의 반응'(내면에 있는 욕구가 충족되지 않을 것이라는 기대와 '타인의 반응'에 대한 독특한 반응방식)으로 그들의 원형을 활성화시키며, 이것은 원형의 일부로 투사되고 전이된 어버이자아로부터 내담자가 기대하는 반응이다. 사프란과 뮤란(2003)은 관계단절을 만드는 두 가지 주요 유형인 철회와 대립을 정의하였다. 궁극적인 목표는 기저에 억압되어 있는 감정을 내담자에게 표현하게 하는 것이며 보통 이러한 감정은 어린 시절 동안 억압되고 금지되었던 것이다. 따라서 단절과 회복은 억압과 관련된 관계적 상처의 점진적 치유와 억압된 감정표현을 포함하는 명료화의 잠재적 방법을 만든다. 안타깝게도 단절에 반응하는 내담자의 방식은 사실 예상된 '타인의 반응'을 미묘하게 이끌어 낸다. 특히 대립하는 것은 상담가에 대해 방어적이고 거부적인 반응을 일으킬 수 있으며 내담자로 하여금 적개심과 함께 그들의 연약한 부분을 보호해야 할 필요를 보여 준다(#76 참조). 철회가 나타날 때 상담가는 내담자의 기저에 억압된 분노와 적개심에 주의를 기울일 필요가 있으며 섬세하고 민감하게 분노와 적개심을 표현하게 해야 한다. 대립을 하는 목적은 억압되어 있는 감정의 취약성과 기저에 깔려 있는 명백한 적개심에 대한 상처를 표현하게 하는 데 있다. 사프란과 뮤란(2003)은 2개의 다른 과정으로 관계적 단절에 대한 각각의 유형을 제시하였다. 나는 여기에서 그들의 모델을 적용하여 2개의 과정을 하나로 만들었다. 이것은 쉽게 정의할 수 있는 선형적 과정이 아님에 주의해야 하지만 다른 부분에 비해 중복되고 때때로 순환되는 과정은 동시에 작동되거나 혹은 단절의 회복과정에서 거듭해서 재작업될 수도 있다. 이 모델이 기저에 깔린 특정한 느낌과 함께 단절을 만드는 두 가지 유형을 사용한다 하더라도 이 두 가지 유형보다는 현실성이 있고 어떤 것보다도 각각은 기저에 깔린 특정 느낌을 갖고 있다는 것을 기억하는 것이 중요하다. 그러나 여기에 제시된 모델은 일반적인 표식이며 일반적으로 억압된 느낌이다.

명료화 과정은 천천히 진행되며 점진적이다. 상담가는 무엇이 진행되는지를 내담자에게 알려 주기 위해 그들의 역전이 반응을 활용하라고 조언받는다. 상담의 지금-여기에서 일어나는 관계실연의 자각을 가져오는 메타커뮤니케이션 교류(Widdowson, 2008)(#78 참조)를 사용하는 것은 이러한 과정을 심화시킨다. 이 과정에서 내담자는 깊은 감정적 고통을 경험할 수 있으므로 상담가는 계속 공감적 자세를 유지해야 하며 그들의 반응이 알려 주는 명백한 사회적 수준의 메시지 뒤에서 내담자를 위해 무엇을 할지 (잠재적으로) 계속 자각을 유지해야 한다. 또한 상담가는 실연에서 자신의 역할을 설명해야 하며 내담자를 비난하는 위치에서 반응하지 말아야 한다. 메타커뮤니케이션은 현재에 머무르면서 접촉하도록 돕고 실연의 중요성을 탐색하게 할 것이다.

앞으로 나아가기 위해 상담가는 내담자가 상담가를 어떻게 경험하는지에 대해 이야기하도록 이끌어야 한다. 특히 대립단절과 함께 그렇게 하는 것이 아무리 힘들지라도 상담가가 내담자의 피드백에 기꺼이 귀 기울이는 것이 절대적으로 중요하다. 상담가는 신중하게 받아들여야 하며 내담자의 경험에 대해 공감적으로 지지해야 한다. 또한 상담가는 내담자가 말하는 것에 대한 '진실의 일면'을 신중하게 고려하고 실연에 대한 그들의 역할을 알기 위해 조심스럽게 시도해야 한다. 단절회복은 반드시 상담가가 밝혀내야 하는 것이 아니며 문제에 대한 완전한 책임을 지는 위치에 있어야만 하는 것도 아니지만 이것은 상담가가 실수나 과오를 받아들이게 한다. 두 가지 유형 모두에서 상담가의 과업은 기저에 깔린 억압받는 느낌을 내담자가 완전히 표현하도록 이끄는 것이다. 사프란과 뮤란(2003)은 철회를 하는 내담자는 분노나 적개심을 여기서 표현하기 시작할 수도 있지만 때로는 자신의 이야기를 제한하거나 주저함으로써 '조심스럽게 행동'한다고 한다.

대립을 하는 내담자는 자신의 적개심을 감추면서 기저에 깔린 취약한 느낌을 탐색하게 된다. 또 다시 내담자는 드러나는 자신의 취약함을 방어할지도 모른다. 상담가는 내담자가 기저에 깔린 느낌을 표현하는 것으로부터 물러날 때 일어나는 과정을 강조하기 위해 메타커뮤니케이션 교류를 사용할 수 있다. 여기에서의 또 다른 가능성은 자각경험으로 내담자를 초대하는 것이며 그로 인해 상담가는 내담자가 느낌(부분적으로는 여전히 억압되었을지도 모르는)을 좀 더 집요하게 진술하게끔 한다. 예를 들면, "당신이 경험한 대로 말하는 것을 시도해 봅시다. '저는 제가 다음 몇 주간 어떻게 대처할 수 있을지 좀 걱정스러워요'처럼요. 그리고 그것이 어떤 느낌인지 살펴볼까요?"로 말해 볼 수 있으며 그럼으로써 내담자의 반응이 탐색된다. 만약 그들이 경험에 참여한다면 상담가는 그 느낌을 탐색할 것이고, 만약 내담자가 거부한다면 그들의 주저함이나 불안한 느낌을 탐색할 수 있을 것이다. 내담자의 철회 혹은 대립패턴은 일종의 고통에 반하는 방어로 발전할 수 있으며 그래서 패턴의 포기는 느린 과정으로 가기 쉽다는 것을 기억하라. 명료화는 내담자가 느낌과 기저에 깔린 욕구를 표현함으로써 점차적으로 일어난다. 이것은 상당한 시간이 걸릴 것이며 명료화가 완료되기 전까지는 (혹은 최소한 부분적으로 해결되기 전까지는) 아마도 반복적인 단절과 회복의 사이클이 일어날 것이다. 여기에서 내담자의 느낌은 근원적인 정서 아래에 깔린 고통을 반영한 유기에 대한 두려움과 절망, 그리고 분노로 인해 흐려질지도 모른다. 특히 상담가가 충족시킬 수 없거나 기꺼이 그렇게 하기 어려운 것을 내담자가 요청하는 경우, 상담가는 힘을 유지해야만 하며 이러한 전체 과정을 통해 내담자에게 계속 공감적으로 조율할 필요가 있다.

78

메타커뮤니케이션 교류 사용하기

메타커뮤니케이션은 지금-여기의 상담에서 발생하는 상담가의 주관적인 감각을 바탕으로 한다. 상담가는 직접적인 내담자 관찰, 자신의 내적 상태에 대한 지속적인 관찰, 순간순간의 관계를 기반으로 일어나는 주관적인 감각에 대한 관찰에 의존한다. 그때 상담가는 자신과 내담자가 어떻게 관계하는지에 대한 과정과 그들의 경험에 대한 대화로 내담자를 초대한다. 예를 들어, 상담가는 내담자가 약간의 긴장감과 함께 내담자와 그들 사이에 모호한 거리감을 가지고 불안해하는 것을 알아차릴지도 모른다. 따라서 상담가는 상호적인 분석에서 내담자로부터 제공받은 진술을 구성하기 위해 이러한 세 가지 경험을 사용한다. "당신이 상담실을 둘러보고 있는 것을 보고 저는 약간의 긴장감을 느낀다는 것을 알아차렸어요. 우리 사이에서 지금 거리감을 느낍니다. 이해하실 수 있나요?"

> 메타커뮤니케이션은 상담에서 내담자에게 무슨 일이 일어나고 있는지에 대한 관계적 중요성을 탐색하기 위해 내담자의 협력적인 참여 가운데 지금-여기 상담 과정의 탐색을 가지고 지금-여기의 상담가의 역전이를 활용하는 개입이다. … 메타커뮤니케이션 교류는 대개 내담자와 상담가 사이에서 일어나는 많은 전개된 과정 혹은 전개된 과정에 대한 관찰을 포함한다. (Widdowson, 2008: 58)

메타커뮤니케이션 교류는 여러 측면에서 자율적 특성(자각, 자발성과 친밀성)을 통합하는 직접적인 개입이다. 상담가는 개입으로 질문, 호기심, 협력에 대한 참뜻을 구현한다. 진행하는 가운데 상담관계를 탐색함으로써 상담가와 내담자는 내담자의 주관적인 자아상태 변화, 교류(그리고 이면교류), 게임과 각본에 대한 중요한 정보를 얻을 수 있다.

메타커뮤니케이션 교류의 구성은 내담자의 입장이 바뀌는 것과 같이 상담가가 직접적으로 관찰 가능한 사건에 주의를 기울이는 것을 요구하지만 둘 사이의 연결의 역동적인 질에 있어 거의 감지되지 않는 변화, 관계적 친밀감 혹은 거리감, 내담자가 어떤 주어진 시간에 관계적으로 개방적인지 또는 폐쇄적인지 철회를 하는지에 대한 상담가의 감각 또한 요구한다. 상담가는 상담회기와 내담자의 경험에 대한 언급 가운데 열정적인 몰입에 대한 직관적인 감각과 관찰을 사용하며 내담자의 경험, 경험에 대한 의미와 중요성과 관련된 대화에 내담자를 초대한다. 메타커뮤니케이션 교류는 또한 상담가와 내담자 사이에서 일어나고 있는 지나치게 조심스러워하는 감각, 경쟁적 격렬함, 열망에 대한 감각, 스트로크에 대한 편안한 분위기와 같이 관계적 역동으로 이름 붙일 수 있다. 이것은 그들의 감정상태에 면밀히 주의를 기울이고, 반복적으로 그들의 '관계지표'를 확인하도록 요구한다. 그렇게 하기 위해서 상담가는 특히 그들이 어떻게 다른 사람과 상호작용하는지와 관련된 자기 자각을 성장시키기 위해 계속적으로 노력할 필요가 있으며 내담자로부터의 투사와 자신의 이슈를 구분할 수 있는 기반을 가질 수 있도록 상당한 개인상담을 받을 필요가 있다. 이 모든 것은 상담가 자신의 사용과 변화, 탐색, 성장을 위한 매개로서 상담관계의 이용을 촉진하여 자신과 타인 모두에게 (때때로 힘든 피드백을 듣는 것을 포함하는) 심오한 정직성과 개방성을 요구한다.

79

게임치료

동맹 결렬은 상담가와 내담자 사이의 게임 실연의 가능성을 나타내는 관계적 TA용어로 개념화될 수 있다. 주된 치료적 도구로 전이와 역전이를 관계적으로 작업하는 상담가는 게임 실연이 본질적으로 나쁘다고 여기지 않지만 오히려 내담자의 무의적인 과정 또는 핵심 갈등관계의 주제(Luborsky, 1984)로 인한 불가피한 과정이 상담가와의 관계 및 교류에서 드러난다. 이러한 관계적 접근에서는 게임의 실연을 문제적으로 보기보다는 게임의 등장과 실연이 게임이 발생한 원형적 주제나 기저에 깔려 있는 각본을 재작업하기 위한 훌륭한 기회의 치료적 2인 관계를 제공하는 것으로 본다.

상담가로서 우리는 상담실에서 게임을 다룰 때 2개의 주요한 선택권을 갖는다. 그것은 게임과 직면(또는 도발이 시작될 때)을 지켜보기, 게임을 수용하여 내담자의 무의식적 과정에서 드러나도록 우리를 허락하기이다. 게임을 직면하거나 방해하는 것은 특정 상황에서 유용할 수 있으므로 TA를 적용한 현장에서 게임을 위한 공간을 만드는 것이 심층적인 TA상담의 중요한 특성이 될 수 있다. TA 심리상담 세계에는 게임의 초기 직면 또는 게임의 회피를 옹호하는 지지자들이 있다(Goulding & Goulding, 1979). 심리역동 또는 관계적 접근에서 게임 밖에서 머무르는 것은 최상의 치료적 입장이 아니며 "내담자의 게임에 직면하거나 게임을 중단하는 것은 치료적이지 않다." (Woods, 2000: 94)고 본다. 여기서의 예외는 모든 입장의 상담가가 치료적이지 않다고 동의하는 3도 게임에 참여하는 상담가이다. 실제로 치료적 입장은 게임을 자각하고, 그 흐름을 방해하고, 게임이 결말에 도달하기 전에 기저에 깔린 갈등을 작업하는 것이다. 1도 게임이 결말에 도달했을 경우에 상담가는 상호작용 분석에 내담자를 관여시키며, 관계단절을 이해하고 회복시키기 위해 노력해야 한다. 스타크는 "최적의 입장은 (상담가가 스스로 영향받는 것은 허용하지만 완전하게 영향받지는 않는) 반투과성을 포함하는 것"이라고 했다(Stark, 2000: 109). 그녀는 상담가가 내담자의 투사를 돌려주기 위해 어떻게 수용될 필요가 있는지를 설명한다.

> 상담실에서 자신의 모든 것을 전달하는 경험과 내담자와 상담가가 함께 살아남을 수 있
> 는 관찰의 경험. 상담가는 반드시 내담자에 의해 주어진 역할에만 반응함으로써 내담자
> 가 자신의 내적 악마를 장악할 기회를 가질 수 있도록 해야 한다. (Stark, 2000: 109)

또 다른 관계적 정신분석가인 카렌 마로다(Karen Maroda)도 치료적 입장과 상담가의 반투과성의 중요성에 대해 다음과 같이 묘사한다.

> 나는 이런 방식으로 자극받는 것을 거절하는 것이 내 역할이 아님을 깨달았다. 내 역할
> 은 내담자가 자신이 하고 있는 것을 이해하도록 돕는 것이며, 이를 위해 반응적이 됨으
> 로써 내담자의 역사적 역할에 협조적이어야 한다. 다른 사람들과 다르게 느끼는 것이
> 상담가에게 필수적인 치료적 목표는 아니다. 그것은 상담가가 내담자의 의미 있는 사람
> 들이 하는 것보다 더 건설적으로 그의 감정을 다루는 것이다. 궁극적으로 이것은 내담
> 자가 자신의 감정과 행동을 자각하고 그에 대한 책임을 가질 수 있게 한다. (Maroda,
> 1994/2004: 129)

게임과정의 효과적인 관계 분석을 위해 상담가는 게임 실연에 대한 자신의 기여와 관련된 비방어적인 태도를 취할 필요가 있다. 기본적인 TA용어로 게임은 두 사람의 플레이어 없이는 불가능하므로(Berne, 1964), 당사자의 상황에 원인을 제공하지 않았거나 별개로 한 사람(즉 내담자)이 다른 사람(즉 상담가)과 '게임하는 것'으로 간주하는 것은 도움이 되지 않으며 이론적으로도 부정확하다. 상담관계에서 권력의 차이는 여러 면에서 (적어도 감정적 수준에서 자녀보다 더 정서적으로 권력적인) 그들의 부모와 함께한 내담자의 초기 관계와 유사하다. 그러한 경우 내담자는 게임 실연을 위한 책임을 떠맡기 쉬우며 그러므로 이를테면 '못되게 굴기'에 대한 신념, 즉 각본신념을 강화한다. 효율적인 상담과 동맹 결렬의 회복은 특히 관계적 연약함과 관련된 자기

자각을 하게끔 한다(그리고 그러한 이슈를 해결하기 위해 상담에 참여).

또한 상담가는 게임 초대장을 공표하는 데 영향을 받지 않는 무의식을 가지고 있다. 내담자는 상담가의 게임 초대에 반응할 수 있으며 어떤 면에서는 관계의 본질적인 권력 불균형 때문에 그러한 초대에 반응하는 데 흔들리기 쉽고 취약할 것이다. 상담가로서 우리는 상담의 장 안에서 우리 자신의 이슈가 어떻게 작동하는지에 대해 특히 주의해야 하며 개인상담을 통해 개인적 발달을 하는 데 노력해야 한다(#27, #44, #96 참조). 번의 의견에 따르면 "내가 게임 중인가?"의 질문보다는 "내가 어떤 게임을 하는가?"의 질문으로 반영하는 것이 더 현명하다(Berne, 1966).

게임은 심리상담을 포함하며 불가피한 인간의 상호작용 양상이다. 상담가의 역할이 게임을 완전히 피하는 것은 아니지만 내담자의 독특한 무의식의 표현으로서 이 순간 이 내담자를 위한 이 게임의 의미가 무엇인지를 이해하려고 노력해야 한다. 이와 유사하게 상담가는 무의식의 표현으로서 그들을 위한 그 게임의 의미가 무엇인지를 생산적으로 배울 수 있다. 결정적으로 상담가의 역할은 그 순간 그들과 내담자의 게임 참여가 어떤 의미인지 그리고 어떻게 함께 게임을 만드는지를 반영하는 것이다 (Summers & Tudor, 2000).

80

금지령 치료

금지령은 개인의 내면화된 금지사항을 드러내는 주제의 축약본이다. 금지령은 언어를 배우기 이전에 내담자 각본의 암묵적인 측면으로 고려된다. 즉 어린이는 초기 양육자의 반응과 행동에 대한 반응으로 금지령을 발달시킨다. 이러한 맥락에서 금지령은 관계를 보존하기 위해 따르는 개인의 욕구인 일련의 규칙을 제공하고 그럼으로써 'OK'의 감각(각본 결합)을 유지한다는 점에서 본래 관계적인 것으로 고려될 수 있다. 홈즈는 이러한 과정을 애착이론의 관점으로 다음과 같이 기술하였다.

> 애착 관점에서 방어의 핵심은 부분적으로 최선의 상태로 환경을 다루기 위한 상호관계적인 전략이라는 것이다. 목표는 내적으로 몰아가는 갈등과 직면할 때 개인의 존엄성을 완전하게 유지하려는 것이 아니라 그들을 방해하는 관계적인 힘의 위협에 직면해 애착을 유지하려는 것이다. (Holmes, 2001: 25)

이로부터 우리는 어린이가 애착이 보존되도록 삶의 규칙을 발달시키고, 세상을 이해하기 위해 그들의 금지령을 발달시키는 가운데 금지령이 그 역할을 한다고 본다. 그것은 개인이 따를 수 있는 '내적 안전규칙'으로 작동하며 그럼으로써 주양육자 주변에 있게 된다. 우리가 알다시피 불행히도 이러한 금지령은 미래의 삶을 제한하고 TA 상담에서 우리가 해결해야 하는 개인의 각본 핵심으로 나타날 것이다.

> 고울딩 부부의 12가지 금지령 목록은 유용한 요약본을 제공하지만, 12가지로 정의된 금지령 목록을 사용할 때 개인의 어린 시절 경험과 의미의 미묘함과 연약함을 놓칠 수도 있기 때문에 각각의 내담자에게 주의 깊게 고려될 필요가 있다. 이것은 각본결정을 드

러내며 '의미 만들기'를 명확하게 하기 위한 자신만의 언어를 찾도록 내담자를 북돋아
주기 위해 이론적으로 정확하고 치료적으로도 유용해 보인다. 또한 부정적이고 제한
적인 결단에 대한 각본분석을 제한하지 않는다는 점에서도 매우 중요하다. (Cornell,
1988: 279)

그럼에도 불구하고 금지령의 요약본은 상담가가 내담자의 과정과 일반적인 주제들의
사용을 경험하는 형성과정의 이해를 시작하게 하는 데 유용한 도구가 될 수 있다.

금지령은 개인의 각본에 지속적인 모습이며 효과적인 해결을 위해 암묵적으로 그
리고 관계적으로 반복해서 언급될 필요가 있다. 고울딩 부부는 직접적으로 금지령을
다룰 수 있는 정교한 재결단 치료법을 발달시켰다. 그러나 TA자료들은 재결단 방법
에 대한 모든 진행 중인 재결단 강화를 강조한다. 금지령의 재결단을 모색하는 데 있
어서 상담가는 금지령에 대해 애착을 보존하고 싶은 의도를 유념하며, 금지령을 복종
하지 않는 가능성에 어린이 자아상태가 느낄지도 모르는 극단적인 두려움을 염두에
두는 것이 중요하다. 금지령 해결은 점진적이고 관계적인 과정이며 오랜 시간 상담가
가 주의를 기울일 필요가 있다. 때때로 심리치료 과정은 내담자의 금지령에 직접적인
도전을 하기도 한다. 상담가는 내담자의 금지령에 반복적으로 도전하기 위한 계획을
가지고 활용할 수 있는 어떤 직접적인 방식뿐 아니라 간접적인 방식도 찾을 수 있을
것이다.

81

금지령 치료의 개입과 접근

존재하지 마라

상담의 여러 측면에서 이것 자체가 금지령의 강력한 직면이다. 내담자는 자신의 존재를 공감적인 관계를 통해 회상하고 자신의 존재를 확인한다. 삶의 고통과 내담자의 어려움을 인정하라.

네가 남자였으면/네가 여자였으면

자신에 대한 정의와 개성의 표현을 격려하라. '일관된 이야기'(Holmes, 2001)를 촉진함으로써 내담자의 자아감을 발달시키고 확인시켜라.

친밀해지지 마라

내담자가 '친밀감을 느끼는' 수준에 관심을 기울여라. 상담에서 내담자가 어떻게 친밀감을 '회피'하거나 두려워하는지를 주목하라. 반복적으로 오랫동안 이론적 설명이나 'TA개념 가르치기' 및 제삼자에 대한 광범위한 논의는 피하라.

소속되지 마라

'소속'에 대한 욕구를 만족시켜 줌으로써 쌍둥이 전이(twinship transfer-ence)(Kohut, 1984; Hargaden & Sills, 2002)를 이해하라. 상담에서 그들이 어떻게 수용된다고 느끼는지를 반영하도록 내담자를 초대하고 당신과 함께 그들이 OK라는 것을 알려 주는 단서를 주어라. 내담자의 폭넓은 사회적 관계를 탐색하라.

중요한 사람이 되지 마라

이것은 상담에서 가장 어려운 금지령으로 복종함으로써 반복적인 관심을 필요로 하며, '이기적이면 안 된다'라는 바람이 문화적으로 강화된 것이다. 상담에서 '타인에 대해 말하기'를 부드럽게 직면하고 상담에서 상담가의 관심을 온전히 받는 것을 어떻게 느끼는지 질문하라.

성공하지 마라

목표에 대한 현실적 태도가 아닌 긍정적 태도를 장려하라. 내담자의 목표와 흥미에 관심을 보여라. 내담자를 향해 당신이 느낄지도 모르는 어떠한 질투를 알아차리고 슈퍼비전(아마도 개인상담)을 받아라.

성장하지 마라

이것은 '분리되지 마라'에 대한 변형이다. 상담가는 지속적으로 내담자의 자율성과 변화에 대한 능력 및 개별화를 강조하면서 이 금지령에 도전한다. 또한 상담가는 자율적으로 행동하는 것에 대한 두려움과 책임지는 것에 대한 두려움을 이야기할 수 있다.

아이처럼 굴지마라

 이것은 '의존적이지 마라'의 변형이다. 나의 임상경험에서 '성장하지 마라'와 '아이처럼 굴지 마라'는 종종 함께 일어나며 개인에게 어려운 이중구속을 만든다. 내담자의 어린 시절 경험 그리고 그들의 생존 전략과 세상에 대한 감각을 구성하는 방식을 확인하되 너무 열성적인 방식 또는 '마시멜로 던지기'는 피한다. 명랑함과 유쾌함에 스트로크하라. '타인과 친밀해지는 것'에 대한 관계적 욕구를 정상화시켜라. 또한 이런 금지령의 상담에서 내담자의 의존욕구와 함께 연장된 이상적인 교류와 작업을 발달시킬 필요가 있다. 여기서 상담가는 자신의 개인상담을 통해 의존욕구를 점검하는 것이 중요하다.

건강하지 마라/제 정신이어서는 안 된다

효과적인 문제해결을 스트로크하고 건강을 강조하라. 때때로 잘 지내거나 제정신인 것에 대한 두려움, 책임감에 대한 두려움, 만약 그들이 잘 지낸다면 관심 갖지 않을 것이라는 두려움이 있을 수 있으며 그러므로 그들이 보살핌받기 원한다는 것을 확인하고 그다음에 연령에 적절한 방식으로 지지받을 수 있는 보살핌의 방식을 찾도록 전략을 세운다.

느끼지 마라

느낌과 공감적 교류에 반복적으로 주의를 기울이고 건강한 감정표현을 도모하는 것은 이러한 금지령과 서서히 직면하는 효과적인 방법이다.

생각하지 마라

내담자의 생각과 반영을 표현하게끔 하라. 때때로 내담자는 독자적인 사고를 발달시키기 위해 상담가의 의견에 반대할 필요가 있다. 이러한 경우 내담자가 스스로의 생각에 스트로크하게 한다. 계획의 분명함과 사고의 명확함에 스트로크하라.

(아무것도) 하지 마라

미루지 않고 행동하는 것과 긍정적인 행동에 스트로크하라. 자발성을 축하하라.

82

도피구 차단 재검토

비극적 각본결말을 직접적으로 설명한 TA문헌에서는 도피구 차단과 상해를 입히지 않겠다는 계약이 연결되어 있지만 이것은 서로 다른 과정이다. 도피구 차단(시간이 제한된 차단조차도)과 상해를 입히지 않겠다는 계약에서 도피구 차단은 결정과정으로서 "상담가는 증인으로 함께하며 내담자가 스스로 선택하는 것이고 이것은 본질적으로는 바뀔 수 없고(무조건은 결정의 부분이다.), 상해를 입히지 않겠다는 계약은 다른 계약과 마찬가지로 내담자와 상담가의 동의하에 이루어지며 바뀔 수 있다."(I. Stewart, 2008, personal communication)는 데 차이가 있다. 도피구 차단은 아무리 안좋은 일이라 하더라도 자신이나 타인을 죽이거나 해하지 않고 미치지 않겠다는 것에 대해 증인이 되는 상담가와 함께 스스로에게 말로 약속하는 과정이다(이 과정에 대한 전체 설명은 Stewart, 2007 참조). 이 과정은 적절한 시점에 실행되어야 하고 충분한 준비 없이 '과정 자체만을 위해' 실행되어서는 안 되지만, 스튜어트는 도피구 차단이 모든 내담자에게 치료적이라고 주장하였다(Stewart, 2007).

애착이론은 도피구를 고려하기 위한 흥미로운 관점을 제공한다. 애착은 개인이 내적 안전기지로서 도피구를 유지한다고 설명한다(Holmes, 2001). 이것은 상담이나 상담가가 내담자에게 새로운 안전기지로 내면화될 때까지 내담자는 도피구 차단을 준비하지 않는다는 입장을 견지한다. 즉 도피구 차단이 다루어지기 전에 동맹이 잘 작업되어야 할 필요가 있음을 강조한다. 안전기지의 기능은 내적 자기위안을 제공해 주고 격렬한 감정을 견딜 수 있게 한다. 그러므로 충분한 동맹이 이루어질 때까지는 도피구 차단이 시작되지 않는다는 것을 유념하면서 내담자가 새로운 긍정적인 자기위안 수단을 만들기 시작했는지, 격렬한 감정을 견딜 만한 능력이 있는지를 확인해야만 한다. 감정을 이겨 내는 것을 학습하는 방법으로 널리 받아들여지고 있는 것은 공감적인 관계를 경험하는 것이다. 상담에서 너무 빨리 도피구를 다루면 내담자의 경계심과 혼란을 자극시킬 수 있다. 어떤 내담자는 상담가의 질문을 자신이 절박한 위기에 처해 있다고 생각한 것을 은연중에 보여 주는 방법이라고 해석하기도 한다. 도피구 차단을 미숙하고 성급하게 강조하는 것은 내담자를 상담가에게 적응하게 하거나 심리내적 차단 없이 차단 '행동을 살펴보도록' 유도할 수 있으며, 이러한 주제에 대해 논의하거나 해결할 준비가 되지 않은 내담자에게는 상해의 문제를 일으킬 수도 있다. 도피구를 차단한 내담자들이 상해에 대한 생각을 가지고 행동하지는 않겠지만 여전히 동일한 느낌을 경험할 수도 있다는 것을 알 필요가 있다. 성급하거나 둔감한 도피구 차단은 자살 혹은 상해에 대한 생각과 의미 있는 논의를 배제시킬 수 있으며 이러한 느낌이 수용될 수 없다는 인상을 줌으로써 수치스러운 경험을 갖게 할 수도 있다 (Mothersole, 1996; Ayres, 2006).

성급하게 혹은 상담가의 (견딜 수 없는) 불안에 대한 반응으로 이루어지는 도피구 차단은 과잉적응(Schiff & Schiff, 1971)되거나 내담자의 상해에 대한 생각을 배제시킬 것이라는 관점으로 인해 대다수의 TA상담가는 내담자와 함께 도피구 차단 과정을 밟는 것을 반대한다. 이는 내담자로 하여금 상담에서는 자살충동(혹은 상해나 미치는)에 대한 사고가 수용될 수 없으므로 참아야 하거나 논의하지 못할 것이라고 추론하게 하는 결과를 가져온다. 또한 정신분석적으로 지향된 TA상담가는 도피구 차단이 상담에서 무의식적 과정이 시작되고 나타나는 것을 방해할 것이라고 느낀다. 흥미롭게도 많은 정신분석가가 상해를 입히지 않겠다는 계약과 매우 유사한 절차를 현재 사용하고 있다(McLean & Nathan, 2006). 정신분석 맥락에서 상해를 입히지 않겠다는 계약은 인격장애 내담자에게 현실을 직면하게 하고 내담자의 세상과 행동에 대한 숙달감과 통제감 발달을 증진시키는 한계설정 방법으로 사용된다. 또 매클레인(McLean)과 나단(Nathan)은 이것이 한계설정 과정과 이로 인한 상담가와 내담자 사이의 갈등에도 효과적으로 사용될 수 있다고 논의했다. 그리고 내담자의 파괴적 행동에 대해 한계를 설정하지 않는다면 내담자는 상담가가 그들의 고통을 포기하거나 심각하게 받아들이지 않는 것으로 경험할 수 있다고 가정했다. 매클레인과 나단에 의한 과정은 심각한 병리를 가진 내담자에게 사용되는 어버이자아 과정을 좀 더 보완한다. 이것은 흥미로운 관점이며 TA상담가들에게 고려될 만한 가치가 있다.

드라이는 "나는 상해를 입히지 않겠다는 계약을 치료의 정규적 부분(아무리 시간을 가치 있게 쓴다고 하더라도)으로서가 아니라 응급상황에서 신속하게 신뢰할 수 있는 평가로 사용되기 위해 고안된 과정이라고 본다."고 했다(Drye, 2006: 6). 상담가는 상담가에게 과잉적응하고(Schiff & Schiff, 1971) '행동을 살피는' 내담자의 가능성에 주의를 기울이고 진지하게 고려하는 것이 필수적이다. 과잉적응의 미묘함은 첫눈엔 놓치기 쉬우므로 과잉적응으로 상해를 입히지 않겠다는 계약을 한 후 혹은 도피구 차단 과정 후에 발생할 가능성이 있다는 것을 염두에 두어야 한다(이 문제에 관한 어떠한 과정도 마찬가지이다).

도피구 차단이 실제로 매우 강력한 방식임에는 의심할 여지가 없다. 그러나 도피구 차단이 '모든 것, 그리고 모든 것의 종착지'도 아니고 자살 생각에 대한 치료도 아니라는 인식으로 균형 잡을 필요가 있다. 더불어 도피구 차단은 대부분의 상담 기법처럼 특정 내담자의 특정한 순간에 적합하다. 주의 깊고 민감하게 적절한 타이밍에 접근할 때 내담자의 도피구 탐색은 내담자의 어려움 다음에 있는 탐색되지 않았던 실존적 주제의 전체를 드러낼 것이다.

> 철학적 · 문화적 · 사회적 압력에도 불구하고 정신질환, 자살, 살인 행동은 압도적이거나 해결할 수 없거나 견딜 수 없는 문제에 대한 잠재적 해결책으로서 병들고 혼란스럽고 절망적인 개인에 의해 경험된다. 여기에는 예외가 있는데, 특히 사람들이 누군가를 죽이기로 선택하거나 살해당할 때, 혹은 치료가 불가능할 정도로 아프거나 매우 늙었을 때, 아이가 위험에 처해 있거나 자기방어적 행동을 할 필요가 있거나 종교 및 애국심과 같은 가치를 위해 삶을 희생하기로 선택하거나 억압에 대해 자신이나 다른 사람들을 보호하려고 할 때이다. (Clarkson, 2003: 48)

우리 자신의 삶을 책임지는 것과 연관된 실존적 주제, 구원에 대한 환상, 진정으로 자유로운 존재의 상태, 삶의 무의미성(Yalom, 1980)에의 직면은 상담에서 모든 도피구에 대한 민감한 탐색 다음으로 드러날 수 있는 문제이다.

도피구 차단을 사용하지 않는다고 말하는 많은 TA상담가들은 사실상 스튜어트(2007)가 제안한 공식 과정보다 도피구가 차단되었다고 결정하는 다른 과정을 사용하고 있다. 도피구 차단은 표준 절차와는 다른 방법을 사용하여 접근할 수 있다. 예를 들면, '존재하지 마라' 금지령을 정립하도록 유도하는 경험을 할 때 함께 있었던 부모나 사람들을 시각화하여 (혹은 재결단을 하기 위한 빈의자 기법을 사용하거나) 투사된 부모에게 자신이나 타인을 죽이거나 해치거나 미치지 않겠다는 결정을 했음을 말로 진술하게 할 수도 있다. 비록 기술적으로 도피구 차단이 아니더라도 (내담자는 이러한 작업에서 어린이 자아상태에 있기 때문에) 이러한 본성 작업은 재결단 상담의 부분으로 내담자가 살기 위해 재결단을 하게끔 한다. 작업 후에 이것이 어른 자아상태의 결단임을 확인하기 위해 (이미 한 번 했다고 하더라도) 상담가는 내담자가 어른 자아상태로 돌아가서 도피구 차단을 경험하게끔 한다.

스튜어트(2007)는 도피구 차단이 완성될 때까지는 일반적으로 각본변화 작업을 시작하지 말아야 한다고 주장한다. 나는 동의하지 않는다. 나의 경험으로는 위험한 대안으로 열린 도피구를 가지고 있는 내담자는 각본변화 작업 없이는 도피구를 차단하고 싶어 하지 않는다. 도피구를 쉽게 차단할 수 있는 내담자는 사실 첫 번째 장소에서는 오픈하지 않을 가능성이 있다. 스튜어트(2007)는 적절하게 도피구를 차단한 내담자가 아닌 경우엔 내담자의 현재의 안전과 보호에 특히 관심을 가져야 할 필요가 있다고 덧붙였다. 나는 이 입장에 동의하지만 도피구가 적절하게 차단되어 있을 때조차도 상담가는 지금 상담 중인 내담자를 보호하는 데 그치지 않고 이를 잊어버리지 않는 것이 현명하다고 느낀다.

83

내담자 보호

상담가는 내담자와 상담가 자신의 요구를 다루는 것에 있어서 충분한 보호가 보장되는지를 고려할 필요가 있다. 상담가로서 자신을 자원으로 삼는 것은 보호의 필수적인 측면이다. 정기적으로 적절한 슈퍼비전을 받는 것은 상담가에게 사용 가능한 충분한 지지와 보호가 있다는 보장의 핵심이며, 상담 사례에 대한 윤리적 관리와 질에 대한 보장 측면에서는 내담자를 위한 부분이기도 하다. 독서, 워크숍 참여, 지속적인 전문성 발달을 위한 또 다른 양상에 대한 책임은 상담가의 자원의 한 부분을 형성하고 상담가의 기술과 지식이 계속 발전할 수 있도록 보장한다.

　TA상담가는 개인상담을 받음으로써 자신을 자원으로 삼는데, 상담과정에서 얻을 수 있는 자신의 각본 양상들을 해결하려고 노력한다. 또 상담가에게 있어서 개인상담은 격렬하고 불쾌한 정서를 효과적으로 경험하고 보유하고 다룸으로써 상담가의 역량을 향상시키는 역할도 한다. 자신의 분노나 깊은 슬픔을 마주하지 못하거나 조절할 수 없거나 다른 사람의 격렬한 정서를 받아들일 수 없는 상담가는 유사한 경험을 하는 내담자에게 충분한 보호와 견제를 제공할 수 없다.

　내담자의 역사, 특히 자살시도나 자해 행동 혹은 폭력과 관련된 정보를 얻는 것은 중요하다. 자신이나 타인에게 파괴적인 행동 혹은 충동에 대한 과거력은 상담으로 일어날 수 있는 강렬한 감정을 보유할 수 없을지도 모른다는 것을 강력하게 표시하는 것이다. 그런 역사가 있는 내담자의 경우 상담가는 슈퍼비전을 통해 내담자와 상담을 할지 혹은 다른 상담가에게 의뢰할지에 대해 조언을 구하는 것이 중요하다. 모든 상담가는 자살이나 폭력의 위험을 다루기 위한 최소한의 기본적인 위험평가 수단과 전략을 잘 알고 있어야 할 책임이 있다. 더불어 상담가는 내담자가 극심한 고통을 다루고 충동을 조절할 수 있는 방법을 결정해야 한다. 강렬한 느낌을 조절하기 어려운 내담자는 상담 작업이 안전하게 진행되기 전에 자기위안 전략이나 충동조절 전략을 배움으로써 사회적 조절(Berne, 1961)을 발달시켜야만 한다.

상담에서 속도와 타이밍은 보호를 제공하는 데 있어서 중요하다. 너무 깊고 빠르게 캐내는 것은 초기 상담에서는 지나칠 수 있다. 통찰력을 갖고 있는 내담자나 이야기를 해야겠다는 강력한 충동을 가지고 있거나 고군분투하는 강력한 정서를 '덜어내고자' 하는 압박감을 느끼는 내담자의 경우에 그렇다. 나의 경험으로는 서둘러 했을 땐 언제나 되돌아가서 다시 해야만 했다. 상담의 문제는 초기에 주제가 한번 가려지고 나면 그 후에 되돌아가서 살펴보기가 어려울 수 있다는 것이다. 상담 초기에 내담자가 상담에 자리 잡기까지 우리는 내용과 과정에 집중하면서 자원의 통합을 격려하면서 내담자를 알아가는 것과 내담자의 역사를 찾아내는 것 사이에 주의를 기울여 균형을 맞춰야만 한다(#18 참조). 내담자를 압도시키는 위협적이고 강력한 감정으로 인해 내담자가 혼란스럽거나 분절된 느낌을 갖는 경우에는 잠시 멈추게 하는 것이 필수적이다. 내담자의 속도를 늦추고 멈춰야 하는 순간을 아는 것은 중요한 상담 기법이며 쉽게 개발할 수 있는 기술이라기보다는 숙련된 '예술'에 가깝다. 로스차일드(Rothschild)는 트라우마 생존자와의 상담 맥락에서 이와 유사하게 설명한다. 그녀의 원칙은 "엑셀을 밟기 전에 어디에서 브레이크를 밟고 어떻게 그것을 사용하는지를 알아야"만 한다는 것이다(Rothschild, 2000: 79).

또한 진단은 내담자 보호를 결정하는 핵심적인 측면이다. TA상담가가 각각의 내담자에 대해 물어보아야 하는 가장 기본적인 질문은 "이 내담자가 사용할 수 있는 어른자아상태는 얼마나 되는가?"이다. 다른 성격양식(Johnson, 1994; McWilliams, 1994; Benjamin, 2003)은 각각 다른 표현 방식을 가지고 있으며 그중 일부는 다른 것보다 좀 더 파괴적인 행동을 하는 경향이 있다. 진단을 점검하는 시간을 갖는 것은 내담자의 진단에 따른 특정 계약과 같은 것을 통해 문제를 미연에 방지하고 보호를 제공할 수 있으므로 중요하다. 또한 스튜어트(1996)는 분명한 계약이 성립되어 상담가가 진단을 마쳐 준비 작업이 이루어지기 전까지는 드라마틱하거나 카타르시스적인 기술을 사용하는 것에 대해 경고하였다. 정신질환과 그 특성 및 징후에 대해 익숙해지는 것도 중요하며, 무능력이나 폭력으로 향한 불안이 증가하는 것처럼 잠재적인 감정이 빠르게 상승하는 것을 알아차리는 능력 또한 중요하다(Schiff et al., 1975).

84

능력과 허가

능력(potency)(Steiner, 1968), 보호(protection)와 허가(permission)(Crossman, 1966)의 '3P'는 효과적이고 윤리적인 TA상담 임상에서의 핵심이다. #83에서는 내담자 보호에 대해 논의하였고, 여기서는 능력과 허가에 초점을 맞춘다.

능력

상담가의 능력은 상담가와 내담자 마음속의 절망, 불확실성, 의심, 무의미성, 증오, 격노, 수치심과 불안을 보유하는 역량에 있다. 또한 이것은 상담가의 정서적 그리고 심리적 탄력성을 포함한다. 능력은 내담자가 어버이 자아상태의 대항지령과 각본을 따르지 않도록 내담자에게 충분한 긴장과 힘을 제공하는 상담가의 기량과 관련된다 (Berne, 1972). 또 상담가의 능력은 내담자 서비스에서 상담가 훈련, 기술, 지식을 사용하고 그것을 왜 하는지(치료계획), 무엇을 하는지에 대한 분명한 감각을 갖는 상담가에 의해 증진된다(Stewart, 2007). 지속적으로 정기적 휴식과 휴가의 필요성을 인식하고 수용하며, 개인적 욕구에 주의를 기울이는 개인적이고 전문적인 개발 작업은 좋은 경계선, 자기-돌봄, 더 나아가서 상담 능력을 만든다. 또한 상담가로서 우리의 능력은 자신의 개인적 힘과 자원의 자각과 개인적 한계의 수용을 포함한다.

허가

허가는 나의 관점에서 주의 깊게 고려할 필요가 있는 흥미로운 개념이다. 역사적으로 많은 TA상담가들은 부모의 입장을 취하고 글자 그대로 내담자에게 회기 안에서 언어적 허가를 언어적으로 인정해 주는 방식이었다. 이러한 접근은 모든 종류의 잠재적인 문제를 갖지만, 적어도 성인인 내담자를 영아로 취급할 위험은 없다. 또한 내담자의 내적 자기경험이 극도로 부정적이고 비판적일 땐 상담가의 긍정적인 언어적 메시지를 어느 정도 받아들일지도 명확하지 않다. 이런 경우 직접적으로 언어적 허가를 주는 것은 내담자의 내적 고립감과 나쁜 상태를 악화시킬 가능성이 있다. 그럼에도 불구하고 나는 상담 안에서 격려와 지지, 스트로크를 제공하며 부정적·제한적 각본신념을 더 긍정적이고 자원적인 신념으로 대치하기 위한 부분이 있다고 믿는다. 그러나 제공이라는 것은 내담자를 위한 긍정적인 진술을 자동적으로 찍어 내는 것이 아니라 슈퍼비전 안에서 주의 깊은 사고와 논의로 다루어져야 한다는 것을 의미한다. 허가를 제공하고 기쁨을 주는 발달적·전이적 적용은 신중하게 고려될 필요가 있다. 비록 어떤 사람들은 무섭고 제한적인 양육으로 인해 허가에 목말라 있어 더 유연하고 광범위한 방향으로 살도록 격려하고 이끄는 것이 필요할지도 모르지만 내담자보다는 상담가의 욕구에 의해 허가가 제공될 수도 있다.

> 나의 슈퍼바이저 중 한 분이 내가 모든 사람을 굶주려 있다고 보기 때문에 모든 내담자에게 나의 우울한 문제를 투사하려는 경향과 직면한다고 이야기했을 때, 나는 정서적으로 먹여 줘야 하는 사람들과 왜 스스로 요리하는 것을 배우지 않는지를 물어봐야 하는 사람들 간의 차이를 구분할 수 있게 되었다. (McWilliams, 1994: 230)

요리를 배우지 않는 이유를 질문해야 하는 내담자에게 접근할 때 TA상담가들은 좀더 정신역동적 접근을 사용할 수 있다. 이러한 접근은 직접적인 허가를 주기보다 TA철학과 일치하는 방식으로 내담자의 자율성을 확인해 주는 것이다. 이 방법은 내담자가 암묵적으로 허가를 구할 때 혹은 내담자가 어떤 부분에서 허가를 '필요'로 하여 그들의 욕구를 표현하고 허가하고자 하는 바람을 확장시키려고 시도할 때를 알아차리는 방법을 포함한다. 일단 이러한 바람이 의식적으로 자각되고 내담자가 직접적으로 분명하게 말했다면 상담가는 허가 요구에 대한 중요성과 그들이 어떻게 스스로 독립적으로 허가를 취하는 것을 가로막는지 탐색하도록 내담자를 이끌 수 있다.

85

임패스 이론 재검토

임패스는 곤경에 빠진 지점으로서 대립되는 동등한 무게의 힘이 존재한다. 고울딩 부부는 내적 갈등을 '상전(topdog)'과 '하인(underdog)' 사이의 내적 분쟁으로 보는 게슈탈트 상담의 창시자인 프리츠 펄스(Fritz Perls)와의 작업을 좇아 처음으로 임패스 이론을 정교화하였다(Perls, 1969). 고울딩 부부는 이러한 이해를 바탕으로 갈등을 자아상태 사이의 갈등으로서 이해하는 TA구조 이론을 적용하였다(Goulding & Goulding, 1979). 켄 멜러(Ken Mellor, 1980)는 이후 아동발달 이론을 포함하여 일관적인 모델(고울딩 부부의 모델은 구조적이고 기능적인 자아상태 모델을 혼합했다.)을 만들어 임패스 이론을 발달시켰다. 멜러의 임패스 개념화야말로 현재의 TA임상가들 사이에서 가장 널리 사용되고 있다(그림 85.1).

   TA를 처음 접하는 학생들은 종종 임패스와 '곤경에 빠진' 느낌을 혼동한다. 임패스가 항상 곤경에 빠져 있는 감각을 포함하고 있다면 곤경에 언제나 임패스가 있다는 표시는 아니다. 진단된 임패스는 갈등에 대해 동등한 무게의 대립되는 힘이 있어야만 한다. 종종 (도식에서) 임패스가 자아상태 간의 내적 대화로 혼동되는 것처럼 임패스 도식은 갈등의 두 가지 측면을 보여 주어야 한다. 특히 3도 임패스 대화의 묘사는 문제가 될 수도 있는데 이것이 종종 신체적 수준에서 경험되는 총체적이고 전반적인 초기 발달에서의 갈등이기 때문이다. 때때로 이것은 내담자가 "항상 그렇게 느껴진다."고 보고하는 점에서 시간을 초월하는 특성을 갖는다. 이러한 임패스 묘사는 일반적으로 임패스의 일반적인 주제를 묘사하는 방식으로 이루어지는데, 예를 들면 존재와 관련된 3도 임패스는 단순히 '죽는다', '살고 싶다'는 단어를 쓰거나 유기, 집어삼킴(Gobes, 1985; Lee, 1997)과 같은 주제와 연관될 수도 있다.

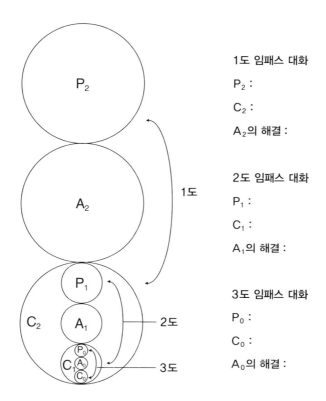

1도 임패스 대화

P_2 :

C_2 :

A_2의 해결 :

2도 임패스 대화

P_1 :

C_1 :

A_1의 해결 :

3도 임패스 대화

P_0 :

C_0 :

A_0의 해결 :

그림 85.1　임패스(Mellor, 1980)

　종종 임패스의 출현은 내담자 입장에선 더 건강한 상태를 향한 표시가 되기도 한다. 상담 초기 단계는 내담자의 심리내적 과정이 어버이 자아상태의 '지시'에 따른다는 점에서 어버이 자아상태가 이끄는 과정으로 특징지어진다. 내담자의 어린이 자아상태가 이러한 어버이 자아상태의 소망과 바람에 저항하고 활성화되는 바로 그때 2개의 대립되는 갈등의 두 가지 측면으로서 임패스가 나타난다.

　최근 TA저자들은 임패스 이론의 관계적 차원과 상담에서 다루기 어려운 곤경을 설명하는 임패스의 역할에 대해 탐색하기 시작했다. 페트리글리에리(Petriglieri, 2007)는 임패스를 경험하는 개인이 의미를 만드는 과정에서 그들의 사고를 모으고 형태를 바꾸는 휴식과 반영의 필수적인 지점이라고 설명한다. 코넬과 란다이체(Cornell & Landaiche, 2006)는 임패스의 상호적 측면을 고려하고, 어떻게 가장 깊은 무의식적

3도 임패스(Mellor, 1980)를 작업하며 그러한 상담 작업이 어떻게 상담가와 내담자의 관계의 경계에 영향을 주는지를 탐색한다.

게다가 많은 TA상담가들은 이제 임패스 해결을 위해 빈의자 기법을 사용하는 데 초점을 맞추는 고울딩 부부와는 다른 관점으로 임패스 해결과정을 본다(Goulding & Goulding, 1978). 최근의 TA상담은 3도 임패스 해결을 관계적 과정으로 조망하는 경향이 있고 정화와 연결되어 있다. 이것은 매우 초기에 신체를 기반으로 하는 과정과 작업에 신체통합 심리치료 방법을 통합시키는 데 많은 관심을 두고 있다.

일단 임패스가 발견되면 일반적으로 임상가들은 임패스의 신속한 해결책을 찾는다. 나의 경험으로는 임패스의 해결책을 성급하게 찾는 것은 실속 없이 금방 끝나 버리는 성공이라고 생각된다. 임패스는 아마 다시 돌아오거나, 그대로 있거나, 다른 형태로 나타날 것이다. 임패스는 복잡한 역동을 갖는 심리내적 과정이고 대개 빨리 해결될 정도로 만만한 것은 아니다. 임상가들은 내담자와 임패스를 명확하게 하는 과정에 많은 시간을 가지라고 조언받는데 이런 과정이 자발적인 임패스 해결로 이어지기도 한다. 임패스에 '머무르기' 과정은 상담가와 내담자 모두에게 믿기 힘든 좌절일 수도 있지만 효과적으로 과정을 완수하기 위해 시간을 갖는 것은 이후의 문제를 재검토할 필요를 방지하고 임패스가 해결되기 위해 필요한 통합을 위한 여지를 제공할 것이다.

어버이 자아상태의 두 의자 작업 : 지침

투사적인 두 의자 기법은 TA상담가에 의해 광범위하게 사용되는데, 특히 어버이 자아상태와 작업하며 어버이와 어린이 자아상태 사이의 어려움을 해결하는 데 적용된다. 이 방법은 고울딩 부부에 의해 TA에 소개되었는데(Goulding & Goulding, 1979), 이들은 프리츠 펄스로부터 이 방법을 배웠다. 이 방법은 이후 존 맥닐(John McNeel)의 부모면담 기법(McNeel, 1976)과 더 최근에는 리처드 얼스킨(Richard Erskine) 등을 포함해 수많은 TA 저자들에 의해 발전되어 왔다(Erskine et al., 1999).

1. 작업을 위해 명확한 어른 자아상태를 정립하라. 당신이 제안하는 것과 이 방법에 포함되는 것을 주의 깊게 설명하고 내담자가 이것을 불편해한다면 논의하거나 거절할 수 있는 실질적인 기회를 주어라.

2. 상담가는 내담자의 내사된 어버이 자아상태보다 심리적으로 더 강하다는 것을 분명하게 혹은 암묵적으로 의사소통할 필요가 있다. 내담자의 어린이자아가 보호받고 있으며 상담가가 포기하지 않을 것이라고 느끼는 것이 결정적이다. 능력, 보호, 허가는 내담자가 문제를 해결하는 과정에서 가장 중요하다(Crossman, 1966; Steiner, 1968).

3. 내담자의 부모가 얼마나 학대적이었는가와 관계없이 부모에 대해 내담자가 경험하는 내적 충성심을 유념하라. 어버이자아에 동의하지 않거나 '싸우기'는 내담자를 극도로 불안정하게 할 수 있으며 강한 심리내적 저항을 형성할 수 있다(Clarkson, 1988).

4. 빈의자를 항상 사용해야 하는 것은 아니다. 약간의 수정된 방법도 동일한 결과를 가져올 수 있으며 많은 내담자에게 결과적으로 더 안전하게 느끼게 할 수도 있

다. 빈의자에 대고 이야기하는 것을 어색해하는 내담자는 눈을 감고 그들 앞에 부모가 있다고 상상하게 할 수도 있다. 시각화가 어려운 내담자에게는 대화를 듣는다고 상상해 보게 할 수도 있다.

5. 만약 이러한 '상상하기' 방법이나 시각화를 사용한다면 내담자가 상상했거나 안전하다고 느끼는 중립적인 장소를 선택하게끔 하라.

6. 항상 내담자에게 의자를 바꿔 앉으라고 할 필요는 없으며 어떤 사람들에게는 '부모가 되는 것'이 바람직하지 않을 수도 있다. 내담자에게 어버이 자아상태로 반응하게끔 질문하면서 내담자가 반응을 '듣도록' 하고 이것을 다시 말로 바꾸는 것이면 충분하다.

7. 의자를 바꿔 앉은 내담자에겐 대화를 이어 나가기 전에 부모의 전형적인 자세를 취해 보게 한다. 종종 내담자가 '부모의 입장에서 그들 스스로를 생각하는' 이 지점에서 흔히 정신적 전환이 일어나기도 한다.

8. 어버이자아를 존중하라. 당신 자신을 소개하고 어버이 자아상태에게 상담가가 어떻게 부르기를 원하는지 질문하라. 어버이 자아상태의 소망과 무엇이 적절한지에 대한 감각에 민감하라.

9. 어버이자아에게 지속적으로 공감적 질문을 하라. 어버이 자아상태가 위협받지 않고 존중받는 느낌을 통해 치유의 기회를 갖는 것이 중요하다. 종종 어버이자아는 스스로 강한 감정으로 들어가거나 개인사에 관한 정보를 드러내기도 한다. 이것은 어버이자아 해결과정을 위한 길을 닦아 줄 것이다(Dashiell, 1978).

10. 당신은 어버이 자아상태에게 새롭고 대안적인 결정을 하도록 요청할 수 있다. 이것은 어버이 자아상태의 1도 혹은 2도 임패스의 해결을 포함하기도 한다(Dashiell, 1978; Mellor, 1980).

11. '어버이자아 인격'에게 양육방법을 가르치고 코치할 준비를 하라. 예를 들면, "좋아요. 그래서 당신은 아들을 사랑한다고 말하는군요. 그걸 직접 말씀해 보세요. 저기 앉아 있네요…."와 같다.

12. 내담자가 투사를 끝냈음을 확인하게 하고 작업의 끝을 표시하기 위해 의자 주변

으로 움직이거나 의자를 옮겨라.

13. 동사 시제를 과장해서 생각하지 마라. 내담자가 자신의 방법대로 하게끔 두어라. 그것은 아마 내담자를 긴장된 정서로부터 보호하는 좋은 의도일 것이다. 또한 온전하게 현상학적인 재경험은 다시 트라우마를 겪게 할 위험이 있으므로 어느 정도 거리를 두는 것이 바람직하며 그럼으로써 어른 자아상태에서 충분한 에너지 집중을 유지할 수 있다.

14. 두 의자 기법을 사용한 후에는 보고받는 데 많은 시간을 할애하라. 보고받는 것은 내담자에게 어떤 경험이 되었는지, 치료관계에서 이 방법의 영향은 어땠는지에 대한 논의를 포함해야만 한다. 여기에서 상담가는 관계의 전이역동에서 이 방법이 갖는 영향을 생각해 볼 필요가 있다. (Adrienne Lee에게 감사를 전한다.)

87

어버이 자아상태의 두 의자 작업 : 금기

두 의자 기법이 매우 강력하다는 것은 의심할 여지가 없으나 그것을 사용하는 것은 신중하게 고려되어야 하고, 심리내적 적용에 유념해서 민감하게 상담에 도입되어야 한다. 더군다나 이 방법은 모든 내담자나 모든 문제에 적합한 것은 아니므로 수정되고 각색될 필요가 있으며 대체된 방법을 사용함으로써 유사한 결과가 나올 수 있다.

1. 당신이 할 수 있다고 생각하는 방법 중 두 의자 작업이 유일하다면 두 의자 작업을 사용하지 마라(실제로 어떤 기법이든 그것이 당신이 생각할 수 있는 유일한 것이라면 절대 사용하지 마라). 사용된 모든 방법이 명확한 근거와 일관된 치료계획의 일부여야 하며 많은 가능성 중 하나로 선택되어야 한다.

2. 상담에서 두 의자 작업을 성급하게 사용하지 마라. 내담자가 신뢰를 가지고 상담가를 경험하며, 어색하거나 이상하게 경험할 수 있는 방법(빈의자에 대고 말하는 것은 분명 어색한 일이긴 하다.)을 사용하여 과도하게 드러내지 않고 수치심을 느끼지 않도록 상담동맹을 만들기 위한 의미 있는 기간이 필요하다. 초기 몇 회기, 아마도 첫 6회기 안에 두 의자 기법을 소개하는 것은 적절하지 않을 것이다.

3. 당신이 내담자에 대한 진단을 모두 끝낼 때까지는 두 의자 기법을 사용하지 마라.

4. 문제에 분노와 격분을 표출하는 내담자에게는 그들이 분노를 충분히 조절할 때까지 두 의자 기법을 사용하지 마라. 성급하게 도입되면 감정적으로 갈등하고 있는 내담자를 충분히 보호하지 못하게 된다.

5. 어버이 자아상태를 파악하거나 내담자의 부모에 대해 당신이 대신 분노를 표출하기 위해 두 의자 기법을 사용하지 마라. 그러한 방법을 도입하기 전에 상담가의 역전이에 대한 신중한 자기점검이 필요하다.

6. 학대적·폭력적이거나 혹은 정신질환이 있었던 부모의 정서를 포함하는 어버이 자아상태와는 두 의자 작업을 사용하지 마라(McNeel, 1976). 당신은 내담자가 어른자아 혹은 어린이자아로부터 그러한 부모와 대화하게끔 유도하는 방법을 개발할 수 있으며 충분한 보호가 만들어지기 전에는 내담자가 불안전한 부모에 집중하지 않게 하라.

7. 경계선 인격장애를 가진 내담자와 같이 분리기제를 사용하는 내담자는 심리내적 분리를 실질적으로 강화시킬 수 있으므로 두 의자 작업을 사용하지 마라.

8. 지나치게 과잉적응적이거나 극도로 순응적인 내담자에게는 두 의자 작업을 사용하지 마라. 그들은 두 의자 작업의 행동을 하지만 실제로는 어떤 중요한 심리내적 변화 없이 특정 수준에서 각본신념을 강화할 확률이 매우 높다. 또한 이것은 '연기자' 같은 내담자에게도 적용된다.

9. "경계선 인격장애, 자기애성 인격장애, 의존성 인격장애 구조를 가진 내담자에게 두 의자 방법을 피하라. 이러한 내담자의 어린이 자아상태는 상담가와 함께 전이 주제를 해결하기 위한 장으로 전체 상담 상황을 해석한다. 그러므로 표면적으로는 두 의자 작업 혹은 어린 시절의 장면 작업을 실시할지라도 심리내적으로 투사된 인물을 언급하지 마라. 그렇지 않으면 전체 과정은 내담자에 의한 연극이 될 것이다"(I. Stewart, 2008, personal communication).

10. 수동적인 내담자, 타인이 바뀌기를 기대하거나 상담가를 어떤 방향으로 조정하려는 내담자 혹은 문제를 해결하는 '마술적 기법'을 가진 사람으로 상담가에 대한 환상을 품는 내담자에게 두 의자 작업을 사용하지 마라.

11. 어떤 심리내적 적용(그리고 가능한 반동)이 내담자를 위한 것인지, 그리고 치료적 관계에 어떤 영향을 미칠지 신중하게 고려될 때까지 두 의자 작업을 사용하지 마라.

12. 만약 두 의자 작업을 하고 난 후에 당신이 활기를 얻어서 힘과 자기만족감을 경험한다면 기법 사용에 대한 당신의 느낌과 동기를 슈퍼비전에서 다뤄라.

88

직면

직면은 무거운 단어이다. 이것은 '야단맞는' 그리고 분노하는 갈등의 부정적 의미를 함축하고 있기 때문에 상담가를 포함한 많은 사람들은 그 단어가 언급될 때 내적으로 위축된다. 이런 점에도 불구하고 민감하게 적절한 시기의 직면은 강력한 상담 기법이 된다. 공감과 돌봄의 태도로 이루어지는 직면의 필요성에 대해 매스터슨(Masterson)은 다음과 같이 권고한다.

> 직면은 직관적이면서도 공감적으로 이루어져야 하고 내담자가 표현하는 임상자료에 '맞아야' 한다. 임상에서 상담가는 중립적·객관적·정서적 자세로 직면해야 하는데 이는 상담가가 자신의 분노나 필요 때문에 내담자를 지시하고 통제하고 훈계하지 않아야 하며 공격적이거나 독단적이어서는 안 된다는 것이다. (Masterson, 1981: 136)

매스터슨의 접근을 사용하여 한(Hahn)은 경계선 인격장애 내담자의 상담에서 문제적인 왜곡을 직면하는 내담자 과정을 다음의 네 영역으로 제시하였다.

1. 한계 설정하기
2. 현실 검증하기
3. 부적응적 사고, 감정 혹은 행동의 결과를 명확히 하기
4. 부적응적 사고, 감정 혹은 행동의 동기에 질문하기(Hahn, 2004).

이러한 접근은 TA접근과 일치하는데 TA상담가는 항상 3도 각본/게임 행동에 직면해야 하며(Stewart, 1996), 효과적인 직면은 현실 검증과 어른 자아상태 기능을 강화한다(Schiff et al, 1975). 또한 어른자아 기능의 강화는 동기화와 행동결과를 통한 반성,

사고와 반영능력을 발달시킨다.

직면은 내담자가 어른자아에 집중하도록 강하게 유도하는 역할을 할 수 있다. 직면의 어려운 점은 가장 좋은 경우조차도 내담자에게는 어버이자아로 들릴 수 있다는 것이다. 이런 경우 (혹은 어버이자아로 지각되는) 개입은 비효율적일 가능성이 있다. 번(1966)은 정화를 위한 개입으로 직면을 언급했다. 또한 번은 "직면이 당신을 내담자보다 더 똑똑하다고 느끼게 할 때"는 사용하지 말아야 한다고 덧붙였다(Berne, 1966: 236).

번은 상담의 후반부에 확신을 가지고 직면을 실시해야 한다고 제안했다. 확신은 "자아경계를 더욱 강화하도록" 고안된 상담 작업의 하나이다(Berne, 1966: 240). 다시 말해 본래의 직면을 강화하고 내담자가 되돌아가려는 것을 방지한다. 또한 확신은 정화를 강화한다. "어른 자아상태를 위한 확신은 그러한 논리적 힘 때문에 강화 효과를 갖는다"(Berne, 1966: 240).

"체계이론에서는 새로운 성장과 치유가 일어나는 것으로부터 혼란, 분열, 파괴를 발견하기 위해 위기를 만드는 것은 중요하다고 인정한다"(Clarkson, 2003: 53). 사실 번이 설명한 것처럼 직면 후에 "내담자는 혼란스러워하고 심리적인 균형을 잃는다"(Berne, 1966: 235). 직면의 범위에 정확한 균형을 잡는 것은 쉽지 않다. 어떤 내담자에게는 직면이 극단적인 반응을 자극할 수 있으며 그로 인해 내적 공허함과 접촉할 수도 있다(Bateman & Fonagy, 2006). 상담가는 내담자가 이러한 마음속의 격동을 견뎌 내고, 다음 과정으로 넘어가기 전에 직면을 위해 작업되고 통합되도록 기회를 주는 것이 현명하다.

89

녹음하여 효과 증진하기

TA상담가는 일반적으로 회기를 녹음하는데, 특히 공인 TA상담가 시험에 제출하기 위해 녹취록을 얻으려는 수련생은 더욱 그러하다. 회기의 녹취록을 듣는 것은 상담가가 기법을 다듬기 위해 사용할 수 있는 언어패턴과 개입방법 정보를 알아차리는 데 도움이 된다. 예를 들어, 초보 상담가의 빈번한 실수는 지나치게 많이 말하거나 장황한 개입을 하는 것이다. 녹취록을 듣는 것은 그러한 실수를 분명히 알 수 있도록 도와줄 것이다. 자기반영과 자가 슈퍼비전, 개인 및 집단 슈퍼비전에서 체계적으로 녹취록을 사용한다면 상담가는 기술을 상당히 정교화할 수 있을뿐더러 **행동반영**과 마찬가지로 **행동으로 반영**하는 능력을 개발할 수 있다(Schön, 1983).

녹음을 반영하기 위해 사용할 수 있는 방법은 **상호작용 과정 회상**(Interpersonal Process Recall, IPR)이다(Kagan, 1980). IPR은 특히 집단 슈퍼비전에서 유용하다. 상담회기의 녹취 부분을 몇 개의 상호작용마다 멈추고(집단 안에서 어떤 사람은 녹음을 멈춰 달라고 요청할 수도 있다.) 임상가는 이 부분이 어떤 과정인지, 내담자의 과정에 대한 그들의 상상은 무엇인지 설명한다. 예를 들면, '상담가의 느낌은 어땠는가? 그들은 무슨 생각을 했는가? 그들이 말하고자 한 것은 무엇이었나? 그들이 그것을 말했다면 어떤 일이 일어날 거라고 상상하는가? 그들은 내담자가 어떻게 반응하길 원하는가?' 등과 같다. 집단 상황에서 집단원들은 상담가와 내담자에게 무슨 일이 일어났다고 추측되는지를 이야기할 수도 있다.

상담가의 작업을 평가하는 부차적 방법은 상세한 축어록 분석을 하는 것이다. 내담자를 위한 '내담자 정보'(Stewart, 1996)를 만드는 것과 함께 상담가는 녹취록 일부를 기록할 수 있다. 상담가는 상호작용별로 그들의 생각, 느낌, 가설, 그리고 개입의 의도를 주석으로 달고 자주 사용되는 '으음'과 같은 비격식적인 말도 덧붙인다. 또한 상담가는 내담자의 온전한 내적 과정에 대한 자신의 생각을 넣는다. 상담가는 개입을 설명하기 위해 '정화를 지지하기 위한 직면' 혹은 '임패스를 명확히 하기 위한 강화'와 같이 가능한 전문적인 TA공식용어를 포함시킨다.

"상담가가 되기 위해 학습하는 것은 상담 작업을 완벽히 하는 것이 아니다. 그것은 타인과의 관계에서 어려움을 함께 고려하는 것이다"(Eusden, 2006, personal communication). IPR과 각본분석을 하는 것은 사려 깊고 반영적인 상담가의 성장과 배움을 지지하는 데 사용될 수 있다. 또한 이 방법은 상담 작업의 '세부과정'에 대한 상담가의 이해 발달과 상담 스타일의 개선을 돕는다.

축어록은 상담의 효과성과 문제적인 부분, 실수 혹은 동맹 결렬에도 모두 사용될 수 있다. 이와 함께 행동에서의 반영과정이 증진되어 상담가는 이론적 통합을 심화할 수 있다. 우리가 과감히 보려고만 한다면 회기의 '어렵고 나쁜' 부분들은 상담 작업의 강력한 힘이 될 수 있다. 녹취록과 축어록을 보여 주는 것이 주저되고 당황스럽게 느껴질 수 있다. 그러나 기꺼이 개방하고자 하는 마음으로 그들의 작업을 보고, 상담 작업과 개입을 비판하고 칭찬함으로써 상담가의 역량을 발달시키는 데 녹취록은 결정적인 역할을 한다.

90

개입을 평가하고 기술을 증진시키기

능력 있는 상담가는 지속적이고 정기적으로 내담자로부터 상담관계, 상담방법, 상담가의 작업 방식에 관한 피드백을 얻는다. 얄롬(2001)은 각 회기의 끝부분에 내담자의 상담경험과 상담가에 대해, 그리고 서로 관계 맺는 질에 대해 질문하는 것을 제안한다. 나는 이것이 회기마다 특정 방식으로 이루어지길 추천한다. 공유된 협력적 질문의 이러한 과정은 내담자를 깊이 존중하며, 상담 안에서 일어나는 '자타긍정' 인생태도(Ernst, 1971; Berne, 1972)의 경험 감각을 도모한다. 상담과정에서 협력적이고 반영적인 대화로 내담자를 참여시키는 것은 상담가가 개입과 접근을 적절하게 조율할 수 있도록 도울 뿐 아니라 내담자가 상담 안에서 경험하는 어려움도 쉽게 대화할 수 있는 분위기를 만든다. 요컨대 협력적 반영과 피드백을 고취시키는 데 있어서 당신과 함께 작업하는 데 대한 내담자의 슈퍼비전을 요청할 수 있으며 이것은 TA임상과 완전히 일치하는 과정이다. 번은 정신병원에 있는 자신의 환자를 상담가의 사례회의에 포함시킨 첫 번째 정신의학자였다.

임상에 대한 연속적이며 체계적인 반영과 질문은 당신의 효율성과 내담자 유지의 측면에서도 도움이 되는 좋은 습관이다. 실수나 잘못을 확인하고 그것이 어떻게 발생했으며 미래에 어떻게 예방할 수 있는지를 아는 것도 중요하지만 당신이 잘한 것을 되돌아보고, 당신이 한 일과 그것이 효과적인 전략이었다는 것을 아는 것도 중요하다. 모든 상담가는 내담자가 잘하였고 생산적이었던 회기를 느끼는 경험에 익숙하다. 유능한 상담가는 단지 피상적인 가치로만 받아들이는 데 만족하지 않고 무엇이 그리고 왜 중요하고 유용한지에 대해 신중하게 생각한다(Miller et al., 2008).

쇤(Schön)은 다른 분야에서 경험 있는 임상가들이 복잡한 문제를 이해하고 작업하기 위해 사용하는 과정을 설명한다. 그는 이 과정을 설명하기 위해 **행동으로 반영**(reflection-in-action)이라는 용어를 사용했다. "어떤 사람이 행동으로 반영을 할 때 … 그는 이미 확립된 이론과 기법에 의존하는 것이 아니라 독특한 사례의 새로운 이론을 구성한다"(Schön, 1983: 68). TA심리치료의 맥락에서 이것은 각 내담자에게 드러나는 문제와 상담 안에서의 참여를 반영하고 내담자 각본의 고유한 상호작용에 대한 내담자의 이해를 발달시키는 것을 포함한다. 행동으로 반영 과정의 부분으로서 상담가는 현재의 이론이나 접근이 너무 제한적이거나 부분적이거나 부정확하다고 하는 어떤 증거에도 개방적일 뿐 아니라 이론, 공식, 개입의 타당성을 점검한다. 유사한 과정이 기술과 개입 평가에도 사용될 수 있다. 이러한 과정에서 체계적인 질문, 반영, 평가는 메타-조망을 발달시키는 상담가의 역량을 향상시킨다. 이와 같이 개방적이고 반영적인 자세를 발달시키는 것은 쉽지 않은데 슈퍼비전, 특히 집단 슈퍼비전이 이러한 과정을 촉진해 줄 것이다.

　행동으로 반영의 철저함을 증가시키기 위한 한 방법은 행동연구에서 개발된 연구과정을 사용한다. 행동연구는 계획하기, 행동하기, 관찰하기, 반영하기의 주기적이고 반복적인 과정을 포함한다(Lewin, 1946). TA심리상담 맥락에서 이 과정은 주의 깊은 내담자 관찰에 기초한 (진단 혹은 치료계획) 가설을 개발하는 것, 기초 가설에 개입하는 것, 내담자 반응을 주시하는 것, 결정적으로 행동과 결과에 반영하는 것, 그리고 한 번 더 사이클을 시작하기 위해 돌아가서 새로운 가설을 세우는 것(내담자와 그들의 과정을 계속 관찰하며)을 의미한다. 내담자와 지속적이고 필수적으로 이 과정을 사용하는 전통적 심리상담가에게 이것은 익숙할 것이다. 그 과정이 보통보다 더 의식적이고 명시적이라는 점에서, 그리고 명확한 가설(혹은 가설들) 형성을 포함하고 또한 더 결정적 반영을 요구한다는 점에서 행동연구와 차이가 있다. 그런 다음 반영과정은 이후의 가설과 개입을 결정한다.

91

TA상담에서 기록 보관하기

상담가에게 있어서 효과적으로 상담기록을 보관하는 것은 필수적인 기술이다. 모든 상담가는 상담기록을 보관하는 자신만의 방법을 개발하지만, 그 방법이 당신의 기억을 일깨우고 상담계획과 내담자 진전을 추적하는 데 가장 도움이 되는 방법인지를 확인하기 위해 정기적으로 점검하는 것은 가치 있는 일이다. 내담자에 대한 많은 세부사항을 기억하는 것은 쉽지 않으며 전체 사례 내용을 기억하는 것은 더욱더 어렵다.

상담기록은 상담과정과 여정을 회상하게 해 준다. 기록은 향상, 악화, '변화 없음'을 포함한 내담자의 진전과정을 담고 있다. 기록은 당신이 주목해 왔던 내담자의 역사, 당신의 진단에 대한 기록(#47 '진단 체크리스트' 참조), 개별적 상담계획(#57, #58 참조)에 관한 것일 수 있다. 효율적인 상담 기록을 쓰는 것은 몇 분 걸리지 않으므로 가급적 정보가 가장 신선한 회기 직후에 즉시 쓰는 것이 좋다.

여러 분야의 건강 전문가들은 임상기록의 보존을 위해 'SOAP'공식을 사용한다(Weed, 1971). SOAP은 (내담자의) 주관적(subjective) (보고), (내담자) 관찰(observation), (주관적 보고와 관찰의) 분석(analysis), (상담) 계획(plan)이다. 이 공식은 기억하기 쉽고 상담가가 관찰할 수 있는 것에 초점이 맞춰져 있다. 나는 이 공식을 수정하여 다음의 사례에 제시하였다. 목적에 맞게 이것을 수정하여 사용하길 바란다.

사례 : '클레어'

상담 날짜 : 9월 1일 26번째 회기

내담자의 주관적 보고 : 클레어는 배우자나 가족과 더 이상의 논쟁 없이 상당히 좋은 한 주를 보냈다고 보고함. 2주 전 아들과의 논쟁에 대해 여전히 약간은 분노한 상태.

업무 스트레스를 잘 조절함. 전반적으로 눈에 띄는 향상은 없음.

내담자 관찰 : 더 좋은 기분이 아님에도 불구하고 더 긍정적으로 보였고 더 기운차 보였음.

관찰로부터의 가설 : 어떤 이득도 없이 실패할 것이라고 걱정하며 각본신념을 확인하는 것으로 의심됨.

상담가 관찰 : 이전에 아들과 논쟁했던 것을 반복해서 얘기할 때 산만하게 느껴짐.

관찰로부터의 가설 : '무기력하고 무의미한' 신념과 죄책감에 대한 역전이?

상호작용 관찰 : 일반적으로 좋음. 20분 동안 '대화하기'보다 최근 몇 회기에는 작업으로 '곧바로 들어감'. 그녀가 나를 만족시키고 인정받으려고 하는 것이 느껴짐.

상호작용으로부터의 가설 : 상담에서 더 안전하게 느끼는 내담자? 그녀 자신을 더 믿는 내담자? 예전의 재계약 결과? 다른 사람과 연관된 내담자 패턴은 (다른 사람을 먼저 돌보며) 기쁘게 하기.

사용된 개입 : 질문, 공감적 반응하기, 정화/직면(무력함), 약간의 혼란 해소(슬픔).

분석 : 각본을 강화하려는 유도에 대해 상담은 지금 혼란 해소 작업과 이전의 변화를 강화하고 지지함.

사례 공식과 전반적 계약에 있어서의 진전 : 속도가 지난 몇 주 동안 약간 느려졌지만 상담은 잘 진전되고 있는 것으로 보임.

다음 회기를 위한 계획/회상 : 실패를 기대하는 것과 연관된 각본신념을 체크하고 상담에서 각본을 확인하려는 시도가 강화되는 것을 주시함.

모니터를 위한 주제 : 할머니의 죽음에 대한 슬픔. 이것에 대해 재검토할 필요가 있다고 생각함.

92

정신화 증진하기

정신화(mentalizing)는 자신과 타인의 느낌, 사고 그리고 정신상태에 대한 연결된 사고와 느낌을 포함한다. 이것은 자신과 타인 모두와 연관된 공감과 개방적이고 반영적인 이해를 포함하는 개념이며 호기심과 질문의 자세를 포함한다. 또한 정신화는 자신과 타인의 행동 뒤의 복합적인 영향과 설명이 있다는 것을 수용한다. 그것은 대개 암묵적이고 전의식적인 과정이며 우리는 정신화를 알아차리지 못하고 정기적으로 정신화한다. 또한 심리상담에서 우리는 명시적이고 의식적인 정신화 능력 개발을 추구한다 하더라도 암묵적인 정신화 능력을 개발하는 것이 바람직하다. 빈약하거나 결여된 정신화 혹은 정신화의 와해는 정신건강 문제에서 악순환이 된다. "정신과 질환은 정신화를 손상시키고, 손상된 정신화는 정신과질환을 가져온다"(Tobias et al., 2006: 255).

타인의 사고와 느낌에 연관된 정신화의 특징은 타인과 그들의 사고나 느낌에 대한 호기심 어린 태도와 진정한 관심을 포함한다. 또한 정신화는 타인의 정서적·정신적 상태에 관한 사고를 만들어 내는 풍부한 상상력을 요구한다. 비록 정신화가 타인이 무엇을 경험하는가에 대한 생각을 발달시킨다 할지라도 이것은 구체적인 속성의 부재로 특징지어진다. 구체적인 속성의 예는 '그가 나를 미워하기 때문에 그렇게 했다'와 같다. 정신화에서 사람은 타인의 마음에서 일어나는 일을 완전히 알 수 없으며 동일한 사건조차도 서로 다르게 지각한다는 것을 수용한다. 자신의 정신적 기능 이해와 관련해서 정신화는 자신의 사고와 사고과정, 느낌에 대한 호기심의 자세를 요구하고 우리 자신에 대한 관점이 반복하여 바뀔 수 있다는 것을 수용한다. 이것은 우리의 느낌이 어떻게 우리의 지각에 색깔을 입히는가에 대한 자각을 포함한다. 또한 "사람은 느끼는 모든 것을 자각할 수 없으며 … 느낌이 혼란스러울 수 있다는 인식[을 포함한다]"을 수용한다(Bateman & Fonagy, 2006: 69). 정신화는 마음챙김의 질을 포함하고 마음챙김은 정신화 능력을 발달시킨다(#93 참조).

자각은 정신화를 통해 크게 향상되며 문제해결 능력과 마찬가지로 종종 심리상담에서 많은 내담자에게 제한된 것으로 보이는 정서조절 역량을 통해서도 증진된다. 또한 관계를 향상시키고 친밀을 위한 역량을 심화시킨다. 우리가 정신화할 때 상호건설적인 방식으로 타인에게 영향을 주고받을 수 있다. 이미 언급한 바와 같이 정신장애는 정신화를 손상시켜 이후엔 정신장애를 악화시킨다. 신중하게 정신화를 증진하는 것이 정신적 혼란에 긍정적으로 영향을 줄 것임에 틀림없다. 그러므로 체계적으로 정신화의 자세를 유지하면서 내담자의 정신화 역량을 향상시키려고 노력하는 것은 심리상담에서 분명 바람직한 일이다.

TA관점에서는 내담자를 어른 자아상태에 머물게 하고, 어린이 자아상태 그리고/혹은 어버이 자아상태에서 무엇을 경험하는지를 동시에 반영하면서 정신화를 증진한다. 설명은 내담자에게 그들의 경험(혹은 그들이 타인과의 상호작용에서 마주하는 경험)에 대해 이해하고 생각하는 틀을 제공해 줌으로써 정신화를 촉진하도록 도울 수 있다. 잠재적으로 다른 사람 혹은 자신에게 무엇이 진행되고 있는지를 고려하기 위해 TA이론을 사용하는 것은 정신화를 촉진할 수 있다. 그러나 TA이론이 확실성, 경직성, 혹은 가능성이나 질문의 자세와 반대되게 사람이나 상황을 정의하면 정신화는 중단된다. 예를 들어, "당신은 어버이 자아상태에 있군요!"는 아마 비정신화 자세에서 주어진다.

집단상담이 흔히 정신화를 증진시키는 것은 집단상담의 이점이라고 할 수 있다. 분명히 커플상담은 일반적으로 내적으로 그리고 파트너에 대해 그들의 관계에서 정신화하는 두 사람의 능력을 증진시킨다. 부모 면담(attributed to B. Heiller by C. Sills, relational TA forum 9 June 2006)과 같은 증진된 정신화는 TA 과정의 결과일 수 있다.

관계적 접근에서 사용되는 것처럼 상담가와 내담자 간의 지금-여기 상호작용을 탐색하는 개입은 정신화를 가장 강화시킨다. 2인 심리학은 상담가와 내담자가 서로에 의해 동시에 '갖게 되는' 마음과 두 사람 사이에서 탐색된 상호작용을 증진한다. 공감적이며 적극적이고 상호적인 경청과 지금-여기 경험 및 정신 상태 묘사하기와 같은 효율적 심리상담의 이 모든 양상은 정신화를 촉진하고 모방하는 기제이다. 사실 많은 상담방법이 의식적으로 노력하는 상담가에 의해 정신화를 증진하는 데 사용될 수 있다.

93

마음챙김 키우기

마음챙김은 불교에서 유래한 개념이며 행위이다. 근본적으로 이것은 **지금**에 대한 깊은 자각을 포함한다. 마음챙김을 하면서 개인은 현재의 순간에 자신의 **경험**을 완전히 몰두하려고 노력하지만 이것은 관찰하는 자세로부터이다. 예를 들면, 마음챙김은 사람이 그 순간에 경험하는 감각 입력체계를 자각하는 것을 포함한다. 이것은 여러 상황에서 실행될 수 있으며 특별한 장비가 필요하지 않다. 집안일을 하면서도 할 수 있는데, 예를 들면 설거지를 하면서 손에 물이 닿는 느낌, 접시마다의 느낌이나 다른 질감을 알아차리고 인식하는 것이다. 거품의 시각적 자극과 빛이 거품을 비추는 방향과 함께 세제의 냄새를 알 수도 있다. 또 다른 접근은 자신의 호흡에 의식적으로 집중하는 것이다. 호흡은 의도적으로 바뀌는 것이 아니라 오히려 알아차려지는 것이다. 들숨을 알아차리고 잠깐 멈춤, 그리고 나서 날숨, 또다시 잠깐 멈춤을 반복한다. 마음챙김은 무언가를 발견하거나 하려는 것이 아니라 그저 존재하는 것이다.

마음챙김 행위는 지금-여기와 깊이 연관되어 있기 때문에 이론적으로는 어른 자아 상태에서 이루어진다고 볼 수 있다. 규칙적으로 마음챙김 연습은 일반적으로 어른 자아상태를 강화시키고 정화를 위한 유용한 도구가 된다. 마음챙김을 통해 은연중에 수용적인 태도를 기르는 것은 자기수용을 향상시키는 데 유익하다. 어떤 면에서 마음챙김은 TA의 목표 지향적이며 계약적인 접근과는 대조적인데 마음챙김에서는 어떠한 목표점도 없다.

> 우리가 지금 이 순간에 일어나길 원하는 것을 내려놓을 때 지금-여기와 직면할 수 있는 뜻깊은 한 발을 내딛은 것이다. 어디를 향해 어떤 방향으로 우리 자신을 발전시키길 원한다면 우리는 서 있는 곳에서부터 발을 내딛을 수 있을 뿐이다. 마음챙김을 하면 우리

가 서 있는 곳을 알 수 있지만, 만약 정말 모른다면 모든 노력과 기대에도 불구하고 계속 같은 자리에서만 맴돌 수도 있다. 그러므로 명상 행위에서 도달하고자 하는 가장 좋은 방법은 목표를 이루고자 하는 시도를 내려놓는 것이다. (Kabat-Zinn, 1994: 15-16)

규칙적인 마음챙김 연습은 상담가와 내담자 모두에게 매우 도움이 되며 TA상담을 향상시킨다는 것이 나의 견해이다.

샤프란과 뮤란(2003)은 특히 관계적 상담가의 수련과정에서 마음챙김 기술의 사용을 추천한다.

수련생은 자각의 내용을 판단하지 않고, 또 특정 자각의 내용에 사로잡히지 않으면서 관찰하도록 교육받는다. … 수련생은 사고와 느낌을 제거하는 것이 아니라 판단이나 밀어냄 없이 그 순간에 떠오르는 것을 충분히 자각하도록 배운다. 이런 유형의 마음챙김 작업은 점차 수련생에게 내담자와 관계된 자각의 경계에서 나타나는 섬세한 느낌, 사고와 환상을 더 잘 자각하도록 지지함으로써 관계에서 일어나는 것들에 대한 정보의 중요한 자원을 제공할 수 있게 한다. 이런 종류의 마음챙김 작업에서 가장 가치 있는 부산물 중 하나는 감정경험 전체에 대해 더 관대하고 수용적인 자세로 점차 발전하게 된다는 것이다. (Safran & Muran, 2003: 210)

마음챙김을 규칙적으로 연습하는 내담자의 내면에서는 깊이 있는 자각과 자신을 관찰하는 능력의 증가(자아 관찰하기)와 같은 유사한 과정이 발생할 수도 있다. 감각 입력과 내적 수용의 과정은 자신의 과정에 대해 보다 많이 설명하면서 아마도 디스카운트를 감소시킬 것이다. 자신의 내면 몰입과 자아상태 간의 몰입을 알아차리는 것은 또 다른 잠재적인 결과이다. 판단 없이 증진된 자각에 머무르고 집중하는 것(Freud, 1912)은 자율성의 범위 또한 필연적으로 향상시킨다(Berne, 1964).

94

각본 발달 : 진행되는 과정

TA의 전통적인 관점에서는 개인의 각본진행 과정이 아동기 후기에 완성된다고 본다. 이에 대한 번의 관점은 각본진행이 7세 무렵에 완성된다는 것이며 후기 저서에서는 각본을 "어린 시절에 작성되며 부모에 의해 강화되고 후속 사건에 의해 정당화되어 결국 삶의 방향으로 선택되는 무의식적 인생계획"으로 정의하였다(Berne, 1972: 445). 다양한 TA문헌에서는 각본진행의 마지막 시기를 7~8세쯤으로 보고 있다. 울램스와 브라운은 인생 초기에 각본이 확립된다는 관점을 공유하며 그들의 정의에서는 "각본은 개인이 외적 그리고 내적 사건을 해석한 것에 대한 반응으로 인생 초기에 결정한 인생계획이다."(Woollams & Brown, 1978: 151)를 강조했다.

고정적이고 경직된 현상으로서 각본을 보는 관점은 최근의 발달이론과 성인학습 이론에 대한 이해와 일치하지 않는다. 고정적 각본의 관점은 성인기에 성폭력이나 폭행과 같은 엄청난 트라우마를 겪은 사람들에게 일어나는 급진적 재각본을 설명하지 못한다. 많은 TA학자들은 각본의 고정적인 관점에 의문을 가져 왔고 각본의 정의에 "문제해결이나 사람들과의 관계에서 어떤 발달 단계를 통해 만들어진 결정으로 자발성과 유연성을 제한하는 인생계획"(Erskine, 1980)이라는 내용을 추가했다. 얼스킨의 정의는 후기 발달을 허용하지만 각본은 부정적이고 제한적인 패턴이라는 입장을 견지하고 각본양상이 긍정적이고 적응적이라는 견해는 지지하지 않는다. 특히 코넬(1988)은 아동이 부모로부터 각본 메시지를 받는 수동적 수용자라는 각본이론들을 비판한다. 코넬은 가족 밖에서도 영향을 받는 아동의 창의성을 강조하며 TA상담가에게 각본분석에서 이런 영향주는 요인 설명의 중요성을 상기시킨다.

뉴턴(Newton)은 성인학습 이론의 입장에서 각본이론을 재검토하여 각본화는 진행되는 과정으로 간주하였다(Newton, 2006). 뉴턴은 각본화의 연속적 과정을 개념화하기 위해 콜브(Kolb, 1984)의 경험학습 사이클을 통찰적으로 사용한다. 뉴턴은 콜브의 모델을 취하며 각본이 유사한 길을 따라 발달한다고 제안한다. 즉 우리는 어떤 것을 경험하고, 그 경험의 의미를 반영하며, 반영의 결과로서 각본신념을 발달시키고, 그러고 나서 행동으로 우리의 신념을 '확인' 혹은 '반박'하는 실험을 해 본다. 이 과정은 영아가 세상에 대한 감각을 만들면서 무엇이 일어났고 왜 일어나는지의 이야기를 발달시켜 가는 초기 경험으로부터 시작한다. 시간을 두고 이 이야기는 일관적으로 일치되면서 영아의 세상과의 상호작용에 의해 일반화된다. 이 점은 일반화된 스턴의 상호작용 표상개념과 관련된다(Stern, 1985). 뉴턴의 도식처럼 각 경험은 다음의 경험 주기를 위한 길을 열며 이 과정은 나선형으로 계속된다. "그러므로 새로운 경험은 갱신할 수 있는 증거가 될 수 있고, 각본을 통해 걸러진 논리를 통해 해석될 수 있다"(Newton, 2006: 193).

그래서 각본에 관한 최근의 이론들은 자아형성에서 초기 경험의 기본적인 역할을 인정하면서 또한 각본을 진행되는 발달과정으로 생각할 수 있는 여지를 둔다. 아마도 상담가에게 더 중요한 것은 이 이론이 변화와 발달의 과정을 이해할 수 있게 하는 도구가 될 수 있다는 점이다. 또한 이론은 상담가로 하여금 변화과정의 주기적 본질을 상기시키며, 우리가 한 사람을 '자율적'이라고 여길 수 있을 정도로 의미 있게 각본 유형이 변화하기 전에 작게 증가되는 각본변화를 만드는 '이 과정'을 내담자가 얼마나 여러 번 '돌아야' 할 필요가 있는지를 상기시킨다. 또 그것은 각본에서 완전히 벗어나게 된다는 것보다는 더 새롭고 적합하고 유연성 있는 각본을 발달시킨다고 제안하며 자율성과 같은 개념에 도전할 수 있게 한다.

95

내담자가 자신의 강점을 인식하고 의지하도록 지지하기

상담가로서 우리는 문제를 찾으면서 내담자에게 어디서 얼마나 잘못된 일들이 있어 왔는지를 작업하는 데 많은 시간을 보낸다. 내담자가 그들의 강점을 찾도록 하고 그들을 위해 좋은 것이 무엇인지 발견하도록 도울 가능성은 아마도 거의 없을 것이다. TA에서 심리치료 분야가 치유와 변화에 초점을 맞추는 반면, 상담 분야는 힘과 자원에 더 초점을 맞춘다(*EATA Training and Examinations Handbook*, 2008, 제5장 참조). 나는 TA상담가가 이러한 긍정적 접근으로부터 배울 수 있다고 믿는다. 변화를 촉진하고 삶과의 연결, 치유, 의미 발견을 증진시키고자 하는 목표의 한 부분으로서 긍정적 연결과 자기실현을 증진시키고자 하는 목표와 방법을 세울 수 있다.

긍정심리학 운동의 선도적 인물인 마틴 셀리그먼(Martin Seligman)은 개인의 성격 강점(그는 이를 대표 강점이라 칭했다.)을 인지해 왔는데 여기에는 호기심, 배움을 좋아함, 비판적 사고, 창의성, 사회적 지능, 관점, 용기, 인내, 순수, 친절함, 사랑을 주고받을 수 있는 능력, 공정함, 지도력, 자기조절, 신중함, 겸손, 고마움, 아름다움에 대한 감사, 낙관성, 즐거움과 열정이 포함된다(Seligman, 2002).

셀리그먼은 우리가 자신의 대표 강점을 인지하고 그것을 현명하게 사용할 때 긍정적인 감정이 만들어진다고 믿는다. 그의 접근은 약점에 초점을 두지 않으며, 개인적 성장을 위한 영역 중 약한 영역의 체계적 발달을 격려하지 않는다(Seligman, 2002)는 점이 흥미롭다. 대신 내담자가 자신의 성격 강점을 인지하여 삶의 다른 측면에서 이 강점을 사용하도록 돕는 데 초점을 둔다. 이것은 상담가가 내담자의 강점을 지적하고 자극함으로써 피상적으로 얻어지는 것이 아니라 내담자 스스로가 자신의 강점을 발견하여 의식적으로 적용해 보도록 격려함으로써 획득된다. 강점을 확인하는 빠른 방법으로는 셀리그먼의 웹사이트 www.authentichappiness.org에 등록하여 밸류인액션 연구소(Values in Action Institute)의 강점 질문지를 해 보는 것이다.

또한 긍정심리학은 우리의 과거(만족감, 충족감, 자긍심)와 미래(낙관성, 희망, 자신감)에 대한 긍정적 정서경험을 격려해서 현재에 대한 기쁨, 연결 그리고 긍정적 정서를 증진시키고자 한다. 고통과 학대로 가득찬 삶을 산 내담자가 과거에 대해 긍정적 정서로 경험하기는 어려울 수 있겠지만 과거에 대해 편안하게 느끼게 하는 것은 가능하다. 더군다나 긍정적이고 생산적이며 만족스러운 삶은 과거를 만족스럽게 회상하며 얼마나 역경을 극복했는지에 대한 자긍심까지 줄 것이다.

온전한 삶이란 개인이 과거, 현재, 미래와 관련된 긍정적 정서를 경험하여 타인과 관계에서 연관된 '더 큰 무언가'(아마도 지역사회나 환경과 같은 대의)를 위해 봉사하는 삶에 자신의 대표 강점을 사용하고자 하는 것으로 여겨진다.

TA상담에서 이것의 관련성은 이러한 원칙들이 인본주의적 준거틀과 작업을 이끄는 가치로 짜여질 수 있다는 점이다. 상담에서 진행되는 진단과정의 부분으로 우리는 내담자의 강점을 알아차리고 내담자가 강점을 발견하도록 격려하는 데 집중할 수 있다. 이 강점은 그들의 어떤 자아상태일 수 있고 실제로 과거의 고통과 역경의 환경에 반응하여 적응하고 개발된 방법으로부터 생길 수도 있다(가령 독립심은 종종 방임적 환경의 결과물로 대단한 강점일 수 있다). 이런 점에서 강점은 차선적 환경의 제한에 대한 긍정적 적응일 수 있으며 창의력에 대한 증거이자 자신만의 각본의 긍정적이고 유용한 본질적 측면일 수 있다. 내담자가 과거 고통을 치유하여 현재와 긍정적으로 연결하고, 그들의 강점을 세우고 적용하여 긍정적 미래 건설을 시작하도록 어떻게 도울 수 있는지를 고려함으로써 상담계획을 안내하도록 돕는 위의 원칙들을 사용할 수 있다.

96

상담가의 동기 탐색하기

어떤 사람이 상담가가 되고 싶게 만드는 것은 무엇일까? 상담의 아버지인 프로이트 조차도 상담가를 '불가능한' 직업으로 묘사했다(Freud, 1937). 훈련의 과정은 종종 우리를 매우 불안하게 만들며 시간, 에너지, 비용의 상당한 희생을 요구한다. 상담가로서의 실제는 사람들의 심오한 고통과 마주 앉아 모든 종류의 불쾌하고 혼란스러운 정서를 느끼며 심각한 무자비와 고통까지 직접 듣는 것에 자신을 열어 두는 것을 포함한다. 어떤 사람은 어째서 이런 것을 원할까? 마로다는 "우리는 생계, 사회봉사를 통한 공헌, 그리고 지적 탐구 이상의 무언가를 원하기 때문이다. 우리는 환자를 치유하면서 우리 자신을 치유하고 우리를 '괴롭히는' 옛 양육자를 치유하고자 한다" (Maroda, 2004: 37-8). 상담가가 된다는 것은 분명히 매우 사적인 문제로 우리 자신의 인생경험과 각본에 의해 영향을 받은 것이다. 효과적이고 윤리적인 심리상담 실천은 내담자의 착취 가능성을 줄이기 위해 상담가가 되고자 하는 이유를 반복적인 훈련을 통해 재탐색함으로써 마주하고자 하는 자신의 욕구가 무엇인지를 정직하게 점검할 것을 요구한다. 상담가의 경험, 민감성과 각본은 다양한 방법으로 작업에 영향을 줄 수 있는데, 예를 들면 불안정한 가족, 즉 감정표현이 억제된 가족 안에서 성장한 상담가는 내담자의 분노를 견디고 유지하기가 극도로 어렵다는 것을 발견할 것이다.

맥러드(McLeod, 1993, 2003)는 상담가의 개인사에서 이런 직업을 선택하게 한 공통적인 경험에 대해 논의한다. 그는 적어도 세 가지 중 하나는 상담가의 삶에 존재해 왔던 것이라고 한다.

1. **돌보는 역할의 경험** 이는 가족에서의 '중재자' 역할을 포함할 수 있다. 타인을 돌보고 돕는 역할 방식은 종종 상담가가 되는 사람들의 초기 인생경험의 패턴이다.

2. 강렬한 개인적 고통이나 위기기간 이는 일반적으로 아동기 혹은 청소년기에서의 상실경험을 포함한다. 또한 많은 상담가들은 우울경험을 갖고 있다. 맥윌리암스 (1994)는 상당수의 상담가들이 심리치료적으로 작업경향이 있는 우울형 성격이라고 주장한다. '상처받은 치유자' 모델은 상담가의 원형으로 널리 받아들여진다 (Barnett, 2007). 청소년기나 초기 아동기의 극단적 위기는 공통적인데 이는 타인의 깊은 고통과 아픔을 이해하는 개인적 자원을 제공하면서 도움을 받았던 혹은 받지 못했던 경험이 상담가로서의 작업욕구를 자극하는 것이 가능하다.

3. 아동기나 청소년기의 높은 수준의 고립감이나 외로움을 느낀 '외톨이' 경험 이는 오랜 투병, 문화적 차이, 반복적 이사 혹은 따돌림의 희생자가 된 경험을 포함한다. 맥러드는 "이러한 유형의 아동기 경험은 친구 부재의 보상으로서 풍요로운 '내면의 삶'을 발달시키며 타인의 동기와 행동을 관찰하고 숙고하는 역량을 발달시킬 수 있다."고 제안한다(McLeod, 1993: 3).

이는 다음과 같이 말한 바넷(Barnett, 2007)에 의해서도 지지되었다.

> 나타나는 두 가지 주요한 주제는 … 특히 인생 초기의 상실과 박탈의 경험과 아동기의 정상적인 자기애적 필요를 충족시키는 돌봄의 결핍이다. 초기 상실의 결과로서 생기는 고통스러운 영향은 종종 친밀감, 의존, 그리고 분리에 대한 어려움을 낳고 자기애적 손상이 있었으며 조절이나 이타적인 나눔 그리고 채워졌어야 하는 욕구의 주제가 있는 곳으로 이끈다. 방어는 상처받기 쉬운 근원적인 감각을 감춘다. (Barnett, 2007: 259)

분명히 상담가 자신이 이러한 주제를 파괴적으로 표출시키는 것을 최소화하는 과정으로 개인상담은 필수적인 자원이다.

> 열등감과 수치스러운 경험은 사랑받고 존경받는 느낌을 필요로 하게 할 수 있다. 상담 수련생 능력의 평가는 한 사람으로서의 자기에 대한 평가로 느껴질 수 있고(Wosket, 1999) '실패'에 대한 두려움은 상담가의 상담 수련에 영향을 미칠 수 있고 내담자가 상담가 사용을 억제하게 할 수 있다.

… 아동기의 상황은 결함, 불확실성, '알지 못하는' 기간을 견뎌 내지 못하게 함으로써, 표출되는 내담자 자신의 느낌과 생각을 위한 충분한 여지를 주기보다 상담회기의 주도권을 잡아 상담과정을 조종하고 싶은 욕구로 귀결된다. (Barnett, 2007: 261)

이것은 특히 TA 임상에서 관련되며 상담가가 지시적으로 작업하는 모델을 갖고 있거나 적극적으로 '안다'는 자세를 권장하는 다른 상담 접근과도 연관이 있다. '알지 못한다'는 불안은 이러한 상담가를 매우 불안정하게 자극할 수 있고 상담가로 하여금 고통스럽고 무의식적인 경험을 피하기 위해 더 적극적이고 독단적으로 작업하도록 몰아갈 수 있다. 확실히 이것은 임상적 필요라기보다는 자기 자신의 각본에 근거하여 파괴적으로 행동하는 예이다.

TA상담의 윤리적이고 전문적인 임상은 철저하고 장기적인 개인상담을 받고, 우리의 작업에서 이러한 무의식적 '각본적' 동기를 설명하기 위해 정기적으로 되돌아가는 것을 필요로 한다. 초보 상담가는 종종 이러한 힘이 그들의 동기에 많은 영향을 미치는 것을 자각하지 못하고 개인상담을 받아야 하는 필요조건을 위반할 수도 있다. 이러한 주제가 진정으로 해결될지 의문스러우며 어떤 면에서는 상담의 실제가 개인 상담가들에게 그러한 부분을 강화할지도 모른다. 우리의 작업은 반복적으로 상처의 딱지를 뜯어내는 것처럼 치유하지 않거나 깨끗하게 치유하지 않은 것을 의미한다. 모든 수준의 수련과 경험을 한 상담가는 자신의 경험과 각본이 상담과 상담 작업 선정에 어떻게 영향을 미치는지에 대한 자각에 열려 있을 필요가 있다.

97

자기반영과 적절한 자기노출

자기노출은 상담가가 내담자에게 자신의 경험을 드러내는 것이다. 자기노출은 가장 논쟁이 많고 잠재적으로 문제가 되는 개입 중의 하나지만 적절한 자기노출은 상담을 향상시킬 수 있다는 연구결과가 있다. 자기반영은 효과적이고 윤리적인 자기노출에서 필수적으로 앞서 일어난다. 얄롬(2001)은 상담가의 자기노출을 상담 기제에서의 자기노출, 상담가의 지금-여기의 느낌에 대한 자기노출, 상담가의 개인적 삶의 자기노출의 세 가지 종류로 나누었다. 그는 상담과정에서의 충분하고 솔직한 노출을 옹호하는데, 대부분의 TA상담가들의 경우 상담 시작의 계약 단계에서, 그리고 내담자가 어떻게 '상담을 하는지' 배우도록 돕는 도입 단계에서 자기노출이 이루어진다. 이 과정은 상담가가 질문의 확실한 방향성을 쫓는 이유를 노출하거나 내담자 그 이면의 치료계획과 이유의 측면을 논의할지도 모른다. 얄롬은 상담가의 지금-여기 느낌을 선택적으로 이야기하고(내담자 진단, 드러난 문제 보고, 관계적 각본의 측면에서 탐색하면서 내담자를 도울 수 있는지와 연결하여), 상담가의 개인적 삶에 대한 주의 깊은 노출을 하도록 계속 조언한다.

마로다(1994, 2003)는 상담가가 자신의 내적 정서상태에 맞춰 자각과 역전이를 역량 있는 상담도구로 사용하라고 권유한다. 나는 내담자에게 상담가의 반응을 상담도구로 사용하는 것에 대한 충분한 설명이 있는 그녀의 책을 추천한다.

초기 회기

초기 상담에서 상담가가 내담자에게 그들 자신이나 경험 등에 대한 기본적 정보를 제공하는 것은 일반적이다. 비록 내담자에게 정보를 제공하는 것이 좋다 하더라도 나는 초기 상담에서 상담가에 대한 정보를 분명히 듣지 못했기 때문에 다시 상담에 오지 않는 사람들로부터 많은 이야기를 들었다. 여러 측면에서 상담가의 배경과 경험에 대한 많은 세부사항보다는 상담가가 내담자와 어떻게 상호작용하는지가 내담자의 의사결정 과정에 좀 더 고려될 것이다(#18 참조).

메타커뮤니케이션

상담에는 상담가가 진행과정을 자각하고 내담자의 과정에 호기심을 갖고, 상담실 안에서 드러나며 계속 변화하는 두 사람 간의 상호작용 과정에 대한 자각을 유지하는 것이 포함된다(Widdowson, 2008). 이러한 과정을 관찰하면서 상담가는 상담가의 지금-여기 경험에 대한 노출 수단으로서 메타커뮤니케이션 교류를 사용할 수 있다(#78 참조).

내담자 진단에 노출수준 맞추기

심각하게 혼란스러운 내담자에겐 상담가의 좀 더 높은 수준의 자기노출이 필요할 수도 있다. 심각하게 혼란스러워하는 내담자의 특성은 다음과 같다.

> 현실이 그들 앞에 뚜렷한 색으로 채색될 땐 그들이 현실왜곡에 대해 배울 수 있는 총망라된 전이의 전체를 갖지만, 상담가가 분명치 않을 때 [덜 혼란스러운 내담자는] 표면에 떠오르는 미묘하고 무의식적인 전이를 한다. (McWilliams, 1994: 75)

정직하기

내담자에게 정직한 것은 극도로 어려울 수 있다. 예를 들어, 곤경에 빠졌다고 느낄 때 상담가에게는 그것을 인정하는 용기가 지나친 노출로 여겨지거나 자신이 숙련되지 않은 것처럼 느껴질 수 있다. "저는 지금 답답하게 느껴지네요. 어디에서 그렇게 된 건지 모르겠어요."와 같이 단순하고 솔직하게 말하는 것은 해방감을 주고 탐색의 새로운 방법을 열어 줄 것이다. 더군다나 우리가 답답하게 느끼면서도 거기에 솔직하지 않는다면 내담자들도 어느 정도는 안다. 실제로는 모르면서 무엇이 일어나는지를 아는 것처럼 행동하는 것은 거짓되고 정직하지 않게 느껴질 수 있다. (Widdowson, 2008: 69)

내담자의 직접적인 질문에 반응하기

종종 내담자들은 상담가의 개인적 삶과 경험에 대해 매우 직접적인 질문을 한다. 때때로 이러한 질문은 좋으며 이에 대답하는 것은 특별히 문제가 되지 않고 오히려 상담가가 내담자에게 더 진실되고 인간적으로 보일 수도 있다. 그러나 질문이 명쾌하지 않아 있는 그대로 받아들이지 말아야 할 때도 있다. 질문에 숨은 의미가 있을 수도 있는데 이러한 숨은 의미는 내담자의 자각 밖에 있을 수 있다. 일반적인 원칙대로 상담가는 내담자에게 질문의 의미와 대답이 그들에게 의미하는 바를 설명해 달라고 할 수 있다.

최근 한 내담자가 나의 개인적 경험과 직면한 특정 문제를 어떻게 경험했는지를 매우 직접적으로 질문했다. 내가 만약 동일한 문제를 겪었다면 내담자에게 그것이 어떤 의미가 있는지 그리고 겪지 않았다면 어떤 의미인지를 대답해 달라고 했다. 결국 나는 내담자의 질문에 답하지 않기로 결정했다. 내담자의 질문에 대답하기를 거절하는 것은 상담가에 대한 내담자의 환상을 분명히 표현하게끔 도울 수 있다. 이것은 내담자에게 매우 좌절을 주는 경험일 수 있으므로 거절할 때는 상담가가 내담자의 좌절을 공감적으로 인정하는 것이 중요하다. 또한 이것은 상담가가 거절에 대한 근거를 설명하는 데 유용할 수 있다.

내담자가 상담자의 느낌(예 : "저한테 화나셨나요?")에 대해 직접적으로 질문할 땐 이를 심각하게 받아들일 필요가 있다. 내담자의 말에 약간의 진실이라도 있는지를 숙고할 가치가 있다. 내담자의 교류는 종종 우리가 즉각적으로 자각되지 않는 교류자극에 대한 반응이다. … 상담가가 질문에 대한 자신의 반응을 표현하고, 내담자로 하여금 질문의 근거를 설명해 달라고 하는 것도 한 방법이다(예 : "당신의 질문이 약간 놀랍네요. 당신이 그렇게 질문하게끔 한 당신의 경험이 궁금합니다."). 상담가는 내담자의 반응을 듣는 데 진정으로 수용적일 필요가 있으며 이것은 불편한 피드백을 초래할 수도 있다.
(Widdowson, 2008: 69)

종종 내담자들에게 "저도요." 혹은 "그 상황에서 저도 그렇게 느낄 수밖에 없어요."
와 같은 언급으로 그들의 경험(Erskine & Trautmann, 1996)을 확인해 주는 것은 상담
에 도움이 된다. 그러한 노출은 긍정적일 수 있으나 노출 이전에 주의 깊게 숙고할
필요가 있다. 노출을 해야 할지 혹은 말아야 할지에 대한 최종 결정은 "나의 노출이
내담자의 치료에 얼마나 도움이 되는가?"라는 질문에 대한 대답에 의해 유도되어야
한다.

98

어른 자아상태 재검토

TA저서에서 어른 자아상태는 상대적으로 무시되어 왔다(Tudor, 2003). 어른자아의 본성에 대해 서로 상충되는 견해가 있다고 보인다. 어른자아에 대한 다음의 두 가지 설명을 비교해 보자.

> 어른자아는 확률을 측정하는 컴퓨터와 같이 기능한다. 그것은 완전히 자율적인 자아 상태가 아니라 대개 다른 자아상태 중 하나의 요구에 의해 기능하는 것으로 보인다. (Woollams & Brown, 1978: 15)

> [어른자아는] 생동감 있는 성격이며, 수정에서부터 죽음까지의 모든 연령에서 지금-여 기에 적절한 과정적 그리고 통합적 느낌, 태도, 사고와 행동이다. (Tudor, 2003: 201)

위의 설명 중 어느 것이 더 마음에 드는가? 당신의 어른 자아상태의 주관적 의미를 가장 정확하게 반영하는 것은 어느 쪽인가?

종종 어른 자아상태는 어린이 자아상태와 어버이 자아상태에 의해 정의되고 남은 것이 어른 자아상태로 결정됨으로써 제거과정으로 구분되는 것처럼 보인다. 이것은 번의 자아상태 진단을 위한 네 가지 방법과 분류(Berne, 1961)에 부합되지 않은 접근이다. 어른 자아상태는 현재 중심의, 지금-여기의, 그리고 현재의 상황에 적합한 자아상태로 정의할 수 있다. 이 정의는 번의 네 가지 방법 모두를 사용하여 조작적으로 확인할 수 있다. 이러한 측면에서 볼 때 '확률 측정 컴퓨터'로서의 어른자아에 대한 정의는 불필요하게 제한적이고 지금-여기 경험을 많이 디스카운트한다. 더군다나 '완전히 자율적인 자아상태'가 아닌 것으로 어른자아를 설명하는 것은 극도로 부정확하게 보인다. 만약 어른자아가 지금 상황에 적합하고, 지금-여기에 근거한다면 어른자아는 언제나 항상 자율적이다.

얼스킨(1988)과 튜더(2003)는 번이 (상대적으로) 자유롭고 고정적이지 않은 우리 자신의 부분으로 존재하는 어른자아를 인식하고 어버이와 어린이 자아상태는 고정적 자아상태로 묘사한 내용을 인용했다. "신심리적 어른자아(neopsychic Adult)는 지속적인 과정이며, 임상적으로나 개념적으로나 고정될 수 없다"(Tudor, 2003: 222). 많은 TA저자들은 어느 정도의 어버이 자아상태들과 어린이 자아상태들이 우리의 전생애를 통해 역동적으로 변화한다고 본다(Blackstone, 1993). 이러한 자아상태들이 동적인지 정적인지 아니면 고정적인지에 대한 서로 다른 관점이 존재한다. 그러나 어른 자아상태는 역동적, 생동적, 적응적(단어의 진정한 감각으로), 순응적이라고 정의된다. 튜더(2003)에 따르면 어른 자아상태의 의도, 목표, 그리고 고유한 성격은 명사로는 '통합'이며, 어른자아는 연속적으로 동사로는 '계속적으로 통합을 하고 있는 것'으로 고려된다. 비록 이것이 사실일지라도 내포된 기억과 무의식적 본질과 역할 때문에 우리의 어른 자아상태 안에서 우리의 모든 경험을 완전히 통합시키는 것은 아마 불가능할 것이다.

어른자아가 단수의 자아상태로 불리는 반면 어버이와 어린이 자아상태들은 복수의 자아상태로 불리는 것이 TA의 전통이다. 이것은 또다시 제한적으로 보이게 하고 지금-여기에서 적절하게 연계될 수 있는 많은 과정과 상태의 복잡성과 풍요로움을 설명하지 못한다. 고유한 어른 자아상태보다는 어른 자아상태들로 말하는 것이 훨씬 더 정확하다.

우리는 어른 자아상태들을 가지고 비교하고, 해석하고, 정의하고, 구별하고, 적용하고, 분석하고, 비판하고, 식별하고, 평가한다. 비록 많은 단어들이 오히려 따분한 인지적 과정으로 보일지라도 그것은 다시 정서적인 영역에서 어른자아의 기능과 관련될 수 있다. 또한 어른자아는 직관으로 알고, 창조하고, 연결하고, 느끼고, 공감적이고, 정신화하고, 관여한다. 우리는 어른자아가 과정 속에서 작동하는 방법, 예를 들면 상상력 있게, 성숙하게, 일관되게, 적절하게, 반영적으로 작용하는 방법을 설명하는 부사를 사용할 수 있다.

어른 자아상태들은 또한 성인의 섹슈얼리티의 원천이다. 종종 섹슈얼리티는 잘못하여 어린이 자아상태로 묘사된다. 그러나 행동적, 사회적, 역사적, 현상학적 진단이 어린이 자아상태들 안에 성인의 섹슈얼리티를 두는 것을 지지하지 않으므로 이것은 부정확하다. 어린이 자아상태들을 섹슈얼리티의 역할과 성적표현의 부분인 관능성을 포함하지만, 어른 자아상태는 연령에 적합한 성인의 섹슈얼리티의 자원이다.

위의 모든 것을 감안할 때 성장에 대한 강조는 어른 자아상태의 발달을 증진시키는 것과 연관된다. 비록 어른 자아상태의 완전한 성장과 사용을 억제하는 장애물을 제거하기 위해 병리 모델과 치유를 사용하는 것이 임상적으로 유용하더라도 이 접근은 단순히 장애물을 제거하는 것이 반드시 성장을 북돋는 것은 아니라는 점에서 제한적이다. 이것은 정원에 있는 식물이 잘 자라도록 잡초를 뽑는 것과 관련이 있을 수 있지만 식물이 진정으로 잘 자라게 하기 위해서는 땅을 비옥하게 하고 최적의 성장조건을 증진시키는 것이 필요하다. 상대적으로 새로운 접근인 긍정심리학(Seligman, 2002)은 상담가에게 어른 자아상태의 성장 환경을 풍요롭게 하고 최적화하는 데 사용할 수 있는 이론과 도구를 제공할 수 있다.

99

실존 심리치료로서의 TA

사람들은 심리치료 모델로서의 TA를 위한 다양한 철학적 입장을 주장해왔다. 나는 인본주의적이고 실존적인 전통의 부분으로 TA를 보는 클락슨의 견해(1992)에 동의한다. 번은 키에르케고르와 같은 실존적 저자들에 의해 영향을 받아 언급했으며(Berne, 1966), 실제로 집단치료의 원리(*Principles of Group Treatment*)에서는 TA와 실존치료 간의 연결에 대해 논의한다(Berne, 1966).

> 세상의 실제적인 삶에서 TA는 정직, 도덕성, 자율성과 신뢰성의 개인적 특질에 대해 높이 평가하고 강렬하게 흥미를 느끼는 점 그리고 참만남과 친밀에서의 매우 날카로운 사회적 표현을 실존적 분석과 함께 공유한다. (Berne, 1966: 305)

비록 TA가 인본주의적 치료라 하더라도 번은 모르티도(mortido)(Berne, 1969)의 개념을 통해 파괴적인 경향성을 설명하고 인간의 선량함에 대해 덜 확신하며 파괴적인 힘을 설명하는 상담 접근으로서의 실존적 틀에 TA를 두었다(Deurzen-Smith, 1997).

"실존 심리치료는 개인의 실존에 근거하며 관계에 초점을 둔 역동적 치료 접근이다"(Yalom, 1980: 5). 실존 심리치료에서 갈등은 '존재의 기정사실'에 대한 개인의 직면으로부터 일어난다고 본다(Yalom, 1980). 상담가의 역할은 내담자가 자신만의 고유한 방법으로 이러한 기정사실을 따르고 적응할 수 있게 하는 것이다. 이러한 기정사실을 따르는 과정은 필연적으로 불안을 초래하는 것으로 보인다. 그러나 이러한 실존적 불안은 많은 내담자가 상담에서 보여 주는 제한적이고 두려운 불안과는 다르다. 상담목표는 실존적 불안을 제거하는 것이 아니라 진정한 자율적인 삶의 산물로서 불안에 적응하도록 격려하는 것이다.

얄롬(1980)은 네 가지 존재의 기정사실을 밝혔다.

- 죽음
- 자유
- 고립
- 무의미성

죽을 수밖에 없는 운명을 직면하고 받아들이는 것은 분명히 불안을 만들어 내는 과정이다. 우리의 각본과 마술적 사고는 죽음 불안이나 어떻게 죽을지에 대한 청사진조차 피하게 하며 죽음을 통제할 수 있다는 환상을 만들어 낸다. TA와 같은 실존 심리치료 접근은 내담자가 자신의 삶에 책임을 갖는 중요성을 강조한다. 실존적 접근은 자기 자신의 자유를 책임지고 주장하는 것이 역설적으로 강한 불안을 유도할 수 있다고 인정한다(Sartre, 1943). 이것은 우리가 운명의 주인이며 이러한 현실의 무게는 엄청난 두려움을 유발할 수 있다는 깨달음이다(Kundera, 2000a; 2000b). 우리의 각본과 그 제한적인 본성은 이러한 불안을 회피하게 할 수도 있다. TA는 그러한 불안 반응을 유발할 수 있는 접근, 즉 개인의 책임과 자유를 강조한다. 책임과 자유에 초점을 둔 상담 회기 후에 설명할 수 없고 자유롭게 떠다니는 불안을 내담자가 경험하게 하고 상담가는 이를 탐색하는 것이 현명하다. 실존적 접근은 이러한 불안을 해결하려고 노력하는 것을 바람직하지 않다고 보며, 오히려 내담자가 불안의 불확실성을 가지고 살아가도록 돕는 것을 더 선호한다. 고립의 기정사실은 궁극적으로 우리가 스스로 세상과 직면해야 함을 의미한다. 또다시 우리의 각본은 고립에 대한 불안을 다룰 수 있도록 하겠지만 타인과의 의미 있는 연결을 막음으로써 고립을 유지하도록 결정한다고 설명할 수 있다. 우리의 각본은 '의미부여 기제'이고 우리와 타인이 왜 우리일 수밖에 없는지에 대한 이유를 설명해 준다. 상담의 실존적 접근은 우리가 의미를 만드는 과정과 세상과 나 자신, 타인을 어떻게 해석하는지를 드러낸다. 삶이 의미가 없다는 현실은 많은 우울한 내담자에게 고통을 주는 공통적인 원천이 된다. 의미는 주어지거나 만들어질 수 없으며 오히려 각자가 자신을 위해 발견해야만 하는 무언가이다. 상담가의 과제 중 하나는 우리가 다른 사람을 위한 작업에서 해 왔던 것처럼 내담자가 자신의 의미와 목적을 발견하도록 지지하는 것이다(비록 이것이 우리의 각본이라고 부른다 하더라도). 의미 없고 어떤 설명도 발견할 수 없는 사건과 경험을 받아들일 때 의미부여는 대부분의 심리치료의 핵심적인 특징이 된다. 개인의 강점 사용에 초점을 두는 긍정심리학 접근은 의미부여를 격려하는 데 유용할 것이다.

네 가지 존재의 기정사실과 정신의 영향력을 유념하면서 이를 내담자와 논의하는 것은 상담과정에 큰 깊이와 예리함을 더할 수 있다. 진정성의 존재적 목표를 추구하는 것은 자율성 향상이라는 TA의 목표와 완전한 조화를 이룬다. 이것은 두 가지 모두 지각하는 방법에 대한 자각(Sartre, 1943)과 자신의 가치검토(Deurzen-Smith, 2002)뿐만 아니라 어떻게 살기로 선택하는지에 대해 의식적 입장을 갖기를 요구한다. 실존적 갈등과 긴장은 회피해야 되는 것이 아니라 내담자와 함께 대화하고 연결되는 것이다. 실존적 접근은 고통과 괴로움, 추함으로부터 멀어지거나 우리에게 그것을 피하는 방법을 알려 주는 것이 아니라 오히려 삶의 현실로 이것을 수용하도록 초대하는 것이다.

100

교류 분석하기

이 책의 곳곳에서 나는 독자들이 상호교류 분석에 참여할 것을 권하는데, 설명할 수는 없지만 이 연습은 TA상담가 사이에서 유행이 지난 것처럼 보인다. 나는 상담 기술의 정교화에 관한 이 장을 마치며 강력하면서도 기본적인 TA방법에 대해 되돌아보면서 이 책을 마무리한다.

상담가는 자신의 작업, 상담과정과 관계, 자신과 내담자에 대해 이해하는 방법이 상호교류 분석을 통해 크게 증진됨을 발견할 것이다. 교류에 대한 분석은 회기에 대한 녹취록을 듣는 것이 효과적일 수 있으나 반영과 회상과정이 도움이 되기도 한다. 나는 녹취록 듣기와 반영하기를 모두 추천하며 내담자의 교류자극과 그에 대한 당신의 상호적인 교류반응을 분석하길 권유한다. 이러한 교류는 무엇을 의미하는가? 내담자는 당신과의 교류에서 무엇을 찾는가? 당신의 반응은 어느 정도 필요하며 내담자의 역사에서 이전의 이러한 고통스러운 상호작용 반응은 어느 정도 반복되었는가? 상담가의 반응에 대한 내담자의 반응은 무엇이며, 이것은 무엇을 의미하는가?

다음으로 내담자에 대한 당신의 교류자극을 전문가적·개인적 수준 모두에서 분석하라. 표면상으로 당신은 각 교류자극에서 무엇을 찾고 있는가? 당신의 의도는 무엇인가? 개인적으로 당신에게 교류의 의미는 무엇인가? 당신이 소리 내지 않고 내적으로 경험하는 내적 교류는 무엇인가? 이러한 내적 교류가 당신의 작업에 어떤 영향을 미치는가? 당신의 교류자극에 대한 내담자의 반응은 무엇이었나? 당신의 자극에 대해 내담자에게 내적으로 발생하는 것은 무엇이었나? 내담자가 말로 표현하기를 억제해 왔던 것은 무엇인가? 당신이 준 자극의 영향에 대해 내담자의 교류반응이 무엇을 말하는가? 반대로 내담자의 반응은 어떻게 당신에게 영향을 주는가? 각자가 동시에 경험하는 내적 교류부터 대인적 교류까지를 포함하는 자아상태 사이의 상호교류 벡터와 단순한 자아상태 구성을 넘어 그것과 관련된 호기심의 자세를 취하라. 이러한 단순한 방법을 통해 자기 자신과 내담자에 대해 많은 것을 배울 수 있다. 관계의 잠재력을 설명하라. 축어록을 분석하여 다른 방식으로 교류가 발생했을 수도 있음에 대해 숙고하라. 작업은 어떤 경로를 거치는가?

내가 제안하는 것은 임상에서의 마음챙김, 즉 행동에서의 반영이다(Schon, 1983). 번(1966)은 TA상담가가 상담의 순간마다 그들이 무엇을 하는지, 왜 하는지를 알아야만 한다는 입장을 명확히 했다. 만약 우리가 내담자와 함께 열린 마음으로 미지의 것을 탐색하고, 불확실성에 대한 불안을 가지고 있거나 우리를 현재의 경험에 몰두하게 한다면 이 과정은 의도적이어야만 한다.

무엇보다도 나는 당신이 잠정적이기를 바란다. 앞에서 언급한 것처럼 확실성은 정신화 과정을 차단하므로 우리는 절대로 완전히 확실하게 할 수는 없다. 마지막으로 자아상태와 같이 교류는 매력적인 가정임을 기억하라. 이것은 하나의 은유이다. 우리의 사고와 경험에 명령하기 위해 우리가 말하는 이야기. 아무것도 없는 곳에서 이해와 구조와 의미를 만드는 방식. 과거에 대한 새로운 관점, 현재의 새로운 경험, 미래의 새로운 잠재력과 같이 새로운 이야기를 창조하기 위한 모델이다.

참고문헌

Alexander, F., French, T. F. and Bacon, C. L. (1946) *Psychoanalytic Therapy: Principles and Application*. New York: Ronald Press.

Allen, J. R. and Allen, B. A. (1995) Narrative Theory, Redecision Therapy and Postmodernism. *Transactional Analysis Journal*, 25(4): 327–34.

American Psychiatric Association. (2000) *Diagnostic and Statistical Manual of Mental Disorders* (4th edn, text revision) (DSM-IV-TR). Washington: American Psychiatric Association.

Ayres, A. (2006) The Only Way Out: A Consideration of Suicide. *Transactions Issue*, 4: 4–13.

Barnes, G. (ed.) (1977) *Transactional Analysis after Eric Berne: Teachings and Practice of Three TA Schools*. New York: Harper's College Press.

Barnett, M. (2007) What Brings you Here? An Exploration of the Unconscious Motivations of Those who Choose to Train and Work as Psychotherapists and Counsellors. *Psychodynamic Practice*, 13(3): 257–74.

Barr, J. (1987) Therapeutic Relationship Model: Perspectives on the Core of the Healing Process. *Transactional Analysis Journal*, 17(4): 134–40.

Bary, B. B. and Hufford, F. M. (1990) The Six Advantages to Games and Their Use in Treatment. *Transactional Analysis Journal*, 20(4): 214–20.

Bateman, A. W. and Fonagy, P. (2006) *Mentalization-Based Treatment for Borderline Personality Disorder: A Practical Guide*. Oxford: Oxford University Press.

Beck, A. T. and Beck, J. (1995) *Cognitive Therapy: Basics and Beyond*. New York: Guilford Press.

Beisser, A. (1970) The Paradoxical Theory of Change. In Fagan, J. & Shepherd, I. L. (eds) *Gestalt Therapy Now: Theory, Techniques, Applications*. New York: Harper Colophon. (http://www.gestalt.org/arnie.htm)

Benjamin, L. S. (2003) *Interpersonal Diagnosis and Treatment of Personality Disorders*. New York: Guilford Press.

Benjamin, L. S. (2006) *Interpersonal Reconstructive Therapy: Promoting Change in Non-Responders*. New York: Guilford Press.

Berne, E. (1961/1986) *Transactional Analysis in Psychotherapy*. London: Souvenir Press. (First published 1961, New York: Grove Press.)

Berne, E. (1964) *Games People Play*. New York: Grove Press.

Berne, E. (1966/1994) *Principles of Group Treatment*. Menlo Park, CA: Shea Books. (Republished 1994.)

Berne, E. (1968) *A Layman's Guide to Psychiatry and Psychoanalysis*. New York: Penguin.

Berne, E. (1970) *Sex in Human Loving*. London: Penguin.

Berne, E. (1971) Away from a Theory of the Impact of Interpersonal Interaction on Non-Verbal Participation. *Transactional Analysis Journal*, 1(1): 6–13.

Berne, E. (1972) *What Do You Say After You Say Hello?* London: Corgi.

Bion, W. R. (1970) *Attention and Interpretation*. London: Tavistock.

Blackstone, P. (1993) The Dynamic Child: Integration of Second Order Structure, Object Relations and Self Psychology. *Transactional Analysis Journal*, 23(4): 216–34.

Boliston-Mardula, J. (2001) Appetite Path Model: Working with Escape Hatch Resolution with Clients who use Drugs and Alcohol. *TA UK*, 61 (Autumn): 9–14.

Bordin, E. S. (1979) The Generalisability of the Psychoanalytical Concept of the Working Alliance. *Psychotherapy: Theory, Research and Practice*, 16(3): 252–60.

Bordin, E. S. (1994) Theory and Research on the Therapeutic Working Alliance. In Horvath, O. and Greenberg, S. (eds) *The Working Alliance: Theory, Research and Practice*. New York: Wiley.

Boyd, H. and Cowles-Boyd, L. (1980) Blocking Tragic Scripts. *Transactional Analysis Journal*, 10(3): 227–9.

Burns, D. (2000) *The Feeling Good Handbook*. New York: Plume.

Clark, B. (1991) Empathic Transactions in the Deconfusion of the Child Ego State. *Transactional Analysis Journal*, 21(2): 92–8.

Clark, F. (1996) The Client's Uniqueness: A Personal Discovery of Therapeutic Relationship. *Transactional Analysis Journal*, 26(4): 312–15.

Clark, F. (2001) Psychotherapy as a Mourning Process. *Transactional Analysis Journal*, 31(3): 156–60.

Clarkson, P (1988) Ego State Dilemmas of Abused Children. *Transactional Analysis Journal*, 18(2): 85–93.

Clarkson, P. (1992) *Transactional Analysis Psychotherapy: An Integrated Approach*. London: Routledge.

Clarkson, P. (2003) *The Therapeutic Relationship*. London: Whurr Publishers.

Cornell, W. (1986) Setting the Therapeutic Stage: The Initial Sessions. *Transactional Analysis Journal*, 16(1): 4–10.

Cornell, W. (1988) Life Script Theory: A Critical Review from a Developmental Perspective. *Transactional Analysis Journal*, 18(4): 270–82.

Cornell, W. (1994) Shame: Binding Affect, Ego State Contamination and Relational Repair. *Transactional Analysis Journal*, 24(2): 139–46.

Cornell, W. and Bonds-White, F. (2001) Therapeutic Relatedness in Transactional Analysis: The Truth of Love or the Love of Truth. *Transactional Analysis Journal*, 31(1): 71–93.

Cornell, W. and Hargaden, H. (2005) *From Transactions to Relations: The Emergence of a Relational Tradition in Transactional Analysis.* Chadlington, Oxfordshire: Haddon Press.

Cornell, W. and Landaiche, N. (2006) Impasse and Intimacy: Applying Berne's Concept of Script Protocol. *Transactional Analysis Journal*, 36(3): 196–213.

Cox, M. (2000) A Dynamic Approach to Treatment Planning. Workshop presentation, Institute of Transactional Analysis Annual Conference, Canterbury, UK.

Crossman, P. (1966) Permission and Protection. *Transactional Analysis Bulletin*, 5(19): 152–4.

Dashiell, S. (1978) The Parent Resolution Process. *Transactional Analysis Journal*, 18(4): 289–94.

Davies, J. M. and Frawley, M. G. (1994) *Treating the Adult Survivor of Childhood Sexual Abuse: A Psychoanalytic Perspective.* New York: HarperCollins.

Deurzen-Smith, E. (1997) *Everyday Mysteries: Existential Dimensions of Psychotherapy.* London: Sage.

Deurzen-Smith, E. (2002) *Existential Counselling and Psychotherapy in Practice.* London: Sage.

Drego, P. (1983) The Cultural Parent. *Transactional Analysis Journal*, 13(4): 224–7.

Drye, R. (2006) The No-Suicide Decision: Then and Now. *The Script*, 36(6): 3–4 (reprinted in *ITA News*, 27: 1–6).

Drye, R., Goulding, R. and Goulding, M. (1973) No Suicide Decisions: Patient Monitoring of Suicidal Risk. *American Journal of Psychiatry*, 130(2): 118–21.

Dusay, J. (1972) Egograms and the Constancy Hypothesis. *Transactional Analysis Journal*, 2(3): 37.

English, F. (1969) Episcript and the 'Hot Potato' Game. *Transactional Analysis Bulletin*, 8: 32.

English, F. (1971) The Substitution Factor: Rackets and Real Feelings. *Transactional Analysis Journal*, 1(4): 225–30.

English, F. (2007) I'm Now a Cognitive Transactional Analyst, Are You? *The Script*, 37(5): 1, 6–7.

Ernst, F. (1971) The OK Corral: The Grid for Get-On-With. *Transactional Analysis Journal*, 1(4): 231–40.

Erskine, R. G. (1980) Script Cure: Behavioral, Intrapsychic and Physiological. *Transactional Analysis Journal*, 10(2): 102–6.

Erskine, R. G. (1988) Ego Structure, Intrapsychic Function and Defense Mechanisms: A Commentary on Berne's Original Theoretical Concepts. *Transactional Analysis Journal*, 18(4): 15–19.

Erskine, R. G. (1993) Inquiry, Attunement and Involvement in the Psychotherapy of Dissociation. *Transactional Analysis Journal*, 23(4): 184–90.

Erskine, R. G. (1994) Shame and Self-Righteousness: Transactional Analysis Perspectives and Clinical Interventions. *Transactional Analysis Journal*, 24(2): 87–102.

Erksine, R. G., Moursund, J. P. and Trautmann, R. L. (1999) *Beyond Empathy: A Therapy of Contact-in-Relationship*. New York: Brunner-Routledge.

Erskine, R. G. and Trautmann, R. L. (1996) Methods of an Integrative Psychotherapy. *Transactional Analysis Journal*, 26(4): 316–28.

Erskine, R. and Zalcman, M. (1979) The Racket System: A Model for Racket Analysis. *Transactional Analysis Journal*, 9(1): 51–9.

European Association of Transactional Analysis. (2008) *The EATA Training and Examination Handbook*. Konstanza, Germany: EATA. (http://www.eatanews.org/handbook.htm)

Fonagy, P., Gergely, G., Jurist, E. and Target, M. (2002) *Affect Regulation Mentalization, and the Development of the Self*. New York: Other Press.

Freud, S. (1912) Recommendations to Physicians Practising Psycho-analysis. In *Complete Psychological Works* (Standard edn), 12. London: Hogarth Press (pp. 109–20).

Freud, S (1937) Analysis Terminable and Interminable. In *Complete Psychological Works* (Standard edn), 23. London: Hogarth Press (pp. 216–53).

Gill, M. M. (1979) The Analysis of the Transference. *Journal of the American Psychoanalytic Association*, 27: 263–88.

Gobes, L. (1985) Abandonment and Engulfment Issues in Relationship Therapy. *Transactional Analysis Journal*, 15(3): 216–19.

Gomez, L. (1997) *An Introduction to Object Relations*. London: Free Association Books.

Goulding, M. M. and Goulding, R. L. (1979) *Changing Lives Through Redecision Therapy*. New York: Grove Press.

Goulding, R. and Goulding, M. (1978) *The Power is in the Patient*. San Francisco: TA Press.

Greenson, R. (1967) *The Technique and Practice of Psychoanalysis*. New York: International Universities Press.

Griffin, Emory A. (2003) *A First Look at Communication Theory*. Boston: McGraw Hill.

Guichard, M. (1987) Writing the Long Case Study. Workshop Presentation, EATA Conference, Chamonix (unpublished).

Guistolise, P. G. (1996) Failures in the Therapeutic Relationship: Inevitable and Necessary? *Transactional Analysis Journal*, 26(4): 284–8.

Hahn, A. (2004) The Borderline Personality Disorder. In Masterson, J. F. & Liebermann, A. R. (eds) *A Therapist's Guide to the Personality*

Disorders: A Handbook and Workbook. Phoenix: Zeig Tucker.

Hargaden, H. (2007) Love and Desire in the Therapeutic Relationship: Transformation or Betrayal? *Transactions*, 6: 4–14.

Hargaden, H. and Sills, C. (2002) *Transactional Analysis: A Relational Perspective.* Hove: Brunner-Routledge.

Hargaden, H. and Sills, C. (2003) Who am I for you? The Child Ego State and Transferential Domains. In Sills, C. & Hargaden, H. (eds) *Ego States.* London: Worth Publishing.

Harper, R. and Ellis, A. (1969) *A Guide to Rational Living.* New York: Image Book Company.

Holloway, W. H. (1973) Shut the Escape Hatch. In *The Monograph Series*, Numbers I–X. Ohio: Midwest Institute for Human Understanding Inc.

Holmes, J. (2001) *The Search for the Secure Base: Attachment Theory and Psychotherapy.* Hove: Routledge.

Horvath, A. and Greenberg, L. (1994) *The Working Alliance: Theory, Research and Practice.* NewYork: Wiley.

International Transactional Analysis Association Education Committee. (1969) Minimal Basic Science Curriculum for Clinical Membership in the ITAA. *Transactional Analysis Bulletin*, 8: 108–10.

Jacobs, A. (1994) Theory as Ideology: Reparenting and Thought Reform. *Transactional Analysis Journal*, 24(1): 39–55.

Jacobs, M. (1988) *Psychodynamic Counselling in Action.* London: Sage.

James, J. (1973) The Game Plan. *Transactional Analysis Journal*, 3(4): 14–17.

James, M. (1974) Self-Reparenting: Theory and Process. *Transactional Analysis Journal*, 4(3): 32–9.

James, M. (1981) *Breaking Free: Self Re-Parenting for a New Life.* Reading, MA: Addison-Wesley.

James, M. (2002) *It's Never Too Late to be Happy! Reparenting Yourself for Happiness.* Sanger, CA: Quill Driver Books.

James, M. and Jongeward, D. (1971) *Born to Win: Transactional Analysis With Gestalt Experiments.* Reading, MA: Addison-Wesley.

Johnson, S. (1994) *Character Styles.* London: W.W. Norton.

Kabat-Zinn, J. (2000) *Wherever You Go, There You Are.* London: Piatkus.

Kabat-Zinn, J. (2001) *Full Catastrophe Living: Using the Wisdom of Your Body and Mind to Face Stress, Pain and Illness.* New York: Delta.

Kagan, N. (1980) Influencing Human Interaction – Eighteen Years with IPR. In Hess, A. K. (ed.) *Psychotherapy Supervision: Theory, Research, and Practice.* New York: Wiley (pp. 262–86).

Karpman, S. (1968) Fairy Tales and Script Drama Analysis. *Transactional Analysis Bulletin*, 7(26): 39–43.

Karpman, S. (1971) Options. *Transactional Analysis Journal*, 1(1): 79–87.

Klein, M. (1957) *Envy, Gratitude and Other Works*. London: Hogarth Press and Institute for Psycho-Analysis.

Kohut, H. (1984) *How Does Analysis Cure?* Chicago: University of Chicago Press.

Kolb, D. A. (1984) *Experiential Learning: Experience as the Source of Learning and Development*. Englewood Cliffs, NJ: Prentice-Hall.

Kübler-Ross, E. (1969) *On Death and Dying*. New York: Macmillan.

Kundera, M. (2000a) *The Unbearable Lightness of Being*. New York: Faber and Faber.

Kundera, M. (2000b) *Immortality*. New York: Faber and Faber.

Kupfer, D. and Haimowitz, M. (1971) Therapeutic Interventions Part 1. Rubberbands Now. *Transactional Analysis Journal*, 1(1): 10–16.

Lammers, W. (1992) Using the Therapist's Kinesthetic Responses as a Therapeutic Tool. *Transactional Analysis Journal*, 22(4): 216–21.

Lapworth, P., Sills, C. and Fish, S. (1993) *Transactional Analysis Counselling*. Oxfordshire: Winslow Press.

Leader, D (2008) *The New Black: Mourning, Melancholia and Depression*. London: Hamish Hamilton.

Lee, A. (1997) Process Contracts. In Sills, C. (ed.) *Contracts in Counselling*. London: Sage.

Lee, A. (1998) The Drowning Man (diagram). In Tilney, T. *Dictionary of Transactional Analysis*. London: Wiley Blackwell.

Levin-Landheer, P. (1982) The Cycle of Development. *Transactional Analysis Journal*, 12(2): 129–39.

Lewin, K. (1946) Action Research and Minority Problems. *Journal of Social Issues*, 2(4): 34–46.

Lister-Ford, C. (2007) *Skills in Transactional Analysis Counselling and Psychotherapy*. London: Sage.

Little, R. (2001) Schizoid Processes: Working with the Defenses of the Withdrawn Child Ego State. *Transactional Analysis Journal*, 31(1): 33–43.

Little, R. (2006) Ego State Relational Units and Resistance to Change. *Transactional Analysis Journal*, 36(1): 7–19.

Luborsky, L. (1984) *Principles of Psychoanalytic Psychotherapy: A Manual for Supportive-Expressive Treatment*. New York: Basic Books.

Lynch, V. (2007) TA and Developmental Dyslexia. Unpublished Manuscript for M.Sc. in TA Psychotherapy, Kegworth: The Berne Institute.

McCormick, P. and Pulleyblank, E. (1985) Stages of Redecision Therapy. In Kadis, L. (ed.) *Redecision Therapy: Expanded Perspectives*. Watsonville, CA: Western Institute for Group and Family Therapy.

McLaughlin, C. (2007) *Suicide-Related Behaviour: Understanding, Caring and Therapeutic Responses*. Oxford: Wiley-Blackwell.

McLean, D. and Nathan, J. (2007) Treatment of Personality Disorder:

Limit Setting and the use of Benign Authority. *British Journal of Psychotherapy*, 23(2): 231–47.

McLeod, J. (1993) The Counsellor's Journey. Unpublished paper. Keele University.

McLeod, J. (1998) *An Introduction to Counselling*. Buckingham: Open University Press.

McLeod, J. (2003) *An Introduction to Counselling* (3rd edn). Maidenhead: Open University Press (pp. 489–93).

McNeel, J. (1976) The Parent Interview. *Transactional Analysis Journal*, 6(1): 61–8.

McWilliams, N. (1994) *Psychoanalytic Diagnosis*. New York: Guilford Press.

Mahler, M., Pine, F. and Bergman, A. (2000) *The Psychological Birth of the Human Infant: Symbiosis and Individuation*. New York: Basic Books.

Maroda, K. (1994/2004) *The Power of Countertransference: Innovations in Analytic Technique*. Hillsdale, NJ: Analytic Press.

Maroda, K. (2003) *Seduction, Surrender and Transformation: Emotional Engagement in the Analytic Process*. New York: Routledge.

Masterson, J (1981) *The Narcissistic and Borderline Disorders: An Integrated Developmental Approach*. New York: Brunner/Mazel.

Masterson, J. and Lieberman, A. (2004) *A Therapist's Guide to the Personality Disorders: A Handbook and Workbook*. Phoenix: Zeig, Tucker & Theisen.

Matze, M. G. (1988) Reciprocity in Script Formation: A Revision of the Concept of Symbiosis. *Transactional Analysis Journal*, 18(4): 304–8.

Mellor, K. (1980) Impasses: A Developmental and Structural Understanding. *Transactional Analysis Journal*, 10(3): 213–22.

Mellor, K. and Schiff, E. (1975) Discounting. *Transactional Analysis Journal*, 5(3): 295–302.

Miller, S., Hubble, M. and Duncan, B. (2008) Supershrinks. *Therapy Today*, 19(3): 5–9.

Moiso, C. (1984) The Feeling Loop. In Stern, E. (ed.) *TA: The State of the Art*. Dordrecht: Foris Publications (pp. 69–76).

Moiso, C. (1985) Ego States and Transference. *Transactional Analysis Journal*, 15(3): 194–201.

Morrison, C., Bradley, R. and Westen, D. (2003) The External Validity of Efficacy Trials for Depression and Anxiety: A Naturalistic Study. *Psychology and Psychotherapy: Theory, Research and Practice*, 76: 109–252.

Mothersole, G. (1996) Existential Realities and No-Suicide Contracts. *Transactional Analysis Journal*, 26(2): 151–9.

Müller, U. and Tudor, K. (2001) Transactional Analysis as Brief Therapy. In Tudor, K. (ed.) *Transactional Analysis Approaches to Brief Therapy*. London: Sage (pp. 19–44).

Nathanson, D. (1994) Shame Transactions. *Transactional Analysis Journal*, 24(2): 121–9.

Newton, T. (2006) Script, Psychological Life Plans, and the Learning Cycle. *Transactional Analysis Journal*, 36(3): 186–95.

Norcross, J. C. (ed.) (2002) *Psychotherapy Relationships That Work*. New York: Oxford University Press.

Novellino, M. (1984) Self-Analysis of Countertransference. *Transactional Analysis Journal*, 14(1): 63–7.

Novellino, M. (2003) On Closer Analysis: A Psychodynamic Revision of the Rules of Communication Within the Framework of Transactional Psychoanalysis. In Sills, C. and Hargaden, H. (eds) *Ego States*. London: Worth Publishing (pp. 149–68).

Nuttall, J. (2006) The Existential Phenomenology of Transactional Analysis. *Transactional Analysis Journal*, 36(3): 214–27.

O'Brien, M. and Houston, G. (2007) *Integrative Therapy: A Practitioner's Guide*. London: Sage.

Ogden, T. (1982) *Projective Identification and Psychotherapeutic Technique*. Lanham, MD: Aronson.

Oller Vallejo, J. (1986) Withdrawal: A Basic Positive Adaptation in Addition to Compliance and Rebellion. *Transactional Analysis Journal*, 16(2): 114–19.

Orlinsky, D. E., Grawe, K. and Park, B. K. (1994) Process and Outcome in Psychotherapy. In Bergin, A. E. and Garfield, S. L. (eds) *Handbook of Psychotherapy and Behaviour Change* (4th edn). New York: Wiley (pp. 270–378).

Perls, F. (1969) *Gestalt Therapy Verbatim*. Moab, UT: Real People Press.

Petriglieri, G. (2007) Stuck in a Moment: A Developmental Perspective on Impasses. *Transactional Analysis Journal*, 37(3): 185–94.

Pine, F. (1985) *Developmental Theory and Clinical Process*. New Haven: Yale University Press.

Racker, H. (1968) *Transference and Countertransference*. Madison, CT: International Universities Press.

Rogers, C. (1957) The Necessary and Sufficient Conditions of Therapeutic Personality Change. *Journal of Consulting Psychology*, 21: 95–103.

Rogers, C. (1980) *A Way of Being*. Boston: Houghton-Mifflin.

Roth, A. and Fonagy, P. (1996) *What Works for Whom? A Critical Review of Psychotherapy Research*. New York: Guilford Press.

Rothschild, B. (2000) *The Body Remembers: The Psychophysiology of Trauma and Trauma Treatment*. New York: Norton.

Safran, J. D. and Muran, C. J. (2003) *Negotiating the Therapeutic Alliance: A Relational Treatment Guide*. New York: Guilford Press.

Sanders, D. J. and Wills, F. (2005) *Cognitive Therapy: An Introduction*. London: Sage.

Sartre, J.-P. (1943) *Being and Nothingness: An Essay on Phenomenological Ontology* (Trans. Barnes H., 1956). New York: Philosophical

Library.

Schiff, A. and Schiff, J. (1971) Passivity. *Transactional Analysis Journal*, 1(1): 71–8.

Schiff, J., Schiff, A., Mellor, K., Schiff, E., Fishman, J., Wolz, L., Fishman, C. and Momb, D. (1975) *The Cathexis Reader: Transactional Analysis Treatment of Psychosis*. New York: Harper & Row.

Schlegel, L. (1998) What is Transactional Analysis? *Transactional Analysis Journal*, 28(4): 269–87.

Schön, D. A. (1983) *The Reflective Practitioner: How Professionals Think in Action*. London: Temple Smith.

Schore, A. (1999) *Affect Regulation and the Origin of the Self: The Neurobiology of Emotional Development*. New York: Psychology Press.

Seligman, M. (2002) *Authentic Happiness*. London: Nicholas Brealey.

Shadbolt, C. (2004) Homophobia and Gay Affirmative Transactional Analysis. *Transactional Analysis Journal*, 34(2): 113–25.

Shea, M., Widiger, T. and Klein, M. (1992) Comorbidity of Personality Disorders and Depression: Implications for Treatment. *Journal of Clinical and Consulting Psychology*, 60: 857–68.

Shivanath, S. and Hiremath, M. (2003) The Psychodynamics of Race and Culture. In Sills, C. and Hargaden, H. (eds) *Ego States*. London: Worth Publishing (pp. 169–84).

Sills, C. and Hargaden, H. (eds) (2003) *Ego States*. London: Worth Publishing.

Stark, M (2000) *Modes of Therapeutic Action*. Northvale: Jason Aronson.

Steiner, C. (1966) Script and Counterscript. *Transactional Analysis Bulletin*, 5(18): 133–5.

Steiner, C. (1968) Transactional Analysis as a Treatment Philosophy. *Transactional Analysis Bulletin*, 7(27): 63.

Steiner, C. (1971) The Stroke Economy. *Transactional Analysis Journal*, 1(3): 9–15.

Steiner, C. (1974) *Scripts People Live: Transactional Analysis of Life Scripts*. New York: Grove Press.

Steiner, C. (2000) Radical Psychiatry. In Corsini, R. (ed.) *Handbook of Innovative Psychotherapies*. New York: Wiley.

Steiner, C. and Perry, P. (1999) *Achieving Emotional Literacy*. New York: Avon Books.

Stern, D. N. (1985) *The Interpersonal World of the Infant*. New York: Basic Books.

Stern, D. N. (2004) *The Present Moment in Psychotherapy and Everyday Life*. New York: W.W. Norton.

Stewart, I. (1992) *Eric Berne*. London: Sage.

Stewart, I. (1996) *Developing Transactional Analysis Counselling*. London: Sage.

Stewart, I. (2007) *Transactional Analysis Counselling in Action*. London: Sage.

Stewart, I. and Joines, V. (1987) *TA Today: A New Introduction to Transactional Analysis*. Nottingham: Lifespace.

Stummer, G. (2002) An Update on the Use of Contracting. *Transactional Analysis Journal*, 32(2): 121–3.

Summers, G. and Tudor, K. (2000) Cocreative Transactional Analysis. *Transactional Analysis Journal*, 30(1): 23–40.

Swede, S. (1977) *How To Cure: How Eric Berne Practiced Transactional Analysis*. Berkeley, CA: Southey Swede.

Terlato, V. (2001) The Analysis of Defense Mechanisms in the Transactional Analysis Setting. *Transactional Analysis Journal*, 31(2): 103–13.

Thomson, G. (1983) Fear, Anger, and Sadness. *Transactional Analysis Journal*, 13(1): 20–4.

Tobias, G., Haslam-Hopwood, G., Allen, J. G., Stein, A. and Bleiberg, E. (2006) Enhancing Mentalizing Through Psychoeducation. In Allen, J. G. and Fonagy, P. (eds) *Handbook of Mentalization-Based Treatment*. Chichester: John Wiley and Sons.

Tryon, G. S. and Winograd, G. (2001) Goal Consensus and Collaboration. *Psychotherapy*, 38(4): 385–9.

Tudor, K. (1995) What Do You Say About Saying Goodbye? Ending Psychotherapy. *Transactional Analysis Journal*, 25(3): 228–33.

Tudor, K. (2003) The Neopsyche: The Integrating Adult Ego State. In Sills, C. and Hargaden, H. (eds) *Ego States*. London: Worth Publishing (pp. 201–31).

Tudor, K. (2009) Understanding empathy. *Transactional Analysis Journal*, (in press).

Tudor, K. and Hobbes, R. (2007) Transactional Analysis. In Dryden, W. (ed.) *Dryden's Handbook of Individual Therapy*. London: Sage.

Tudor, K. and Widdowson, M. (2001) Integrating Views of TA Brief Therapy. In Tudor, K. (ed.) *Transactional Analysis Approaches to Brief Therapy*. London: Sage (pp. 114–35).

Tudor, K. and Widdowson, M. (2008) From Client Process to Therapeutic Relating: A Critique of the Process Model and Personality Adaptations. *Transactional Analysis Journal*, 38(3): 218–32.

Ware, P. (1983) Personality Adaptations (Doors to Therapy). *Transactional Analysis Journal*, 13(1): 11–19.

Weed, L. L. (1971) *Medical Records, Medical Education and Patient Care* (5th edn). Cleveland: The Press of Western Reserve University.

Westen, D., Novotny, C. and Thompson-Brenner, H. (2004) The Empirical Status of Empirically Supported Psychotherapies: Assumptions, Findings and Reporting in Controlled Clinical Trials. *Psychological Bulletin*, 130(4): 631–63.

Widdowson, M. (2005) Developmental Aetiology of Borderline Personality Disorder. *Transactions: The Journal of the Institute of Transactional Analysis*, 2: 20–8.

Widdowson, M. (2008) Metacommunicative Transactions. *Transactional Analysis Journal*, 38(1): 58–71.

Widdowson, M. and Ayres, A. (2006) Journaling Methods for Psychotherapy Trainees. *ITA News*, 23: 13–14.

Winnicott, D. W. (1946) Hate in the Countertransference. In Winnicott, D. W. (1958) *Through Paediatrics to Psychoanalyis*. London: Tavistock Publications (republished 1987, London: Hogarth Press).

Winnicott, D. W (1960) The Theory of the Parent–Child Relationship. *International Journal of Psychoanalysis*, 41: 585–95.

Winnicott, D. W. (1965) *Maturational Processes and the Facilitating Environment*. London: Hogarth Press.

Winnicott, D. W. (1971) *Playing and Reality*. London: Tavistock Publications.

Woods, K. (1996) Projective Identification and Game Analysis. *Transactional Analysis Journal*, 26(3): 228–31.

Woods, K. (2000) The Defensive Function of the Game Scenario. *Transactional Analysis Journal*, 30(1): 94–7.

Woollams, S. and Brown, M. (1978) *Transactional Analysis*. Dexter: Huron Valley Institute.

Wosket, V. (1999) *The Therapeutic Use of Self: Counselling Practice, Research and Supervision*. Hove: Routledge.

Yalom, I. (1980) *Existential Psychotherapy*. New York: Basic Books.

Yalom, I. (2001) *The Gift of Therapy: An Open Letter to a New Generation of Therapists and Their Patients*. New York: Harper Collins.

Young, J., Klosko, J. and Weishaar, M. (2003) *Schema Therapy: A Practitioner's Guide*. New York: Guilford Press.

찾아보기